国家社科基金
后期资助项目
GUOJIA SHEKE JIJIN HOUQI ZIZHU XIANGMU

波德莱尔与中国新文学

韩亮 著

社会科学文献出版社
SOCIAL SCIENCES ACADEMIC PRESS (CHINA)

图书在版编目（CIP）数据

波德莱尔与中国新文学 / 韩亮著. --北京：社会
科学文献出版社，2025.5. --ISBN 978-7-5228-5286-7

Ⅰ. K835.655.6；I206.6

中国国家版本馆 CIP 数据核字第 2025NK4680 号

国家社科基金后期资助项目

波德莱尔与中国新文学

著　　者 / 韩　亮

出 版 人 / 冀祥德
责任编辑 / 赵晶华
文稿编辑 / 公靖靖
责任印制 / 岳　阳

出　　版 / 社会科学文献出版社·文化传媒分社（010）59367156
　　　　　　地址：北京市北三环中路甲 29 号院华龙大厦　邮编：100029
　　　　　　网址：www.ssap.com.cn
发　　行 / 社会科学文献出版社（010）59367028
印　　装 / 三河市龙林印务有限公司

规　　格 / 开　本：787mm×1092mm　1/16
　　　　　　印　张：17.5　字　数：277 千字
版　　次 / 2025 年 5 月第 1 版　2025 年 5 月第 1 次印刷
书　　号 / ISBN 978-7-5228-5286-7
定　　价 / 128.00 元

读者服务电话：4008918866

国家社科基金后期资助项目
出版说明

后期资助项目是国家社科基金设立的一类重要项目，旨在鼓励广大社科研究者潜心治学，支持基础研究多出优秀成果。它是经过严格评审，从接近完成的科研成果中遴选立项的。为扩大后期资助项目的影响，更好地推动学术发展，促进成果转化，全国哲学社会科学工作办公室按照"统一设计、统一标识、统一版式、形成系列"的总体要求，组织出版国家社科基金后期资助项目成果。

全国哲学社会科学工作办公室

目　录

绪　论

　　回顾近百年的中国新诗史乃至更广义的中国新文学史，外国文学作品的引入作为一个长久且重大的文化事件，构成了新文学自我成长过程中至关重要的坐标与参照。细究中国作家对外国文学作品的接受以及由此展开的中国化创作，对于理解中国新文学进程具有不可回避的意义。但与此同时，一个困难摆在了研究者面前，相比在漫长而稳定的时间轴线上按照历时顺序逐渐发展而来的外国文学史，中国的外国文学接受史则在一个相对有限的时空范围内展现出一种惊人的共时特点：莎士比亚与易卜生的戏剧、莫泊桑与果戈理的小说、歌德与波德莱尔的诗歌几乎同时被翻译成中文，英国、法国、俄国、德国以及众多"被损害民族"的文学纷纷突破原有的空间国界进入中国文坛的视野，古典主义、浪漫主义、现实主义、象征主义、未来主义等流派与理论也忽略各自在文学史中的时间顺序开始在中国发声，这就使这些外国作家、作品及流派原本在其母语文学中清晰的代际与传承关系在汉语世界中变得无足轻重，同时也使中国作家在对外国作家的接受谱系上变得纷乱驳杂，并由此引发了各类极具个性的评述。一方面，这使许多外国文学史中的术语和概念在中国发生了混淆或重构；另一方面，从这些混淆或重构中又恰恰可以发现新文学进程的参与者们对于正在发生的文学现实的构想或预期，于是作为研究者便可以从中清晰地辨认出中国新文学自身发展的鲜明路径与方向。波德莱尔作为一位"象征主义"诗人被中国新文学接受下来的历史事实，便是这样一个典型事例。

　　关于"象征主义者"波德莱尔在中国的接受问题，法国学者米歇尔·鲁瓦在《墙头芦苇——中国的西方派诗人（1919—1949）》中曾开宗明义地指出，在 20 世纪上半叶的中国，许多诗人学者"乐于将一些毫不相干的诗人称作象征主义者，例如魏尔伦，甚至波德莱尔"[1]，她继而

---

[1]　Michelle Loi, *Roseaux sur le mur*, *les poètes occidentalistes chinois 1919-1949*, Paris: Gallimard, 1971, p. 145.

严肃地评论说：

> 西化运动是一个中国现象，应该由中国人去说哪些诗人属于西化派，哪些不属于。毫无疑问，他们在这方面感到了各式各样的不足，这些不足通常被归因于拙劣的翻译：长句，生硬的句法，晦涩，或者颓废派的罪恶道德——悲伤绝望、纵情声色、个人主义、唯我独尊、矫揉造作。对于那些过于年轻而尚不能发现其真正面貌的诗歌而言，如果说西化运动是在它上面进行的一种西方彩色涂鸦，那么难道不正需要有西方人去认定这是属于涂鸦还是真正的色彩吗？我很清楚即使在这种情况下也会有指责存在，因为无论西方的色彩有多么确切，其中也依然会有错误，但它至少没去宣扬。然而在对所有这些西化作家进行文学理论的检视之后，我们确信，在这所有一切之中，确实罕有西方的成分，这甚至不是涂鸦，而是一种几乎从头到尾伪造的标签。①

这部米歇尔·鲁瓦 1970 年答辩于索邦大学，后经伽利玛出版社（Galli-mard）出版的博士学位论文，至今仍是法国学者在中国新诗研究领域的代表性著作。该书起始于"五四"新文化运动前后中国文坛对西方文艺思潮的接受，终止于 1942 年以延安文艺座谈会为标志的对大部分西方文艺思潮的排斥，涉及浪漫主义、批判现实主义、象征主义、形式主义等诸多西方文艺流派，而其中论述的重点则是象征主义以及相关法国诗人这一时期在中国的影响。以上所引段落正是她对这一问题进行研究后做出的总结。必须承认，从外国文学史本身的角度看，米歇尔·鲁瓦对中国作家令人难堪的评价可以说是正确的，如果把中国对外国文学的接受回置到西方的文学传统中，那么对于西方人来说中国作家的创作确实有可能被称为一种"涂鸦"甚至"从头到尾伪造的标签"。从学术研究的角度，厘清一位作家或者一个诗歌流派的来龙去脉，指出中国文坛或者批评界（尤其是今天的批评界）在对其接受过程中是否存在某些理解上

---

① Michelle Loi，*Roseaux sur le mur*，*les poètes occidentalistes chinois 1919-1949*，Paris：Galli-mard，1971，pp. 181-182.

的误区，也无疑是有必要的工作。波德莱尔是不是象征主义者，他究竟是象征主义的先驱还是象征主义的代表人物，又或者与象征主义毫不相关，这无疑是学术界需要予以回答和澄清的问题。

但与此同时，如果从中国的外国文学接受史以及中国新文学自我成长史的角度看，上文中提到的米歇尔·鲁瓦著作第一章中的那段总结则仅止于一段正确的废话。在她看来，尽管她所处理的是一个中国的诗歌问题，但恰恰应该是西方人而非中国人更有资格去判定这一场西化运动的正误高下。她也因此勇敢地做出了她的否定性判断。但是，在文学接受的问题上，最重要的其实恰恰不是正误高下的问题，中国作家对于外国作品学得"像"或者"不像"、"正确"或者"不正确"本身，对于中国文学的进展而言并没有多重要，说到底，中国文坛没有想过也丝毫不想成为半个世纪前法国文坛的翻版，中国文学在对外国文学的学习和吸收过程中，其实包含着它自身的一系列特殊目的，它通过学习别人而成为自己，甚至在学习别人的过程中通过对学习对象的刻意扭曲而成为自己想要成为的自己。

我们可以假设，如果事实正如米歇尔·鲁瓦所言，波德莱尔在法国文学史中并不是一位象征主义者，而是作为象征主义的先驱对象征主义产生过影响，但最终作为象征主义者被中国文坛所接受，那么在这样一次"错误"的接受中，我们恰恰可以研究波德莱尔究竟如何在中国转变成了一个象征主义者，并从这样一个"错误"的追认中发现中国新诗在自我成长过程中所暗藏的诸多潜台词。在这个问题上，今天的学术界其实面对着两个不一样的问题，也是我们试图在本书中分别解决的问题：第一，波德莱尔和象征主义的关系究竟为何？如果在法国文学史中波德莱尔并非一位象征主义者（在我们看来这也是事实情况），那么在当下中国批评界中广泛存在的把波德莱尔作为象征主义者并以此谈论象征主义对中国的影响的相关文章或著作就犯了一个严重的文学史错误，在这个问题上我们必须虚心地接受米歇尔·鲁瓦的批评并尽快对错误进行修正。第二，回溯到20世纪30年代，中国文坛在当时把波德莱尔作为象征主义者接受下来，并由此展开了广泛的诗学探讨和实践，那么作为一个接受史和思想史现象，我们不能仅以"错误"二字对其盖棺论定，而要继续追问其中的根本原因。更加有意思的是，根据我们的研究和观察，在 20 世纪 20 年代波德莱尔与中国文坛初次相遇之时,"象征主义"诗人的认定并不是最重要的接受方面,但到了 20 年代末 30 年代初情况突然发生了反转,在我们看来,其中有着明显的人为原因,而这对于理解中国新诗的自我成长和自我选择具有重要的意义。事实上,第一个问题也正是第二个问题的基础和起点,如果我们没有发现中国文坛在对波德莱尔以及象征主义的接受中存在误差,那么我们甚至不会意识到第二个问题,这也是米歇尔·鲁瓦著作的重要价值所在。因此,一方面,我们需要感谢米歇尔·鲁瓦做出的关于正误高下的判断,使我们有机会回顾一些模糊的问题继而做出澄清,甚至由此引申出一种全新的接受史研究。另一方面,如果我们像米歇尔·鲁瓦一样停留在正误高下的判断中,一些关键性的内容就会因此遭到遮蔽,例如:诞生与成长时期的中国新诗在对西方资源的使用(亦可称为误用)或模仿(时而确实是拙劣模仿)中究竟有什么基于其自身的特殊原因?这一系列的使用或模仿对中国新诗的自我建构究竟意味着什么?而这正是我们的兴趣所在。可以说,上文中米歇尔·鲁瓦作为结论出现的那一段否定性判断恰恰成为我们研究的起点。

一　谬误与辨析

在波德莱尔的早期中国接受中,1920 年 10 月 15 日周无刊载于《少年中国》上的文章《法兰西近世文学的趋势》具有重要的指标性意义。这一方面归因于《少年中国》杂志本身的巨大影响,另一方面则如金丝燕所说,"当时没有任何一家期刊能如《少年中国》那样给予法国诗歌、法国象征主义诗歌以极大的重视"①。在这篇文章中,当论及法国象征主义文学时,周无这样写道:

> 亚弗野波萨君 Alfred Poizat 便是现在新古典主义运动者中的健
> 将。他于今春出了一部书,名叫《象征主义》,他这部书是从波得

---

① 金丝燕:《文学接受与文化过滤:中国对法国象征主义诗歌的接受》,中国人民大学出版社 1994 年版,第 127 页。

乃尔 Baudelaire 一直论到古罗德尔 Glaudel①。他这书的目的，是要说明象征主义的变迁，归结到新古典主义。现在新古典主义还不成派别。在法兰西文学界上，尚无相当的敬礼。②

周无对阿尔弗雷德·普瓦扎这部著作的论述点到即止，但对于中国读者而言，这足以坐实波德莱尔与象征主义的关系。因为从周无的论述中看，法国学界也有相同的认定，对于大多数无从阅读其原著的中国读者而言，这已然构成不容置疑的佐证。对此，我们特意找到了普瓦扎的这部出版于 1919 年的著作《象征主义：从波德莱尔到克洛岱尔》③。从标题上望文生义地看，象征主义似乎确实包括从波德莱尔到克洛岱尔这一跨度长达半个世纪的文学代际。然而，普瓦扎却在该书序言的结尾处明确写道：

> 帕尔纳斯派自以为使诗固定了下来。这其实暴露了他们打算止于对细节的关注以及他们的眼界绝不会超出他们的工作台……事实上，在他们的道路上已经没有任何可以拾取之物了。他们逼迫后继者们去以一种激烈的方式开启一条新的道路。一些人正是基于这样一种必要性通过不断的努力思索催生了象征主义，而我们现在作为开篇将首先谈论其强力而高傲的预言者波德莱尔。④

"预言者"一词的使用清晰地表明在普瓦扎所设定的法国象征主义文学谱系中，波德莱尔的身份是一位先驱而非代表人物。而从普瓦扎之后在全书详细展开的论述更可以看到，象征主义运动真正的展开还有待魏尔伦、马拉美及其弟子。但在周无的论述中，这一区别却在不经意间遭到了遗漏。我们甚至有理由推测，周无对普瓦扎这部著作的了解是否仅止于标题。当然，这也许只能算是无心的"含混"，并不能称为学理"错误"。然而这一影响深远、至今在各类学术论文中都援引甚频的"含混"

---

① "Glaudel"为"Claudel"的笔误，"古罗德尔"即克洛岱尔。

② 周无：《法兰西近世文学的趋势》，《少年中国》第 2 卷第 4 期，1920 年 10 月 15 日。

③ 这与周无在法国阅读到的应是同一版本。

④ Alfred Poizat, *Le symbolisme: de Baudelaire à Claudel*, Paris: La Renaissance du Livre, 1919, p. 41.

却在事实上开启了一种"误读",顺着它走下去,最终形成了毋庸置疑的"常识"。① 紧随周无的文章之后,在 1921 年 6 月 15 日《少年中国》上发表的《法兰西诗之格律及其解放》一文中,李璜写道:

> 我们知道巴那斯派全盛时代便发生了象征派(Symbolisme)。象征派的发起人波得乃尔(Bodelaire② 1821—1867)和威尔乃仑(Verlaine 1844—1896)起初都以巴那斯派知名于世。③

由此,如果我们说周无只是在行文中较明确地暗示了波德莱尔可被视为象征主义的代表人物,李璜则直接将他定义为象征主义的发起人,换言之即最重要的参与者。在这一时期的报刊中,类似的说法不胜枚举,这些文字材料在今天已成为被频繁征引的经典论述,却从未被进一步加以辨析。但是,对周无材料的分析已经表明,这类论述的学术准确性很可能存在疑问或漏洞,因此有必要重新回到 19 世纪末的法国文学场域中,在法国的诗歌史流程内重新还原波德莱尔与象征主义的关系。

"象征主义"一词在法国文学中由 1886 年 9 月 18 日让·莫雷亚斯发表的《象征主义宣言》所创造。这本书作为一部理论性的开山之作,在内容上却是对文学场中已经形成的一种新诗学思想的总结。因此象征主义诗学客观上的起始时间必然略早于 1886 年这一时间节点。然而,此时距离波德莱尔 1867 年逝世已过去了近二十年,在法国诗歌史的划分中已

---

① 在这一接受中,当然不乏正确的声音,以 20 世纪 20 年代为例,刘延陵的《十九世纪法国文学概观》(《小说月报》第 15 卷号外,1924 年 4 月)将波德莱尔准确地定位为"象征主义底始祖";李青崖的《现代法国文坛的鸟瞰》(《小说月报》第 20 卷第 8 号,1929 年 8 月)在论述象征主义的代表诗人时列举魏尔伦、兰波、马拉美、维尔哈伦等,未将波德莱尔错误地置于其间;李璜的《法国文学史》(中华书局 1923 年版)纠正了此前自己在《法兰西诗之格律及其解放》中的诸多错误,对波德莱尔也给予了准确描述;郑振铎的《文学大纲》(商务印书馆 1927 年版)、张资平《欧洲文艺史纲》(联合书店 1929 年版)在这一问题上均有清晰无误的论述。但是,对波德莱尔准确定位的文论数量远小于误读,且集中在专门的法国文学研究领域,这部分接受者与中国新文学的创作、批评互动甚少。而在新文学的创作者和批评者那里,"象征主义"者波德莱尔的定位,从 20 年代起始至 40 年代末,已发展成"无可置疑"的公论,并对新文学的创作、发展以及时至今日该领域的研究都产生了深远的影响。
② 原文错误,应为 Baudelaire。
③ 李璜:《法兰西诗之格律及其解放》,《少年中国》第 2 卷第 12 期,1921 年 6 月 15 日。

整整跨越了一代人。对此，莫雷亚斯做出了如下论述：

> 艺术的发展提供了一种极度复杂的发散性的周期循环特点，因
> 此，要想追踪这个新流派确切的血统，就必须追溯到阿尔弗雷·
> 德·维尼的某些诗作，追溯到莎士比亚，追溯到更远古的神秘主义。
> 这类问题需要一整卷的篇幅去做注释。我们说夏尔·波德莱尔必须
> 被看作当下这场运动真正的先驱（véritable précurseur），斯蒂凡·马
> 拉美先生对神秘与不可言喻的感受进行了分类，保尔·魏尔伦先生
> 以他的荣光打碎了韵诗残酷的枷锁，泰奥多尔·德·邦维尔先生那
> 神奇的手指曾经让这枷锁软化过。但是那至高的魅惑尚未被饮用：
> 一个顽强而满含渴望的苦役者正在煽动着新的来者。①

莫雷亚斯在这篇宣言中明确地把波德莱尔称为象征主义"真正的先驱"，
依然健在的马拉美和魏尔伦则是他们现实中的导师。对于活跃于 19 世纪
末的年轻诗人和作家来说，二十多年前便已经去世的波德莱尔虽然不似
莎士比亚般遥远，但早已成为记忆中的一份遗产，他们继承并发扬了波
德莱尔诗学中的一部分内容，并因此将他尊奉为"先驱"。另一位象征
主义运动的参与者恩内斯特·莱诺则形容莫雷亚斯"身处波德莱尔的帝
国（l'empire，也可译为'威望、影响、支配'）之中"②。如果说以上
几个实例是从正面的角度谈论波德莱尔的先驱地位的话，那么莫雷亚斯
还曾从反面论述过象征主义者与波德莱尔的关系。他在 1889 年写给其好
友兼出版商莱昂·瓦尼耶（Léon Vanier）的信中提出：

> "作品！作品！"那些不怀好意的人高喊道。我想我们要给他们
> 提供足够多的诗歌珍宝才行。然而我们正在经历一个过渡和变革时
> 期。对于浪漫主义者来说他们曾经花了十五年的时间才得以全面地
> 自我表达。而我们才仅仅经过了不到五年而已。不过，为了让象征

---

① Jean Moréas, "Lettre de jean Moréas à Léon Vanier", in *Les premières armes du symbolisme*, Paris: Léon Vanier, Libraire-Editeur, 1889, p. 33.

② Ernest Raynaud, *Jean Moréas et les "Stances"*, Paris: Société française d'éditions littéraires et techniques, 1929, p. 60.

主义能够开花结果，它就必须从祖传旧习（atavismes）中解脱出来。在诗歌方面，伟大的夏尔·波德莱尔的影响在今后将只会成为一种障碍。①

"atavismes"既可以译为"祖传旧习"，也可以译为"隔代遗传"，但不论哪种译法，它都清晰地标定了一种代际的传递关系：一种从上辈继承来的习惯或传统。对于象征主义者来说，伟大的波德莱尔属于"祖先"与"上辈"的范畴，他是一个不能仅止于模仿而一定要加以超越的巨人。莫雷亚斯的这一反向论述由此更加直接地证明了波德莱尔根本不是象征主义运动的参与者。他作为先驱的身份是毋庸置疑的。

在法国文学史学者的叙述中，波德莱尔作为象征主义的先驱和象征主义的关系也是明确的。从19世纪末20世纪初的研究开始，波德莱尔就被明确地表述为象征主义的先驱人物。这方面的论述汗牛充栋，我们在此仅列举一本在国内以讹传讹甚久的著作。1912年安德烈·巴尔出版了他的《象征主义：1885年到1900年的法国诗歌运动历史随笔》。正如该书的标题所示，巴尔把象征主义明确界定为1885年前后开始的法国诗歌运动，并对这一诗歌运动中的每一个具体阶段进行了细致的梳理分析。在该书的第二章"象征主义的先驱"中，巴尔追本溯源，提出了象征主义美学思想在法国文学中的十个灵感来源并分段进行了介绍和分析，在关于波德莱尔的段落中，巴尔写道：

> 一道新的光线，从圣伯夫那里发出，经巴尔扎克加强并由热拉尔·德·奈瓦尔汇聚，终于让这颗原创性的诗歌胚芽得以受孕。波德莱尔对前象征主义者们的倾向加以概括，并且在其中发现了一种全新的美学原则。从波德莱尔身上象征主义者得到的不再是一个遥远的祖先，而是一位父亲。②

---

① Jean Moréas, "Lettre de jean Moréas à Léon Vanier", in *Les premières armes du symbolisme*, Paris: Léon Vanier, Libraire-Editeur, 1889, p. 9.

② André Barre, *Le symbolisme: essai historique sur le mouvement poétique en France de 1885 à 1900*, Tome I, Genève: Slatkine, 1993, réimpression de l'édition de Paris, 1912, p. 58.

巴尔的这一说法与莫雷亚斯等象征主义诗歌运动参与者们的认识是一致
的。其他的学者，例如安妮·奥斯蒙在她出版于1917年的《象征主义运
动》中也指出："整个年轻的诗派和其中的全部诗人都感到了波德莱尔
的强大影响。"[①] 综观法国学术界百余年以来的各类著述，波德莱尔作为
象征主义之先驱的地位显然已为公论。

勉强可以找到的反例是法国学者多米尼克·兰塞出版于1984年的
《19世纪法国诗歌史》中的描述：

　　　用严格的术语去表述"象征主义诗派"这个标定了19世纪末诗
歌史的流派内容是困难的。困难来自"象征"和"象征主义"这两
个词本身所固有的含混。在普遍的用法上，"象征主义"这个词既
可以表示一种历经整个世纪的诗学唯心主义大潮，也可以用来指涉
一场出现在1885年的运动，相对缩小但缺乏一致性，让人很难将其
认定为一种"文学流派"。从第一层意思上来说，这个伟大的诗歌
世纪中的许多诗人都可以称为"象征主义者"：拉马丁和雨果凭借
他们的天资预感到彼岸的神秘而成为"象征主义者"，奈瓦尔通过
融合梦想与生活、现实与超现实的表达而成为"象征主义者"，波
德莱尔和兰波凭借走向在"此地"已经显露的"别处"的欲望而成
为"象征主义者"，魏尔伦通过对"和谐"的崇拜而成为"象征主
义者"，马拉美通过对于诗歌写作根深蒂固的"唯心主义"观念而
成为"象征主义者"。然而，文学史中一贯认定的"象征主义者"
并不是上述这些人，而是他们的"子嗣"，是将上述人等视为大师
与启蒙者的那些人，是在那个世纪开始消逝的时候为了更好地确认
自身的存在和身份而聚集在一起的那些人。但即使在这里，"象征主
义者"这个唯一的词语虽然能够指代他们所有人，却不能精确地定
义其中的任何一位：在一个似是而非和临时决定的标签之下，一个
缺少组织和严密性的所谓流派遮蔽了其中许多不同的甚至互相矛盾
的小团体。出于明晰性的考虑，我们把这个19世纪的最后一次文学
运动分解成三个部分：以拉弗格为重要代表的"颓废派"团体，莫

---

① 　Anne Osmont, *Le mouvement symboliste*, Paris：Maison du livre, 1917, p. 5.

雷亚斯自命为领袖的专门意义上的"象征主义者"团体，最后是"罗曼派"，改换门庭的莫雷亚斯时而成功时而不成功地对其做出了说明。①

兰塞把波德莱尔称为"象征主义者"，但即使在这一描述中，我们也看到他一方面说拉马丁、雨果、奈瓦尔、波德莱尔等都可以被称为"象征主义者"；另一方面也明确强调，"文学史中一贯认定的'象征主义者'并不是上述这些人，而是他们的'子嗣'，是将上述人等视为大师与启蒙者的那些人"，也就是莫雷亚斯、杜雅尔丹等一辈的世纪末诗人。所以即使是这样一种表述也证明了波德莱尔不是法国文学史中惯常意义上的象征主义者，兰塞的这一提法其实是在象征主义运动真正开始之前的诗人（拉马丁、雨果、奈瓦尔、波德莱尔、兰波等）身上寻找各色后世象征主义的特点。但其中的某些特点在更古老的中西方文学中同样存在，是否也可以把那些具有相似性的古老文学同样称为"象征主义"文学呢？被法国象征主义者所热烈追捧的古希腊俄耳甫斯秘教颂诗，是否也应该被视为象征主义的一部分，从而把运动的起始日期上推到公元前5世纪？这种上溯显然是无意义的。像绝大多数法国学者那样把他们视为法国象征主义诗派的灵感来源和先驱才更稳妥恰当。无视一个术语的历史性而进行无限扩大是不合逻辑的。所以把波德莱尔称为"象征主义者"其实是一种强行上溯，因此，兰塞本人在略提一笔之后果断放弃了这样的用法。

勒内·韦勒克也说过："在最宽广的意义上，它（指象征主义）可以用于一切时代的一切文学。但在这种情况下，它完全脱离了历史背景，也就失去了具体的内容，只剩了说明一切艺术中普遍存在的一种现象的名称。"② 所以不能将广义的"象征"与作为文学流派的"象征主义"混为一谈，象征"这个词可以追溯到古希腊，它有一部复杂的历史"，象征主义则应该作为"文学史上的一个时期的概念"来处理，"指19世纪

---

① Dominique Rincé, *La Poésie française du XIXe siècle*, Paris：Presses universitaires de France，1984，pp.115–116.
② 〔美〕勒内·韦勒克：《辨异》，刘象愚、杨德友等译，上海人民出版社2015年版，第110页。

现实主义和自然主义没落以后，新的先锋派文学运动，即未来主义、表现主义、超现实主义、存在主义等兴起之前西方所有国家的文学"①。"把 1885 年至 1914 年之间的欧洲文学称做象征主义时期，并把它看做一个以法国为中心向外辐射同时在许多国家造就了伟大作家和诗歌的国际运动。"② 韦勒克的这一判断与法国文学史中的普遍说法也是吻合的。所以，波德莱尔与象征主义文学的关系已清晰可见，他在所有后世流派和诗人面前的身份都是先驱者和指引者，他的光芒不但照亮了 19 世纪末到 20 世纪中叶世界各国的许多诗歌流派，而且在今天依然发挥着强大的美学作用。

　　波德莱尔去世之后至世纪末的每个法国诗歌流派都从各自的角度对波德莱尔进行了借鉴，帕尔纳斯派中比勒贡特·德·李勒更年轻的一辈从波德莱尔的《恶之花》里看到了《美之颂歌》和他在形式问题上的殚精竭虑，颓废派看到了波德莱尔的《晚霞》，看到了意识的深渊、灵魂的断裂、生命的无聊，象征主义者则看到了波德莱尔的《通感》，看到他对世界与自我之间对应关系的全新发掘以及他对至高的美与真实的追寻。甚至 20 世纪的安德烈·布勒东依然称其为"精神上的第一位超现实主义者"。他们各取所需，以波德莱尔的美学为素材转手搭建起自己的诗歌世界。

　　法国当代著名学者让-尼古拉·伊鲁兹对此有一段中肯的判断："波德莱尔去世于 1867 年。但世纪末的每一场潮流都依靠他的声望和财富，他们在他的作品中找到了他们所寻觅的'现代性'……从颓废派的精神世界中穿过，象征主义的创生与它对波德莱尔的接受史密不可分。雷米·德·古尔蒙和许多其他人一样，在他的《面具之书》中指出：'所有当下的文学，尤其是我们称为象征主义的文学，是波德莱尔式的。'"③ 波德莱尔对法国象征主义诗派的影响显而易见，他影响了象征主义者，但他并不是象征主义者，这不但是后世法国文学史写作者的共识，也为

① 〔美〕勒内·韦勒克:《辨异》，刘象愚、杨德友等译，上海人民出版社 2015 年版，第 84 页。
② 〔美〕勒内·韦勒克:《辨异》，刘象愚、杨德友等译，上海人民出版社 2015 年版，第 110 页。
③ Jean-Nicolas Illouz, *Le Symbolisme*, Paris: Librairie Générale Française, 2004, pp. 22-23.

19 世纪末象征主义的参与者们所公认。如果把波德莱尔形容成一个象征主义者，这既是一次文学史的定位误差，也是对他庞大美学体系的一种缩减。

二　曲解与生成

现在，我们已经清晰地知道波德莱尔并不从属于法国象征主义诗学本身，而是其先驱和启发者。将波德莱尔视同象征主义诗学代表的论述是一种文学史错乱。而需要思考的新问题则是，在中国新文学对波德莱尔的接受过程中，除了客观谬误之外，是否存在某种主观的刻意构建，将波德莱尔打造成"象征主义者"，并通过对这一特定身份的运用进而达成某种文学主体的自我构建？在这里，就以学界论及中国象征派时绕不过去的李金发为实例加以解析。

1925 年 11 月，李金发出版其处女作《微雨》，文坛上的反响并不十分热烈。虽不能说是无人理睬，但在公开的出版物上可以说是应者寥寥，并以批评为主，如认为其遣词造句怪异，"不想自己的作品使别人了解"[1]等。与李金发有同乡之谊的钟敬文以褒义论述这"新奇怪丽的歌声"之难懂，但是钟敬文所说的"在冷寞到了零度的文艺界里"引起"很深的注意"[2] 在当时其实并未出现，更多是一种溢美之词。至 1927 年底，作为诗人的李金发依然未能成为引人瞩目的诗坛新星，所谓的中国象征派也还杳无踪影。不过 40 年代李金发对他本人在文坛上的首秀却有一番独特的自述：

> 到一九二五年，我回国来，《微雨》已经出版，果然在中国"文坛"引起一种微动，好事之徒，多以"不可解"而谶（疑作讥——笔者注）之，但一般青年读了都"甚感兴趣"，而发生效果，象征派诗从此也在中国风行了。[3]

① 博董（赵景深）：《李金发的"微雨"》，《北新周刊》第 1 卷第 22 期，1927 年 1 月 22 日。
② 钟敬文：《李金发底诗》，《一般》第 1 卷第 4 号，1926 年 12 月 5 日。
③ 中国现代文学馆编《李金发代表作》，华夏出版社 1999 年版，第 270-271 页。

在这段话中，李金发谨慎地使用了"微动"这一谦虚的提法，但"果然"一词已充分说明了他此前骄傲的信心，他认为从《微雨》出版开始象征派"风行"中国，不能不说这是一段相当高调的回溯。他所论述的情况并不完全符合 1925 年至 1927 年中国文坛接受《微雨》的实际状况，这其实是在他已经历了整个 30 年代中国象征派的兴盛之后的一次追认，而这次追认也不自觉地透露出他本人曾经的预期和野心。"象征派诗从此也在中国风行了"，这里的"象征派"显然不是指法国象征派，而是指一个新生的中国象征派。他在这里所讲述的不仅是《微雨》的成功，而且是自己所引领的新诗风作为一个"诗派"在文坛的立足。所以，虽然正如孙玉石所说，李金发"长于制作而乏于思辨，对于中国象征派诗歌理论却很少做系统的探究"①，但从这段话中却可以看出，他颇有开宗立派的自得，并且在主观上对于一个新诗派的形成或建立有所意识，同时暗示了自己创始人的身份。

真正让李金发受到文坛关注的第一篇重量级文章当推黄参岛的《微雨及其作者》，其中的很多说法至今仍被研究者频繁引用。黄参岛其人，遍览整个中国现当代文学史料库，仅存此一文而已，其真实身份颇可质疑，② 极有可能是李金发专门请来为其摇旗呐喊的枪手。黄参岛在文中给予李金发的诗歌一连串带有强烈欣赏之意的形容，流动的，多元的，变易的，神秘化、个性化、天才化的，以至于不习此道的国人只能无力地感慨太神秘、太欧化。黄参岛指出，李金发诗歌最重要的特点恰在于"紧切的辞句，新颖的章法，如神龙之笔，纵横驰骤，句读上化人所不敢化的欧化，说中国人所欲言而不能找到的法国化的诗句"③。于是以一次巧妙的转换，将此前李金发引人诟病的难懂词语和怪异句法解释为天才

---

① 孙玉石：《中国象征派诗歌理论的奠基者——重读穆木天的早期诗论》，《吉林师范学院学报》（哲学社会科学版）1989 年第 3 期。

② 上海图书馆晚清、民国期刊全文数据库及《中国现代文学期刊目录新编》（吴俊、李今、刘晓丽、王彬彬主编，上海人民出版社 2010 年版）显示，《微雨及其作者》是署名黄参岛的唯一文章。在李金发的文论及对其研究的资料中，亦寻觅不见黄参岛的任何个人信息或与当时文坛的互动。然而，他全知般地洞悉李金发的私人生活，对其成长经历、恋爱心理、文学资源、写作理想等无所不知，其评论常常越出"评论者"的身份直接为李金发代言，因此有理由怀疑，此人与李金发在生活中有莫大的关系，甚至可以推测这是一篇李金发专门找来友人为其所作的站台文章。

③ 黄参岛：《微雨及其作者》，《美育杂志》第 2 期，1928 年 12 月。

的神秘和创造的胆识——"不是如普通的诗，可以一目了然的"[①]——从而彻底进行了一次逻辑反转：看不懂他的诗不是诗作本身的问题，而是读者的水平不及甚至是存在审美缺陷。接着，黄参岛进一步强调："他的诗体风格，可以说全是法兰西化，故大家骤看去，似很难懂，其实外国诗人至低限度的浅白亦要如此。"[②] 借外国诗人之难为李金发诗之难寻找依托与合法性，这类评述在当时的文学场域中实有鲜明的所指，而绝非在学理上客观论述外国诗人最低限度的浅白也晦涩难懂。李璜 1921 年在《法兰西诗之格律及其解放》中早已提到，在法国近世的自由诗中也有通俗易懂、走向大众的一脉，"纯用通俗语，好与平民的情感相通"[③]。可见，黄参岛的这篇文章具备了浓重的论辩乃至论战色彩，其意在为李金发正名，而绝非单纯地审美赏析。因此，他在这篇文章中对李金发的种种褒奖，也需要从这一角度加以看待。例如他说："我敢断言他三本诗集出版后，就会在中国成一个 Prince de Poete[④] 中国之嚣俄[⑤]的。"[⑥] 这一"中国之嚣俄"的评价并非强调李金发与雨果在诗风上的相似，而是借雨果在 19 世纪法国文坛泰斗的地位，表达对李金发文坛领袖身份的期许，归根结底依旧是在佐证其诗风的合法性。又比如，黄参岛借他人之口对李金发的诗歌做出了极高的评价：

> 《微雨》作好之后，最先看见的是李璜，周作人，宗白华等，他们有的比之嚣俄早年的作品，（他的诗第一次与国人相见，是在《语丝》），范仑纳[⑦]的声调，有的叹为国中诗界的晨星，有的称之为东方之鲍特莱[⑧]（Ch. Baudelaire），这话我并不觉得过奖，尤其出于不喜说奖话的人之口。[⑨]

---

① 黄参岛：《微雨及其作者》，《美育杂志》第 2 期，1928 年 12 月。
② 黄参岛：《微雨及其作者》，《美育杂志》第 2 期，1928 年 12 月。
③ 李璜：《法兰西诗之格律及其解放》，《少年中国》第 2 卷第 12 期，1921 年 6 月 15 日。
④ 原文误，应为 Poète。
⑤ 今通译雨果。
⑥ 黄参岛：《微雨及其作者》，《美育杂志》第 2 期，1928 年 12 月。
⑦ 今通译魏尔伦。
⑧ 今通译波德莱尔。
⑨ 黄参岛：《微雨及其作者》，《美育杂志》第 2 期，1928 年 12 月。

　　李璜、周作人与宗白华等人究竟在私下里对李金发进行过怎样的肯定或奖掖，现已难以一一对应，其中究竟哪些确有其事，而哪些属于黄参岛借题发挥，也已不可考。但毫无疑问的是，黄参岛在这里特意提及李璜、周作人与宗白华的名号，正是为了力挺李金发诗作的价值。而"东方之鲍特莱"的美名，虽系黄参岛转引，却借着这篇《微雨及其作者》广泛传播，成为李金发最重要的标签，迅速传遍当时的文坛，及至今日仍然常常被学界援引。

　　在李金发获得的种种雅号中，唯独"东方之鲍特莱"声名最响、流传最广、最为人所认知或认可，这当然说明了作为接受方的评论界对于李金发与波德莱尔存在文学关联的肯定。对于波德莱尔，李金发自己说最初作诗"受鲍特莱影响，很有这趋向"[①]。黄参岛则说李金发"是厌世的，远人的，思想是颓废的，神奇的，以是鲍特莱的《恶之华》，他亦手不释卷，同情地歌咏起来"[②]。毫无疑问，波德莱尔是李金发最初的和最为重要的引路者和文学偶像。李金发的文学资源虽然来源驳杂，甚至不乏自我否定式的叙述（例如对魏尔伦），[③] 但乐于将波德莱尔与自己绑定在一起。其中当然包含李金发自身的文学倾向和生命体验与波德莱尔的暗合，正如陆文绮所言，"难以承受的人生落差，命运落差，个人情感的落差，引起的强烈心理波动，终将社会与生活的'丑况'，转化成了主体心理上强烈的'丑感'；而《恶之花》的故乡，又为诗人艺术的表现意向提供了特定的文化背景和模式"[④]。但与此同时，李金发试图使文坛意识到自己实为法国象征派诗歌中国化之正宗，而这一正宗之证据，正与他"东方之鲍特莱"的响亮头衔直接联系在一起。因此，波德莱尔也成为李金发证明自身书写合法性并创造自他而始的中国"象征派"的有力工具。

---

① 杜格灵、李金发：《诗问答》，《文艺画报》第 1 卷第 3 期，1935 年 2 月 15 日。
② 黄参岛：《微雨及其作者》，《美育杂志》第 2 期，1928 年 12 月。
③ 面对 1933 年杜格灵"你向来最爱读的是那一些外国诗人的诗呢"的提问，李金发在回答中将此前声明的"名誉老师"魏尔伦的作品变作他所不喜阅读的，而他欣赏的则是浪漫派的拉马丁和缪塞，以及深受波德莱尔和魏尔伦影响的阿尔贝·萨曼。从这样前后不一的描述中，很难真正认定李金发究竟取法于哪些法国诗人，这就如同很难从李金发的诗作中去厘清哪些取法于旧体诗，哪些是舶来品。
④ 陆文绮：《李金发与戴望舒：起步与超越》，《求索》1994 年第 1 期。

自 1919 年被周作人在《小河》自序中论及，波德莱尔在中国文坛的知名度与日俱增，对他诗歌的翻译、对他生平个性与诗学主张的介绍不胜枚举，鲁迅、田汉、徐志摩、闻一多等都曾对他有所论述。相比之下，旅法归来的李金发却颇受了一番冷遇，直到将波德莱尔作为头号文学导师并获得"东方之鲍特莱"的美名之后，李金发才走出了骂声一片的窘境。自此之后，关于李金发的评论发生了很大的变化，在三四十年代对他文法不通、句式怪异的指责大为减少，肯定的声音迅速增多。1930 年陈子展的《最近三十年中国文学史》用史论的形式给新近出现的"象征派"以定位："虽然其中有难懂的，有易解的，而师承又各有不同，但总之都是喜爱法国象征派的诗人的，所以又可以称为'拟法国象征诗派'。"① 1933 年苏雪林的《论李金发的诗》里则写道："虽然翻开那些诗集只看见单调的字句，雷同的体裁，似乎产量虽多并没有什么稀罕，但近代中国象征派的诗至李氏而始有，在新诗界中不能说他没有相当的贡献。"②

可以说，"东方之鲍特莱"的雅号既让李金发在诗坛站稳了脚跟，也令他在评论家的归纳中成为中国"象征派"的创始者。与其说是李金发诗作的审美范式开始得到接受，不如说是借助由这一名号所获得的法国象征派诗歌中国化之正宗这一光环的魔力。一种在中国文坛从未出现过的诗风也由此具有了生存的合法性："在他们的作品里，多神秘的不可懂的思想，并且正因为朦胧难懂而被认为是他们（特别是李金发）的长处。"③ 于是，"法国象征派—波德莱尔—李金发—中国象征派"的四角关系在事实上建立了起来，也让波德莱尔在中国非常自然地跻身于法国象征派的行列中："这一种世纪末的悲哀使少年的诗人们在法国象征派的诗中找着了同调。年来 Charles Boudlaire④ 之被人歌颂赞叹，其根原即在此。"⑤ 可以说，这一经由李金发本人、同僚与批评家所共同完成的文学运作构成了在中国接受中波德莱尔"成为"一位"象征主义者"的最重

---

① 陈炳堃（陈子展）：《最近三十年中国文学史》，上海太平洋书店 1930 年版，第 3-4 页。
② 苏雪林：《论李金发的诗》，《现代》第 3 卷第 3 期，1933 年 7 月 1 日。
③ 蒲风：《五四到现在的中国诗坛鸟瞰》，《诗歌季刊》第 1 卷第 2 期，1935 年 3 月 25 日。
④ 原文错误，应为 Baudelaire。
⑤ 孙作云：《论"现代派"诗》，《清华周刊》第 43 卷第 1 期，1935 年 5 月 15 日。

要一环。从此之后，"象征主义者"波德莱尔的身份在新文学的创作者
和研究者那里真正地成为一种公论。而中国的象征派诗歌也在这一过程
中建立起一种既不同于中国古典诗歌同时也迥异于胡适白话诗作的新美
学范畴。

诚然，正如一些学者早已指明的，李金发诗歌创作本身的文学性和
诗学质量受制于他本人的能力并未抵达高超的境界，契尔卡斯基认为他
"单单是'欧洲文化'，没有同本民族传统和本民族文化的结合，未给诗
人带来预期的荣誉"①。这是一个事实。李金发对波德莱尔的借鉴甚至模
仿，其中的像与不像、好与不好学界已有广泛的探讨，我们对此也无意
点评。然而中国象征派的形成，用他本人的话说，"一般青年读了都
'甚感兴趣'，而发生效果，象征派诗从此也在中国风行了"，却在《微
雨》出版之后的年月中确凿地发生了。李金发开创了一条他本人没有走
完甚至也许没有走通的路，这条路并不以中国象征派为终点，他遣词造
句的陌生化能量，或者说，这种不畏惧奇特辞藻与欧化句法的态度，其
实成为整个中国现代新诗的共同资源。今天，在被无数更现代甚至后现
代的汉语诗歌写作狂轰滥炸之后重读李金发的诗，除去早期白话文造成
的不适感，已经很难如 20 年代的读者那样觉得它们难读、难解。这就是
李金发的贡献，他通过他的作品尤其是其中令当时读者与评论界产生接
受困难的诗学风格和观念影响了中国读者对于"诗"这一古老文体的习
惯性预期。而在这一过程中，在中国经过变形的"象征主义者"波德莱
尔真正成了他的护身符和挡箭牌，使这一为中国文学传统所拒斥的审美
范畴得以在此立足。

三　走向一种新接受史研究

法国学者让·克莱尔在《艺术家的责任》一书中说道："精神流派、
思想运动、形式变迁走的不是纯天然的天路。它们是地面的支流，曲折、
迂回、阻滞、回流，遭遇种种阻力；任何意外都能截断它们，或因此改

---

① 〔苏〕И·Е. 契尔卡斯基：《论中国象征派》，理然译，《中国现代文学研究丛刊》
　　1983 年第 2 期。

变流向，就像游人们不期遇河临渊，闯进森林。在这一领域，不能省掉丁点地面的意外。相反，正是这些意外本身使思想成为历史，凹凸起伏、摩擦不断却深富意义。"① 这段本是针对法国先锋派艺术做出的评论，也可以看作有关中国新诗对波德莱尔接受状况的贴切描述。在我们看来，真正重要的问题不是中国知识界对于波德莱尔及其作品的接受是否准确，或是学习的水平高下，而是在这一接受过程中，分析那些绝不仅仅是出自偶然的"意外"，梳理那些看似无意识的选择、仿佛出于无知的误用，观看其中是否存在什么新文学自我成长过程中内部或外部的原因。这些错误与意外事实上都成为中国新诗自身的历史，也是思想史的一种特殊表征。这也就构成了我们计划中"接受误差"研究的主体。当然，中国文坛对波德莱尔的接受并非任何时候都存在误差，"接受误差"研究的提出只是为了针对其中遭到"双重误解"的材料和现象，并不代表我们要将这一方法无限扩展到波德莱尔接受研究的整个领域，比如对于 20 年代，我们就会着重论述顺承式的接受情况。这与我们对三四十年代的许多问题进行的"接受误差"研究并不构成任何矛盾。需要再次强调的是，虽然使用了"误差"一词，但我们并没有赋予该词语任何贬义，也无意从是非高下的角度扬西抑中，恰恰相反，我们的目的是要将接受过程中确实存在的错误与差异重新转化为有意义的材料和线索，并对接受方也就是中国文坛展开全面的审视。同时，借助外部的参照系，还可以挖掘中国新文学发展过程中不易直接察觉的某些线索。而运用这一研究方法，首先要对接受研究中现有的"挑战—回应"模型进行重新认识和反思。

在《象征主义与中国现代文学》中，吴晓东教授敏锐地察觉了已有的"挑战—回应"式研究的弊病，认为这种方法有流于模式化的危险，并在方法上对其进行了回应，加入了中国古典文学这一新的研究维度。在我们看来，他的回应方式是对"挑战—回应"模式的"理论预设"做出的"调整"。他在绪论中说道："传统文化背景，既有的文学标准以及具体的社会历史环境都决定了中国作家对西方文学思潮的接受必然是在选择中又有拒绝。"② 他想做的工作并不是彻底打破"挑战—回应"这一

---

① 〔法〕让·克莱尔：《艺术家的责任》，赵岑岑、曹丹红译，华东师范大学出版社 2015 年版，第 100 页。

② 吴晓东：《象征主义与中国现代文学》，安徽教育出版社 2000 年版，第 3 页。

理论框架，而是通过引入中国古典文学这一新的维度对其进行优化更新，相比于原初的单一向度无疑更加丰富，也带来了很多富于洞见的新研究发现。但是，"选择"与"拒绝"在他的论述中依然是"挑战—回应"过程中的一环。而我们试图在本书中使用的方法，则将完全打破"挑战—回应"这一理论模型。

毋庸置疑，"挑战—回应"之所以能够成为影响研究的通行模式，必然由于在很大范围内有它的适用性。譬如在法国19世纪诗歌史中，浪漫派的拉马丁认为诗歌应该登上希腊众神所在的帕尔纳斯山，而勒贡特·德·李勒则针对拉马丁的观点提出诗歌要走下帕尔纳斯山。后者反感浪漫派过于充沛的激情，认为写作应该客观冷静。那么，在李勒与拉马丁之间，或者说在帕尔纳斯派与浪漫派之间，这种"挑战—回应"的关系是完全成立的，也正是在挑战的过程中，帕尔纳斯派逐渐在诗坛取代了浪漫派的主导地位，法国文学史中类似的现象在后来的帕尔纳斯派与象征主义之间、在象征主义与超现实主义之间反复上演。从国与国之间来说，在德国浪漫派与法国浪漫派之间、在拜伦的《唐璜》与普希金的《叶甫盖尼·奥涅金》之间、在20世纪中叶的美国小说与法国小说之间，后者对前者都非常熟悉，继而形成了明显的挑战与竞争关系，并使"挑战—回应"成为西方学者在进行比较文学研究时所广泛采用的模型。甚至在中国文学内部，在唐诗与宋诗之间、在宋词与清词之间、在古典文学与新文学之间，"挑战—回应"的关系也是广泛存在的。然而，在西方文学与西方文学冲击下由传统向现代转化的中国新文学之间，我们认为这一模型在很多时候并不适用。试举一例，很难认为李金发试图以他的诗作挑战波德莱尔或挑战魏尔伦，李金发更多的只是学习者、模仿者，波德莱尔、魏尔伦是他的启示者与可资利用的文学图腾，彼此之间并不存在"挑战—回应"的关系，他利用波德莱尔、魏尔伦等西方典范诗人的身份符号去挑战其他中国文坛上的诗人与作家，为自己不合群、无先例的写作方式和写作内容正名。李金发既不想挑战波德莱尔，也没有任何需要对其加以回应之处，他更多的是将波德莱尔当作自己的模范与护符。这样的情况并非现代文学史上的孤例。此外，"挑战—回应"必然发生在两个健全的文学主体之间，尽管会有代际先后，但挑战者/回应者必须具有明确的主体意识，与被挑战者/被回应者构成成年人之间的游戏。在中国语境中，我们可以说，从新文化运动开始，面对古典文化，当时的中国知识界从一开始就具备一种主体意识，即求新、求变，去创造一种不一样的语言、不一样的文学、不一样的文化，并以此向传统发起挑战，于是产生了白话文运动及以白话文为基础的整个新文学大厦。在古典文学与新文学之间，后者对前者的否定性态度构成了它鲜明的主体性。所以，面对传统，以颠覆者姿态出现的新文学从一开始就具备了一个强大的否定性主体，并从对传统的否定中找到了属于自己的新出路。胡适1918年发表的《建设的文学革命论》就是一个典型事例，在这篇文章中胡适把之前提出的"八不主义"改作肯定的语气，重新提出了四条意见：有话说的时候才说话，有什么话说什么话，说自己的话，说本时代的话。可以发现，胡适提出的这四条肯定性的意见其实是对他本人"八不主义"的反向总结，套用尼采在"精神的三种变形"中使用的寓言就是："攫取自由"的狮子代替了"负重"的骆驼，但离"建立新价值"的孩子的出现还有距离。尼采说道：

　　　　创造新的价值——就是狮子也还不能胜任；可是为自己创造自由以便从事新的创造——这是狮子的大力能够做到的。

　　　　给自己创造自由，甚至对应当去做的义务说出神圣的"否"字，我的兄弟们，在这方面就需要狮子。

　　　　要获得建立新价值的权利——对于负重而怀有敬畏心的精神，乃是最可怕的行动。确实，对于精神说来，这无异于劫掠，这乃是进行劫掠的猛兽的行径。

　　　　…………

　　　　可是，我的兄弟们，请回答：连狮子都无能为力的，孩子又怎能办到呢？进行劫掠的狮子，为什么必须变为孩子呢？

　　　　孩子是纯洁，是遗忘，是一个新的开始，一个游戏，一个自转的车轮，一个肇始的运动，一个神圣的肯定。[1]

---

[1]　〔德〕尼采：《查拉图斯特拉如是说》，钱春绮译，生活·读书·新知三联书店2012年版，第22—23页。

胡适就仿佛尼采笔下的狮子，他打破了重负，创造了自由，获得了"建立新价值的权利"，但新价值的真正建立狮子无法完成，而有赖于孩子"神圣的肯定"。在整个新文学的理论建设过程中，"狮子"从一开始就占有醒目的地位，而"孩子"的形成则相对显得缓慢和谨慎。关于这个问题，还可以做出更多更细致的分析。我们在此无意进一步展开，只是想从这个角度提出这样一个观点：中国新文学的主体身份在发生阶段同时具有双面性，它虽然拥有一个明确的否定性主体，但尚不具备一个完整的肯定性主体。换句话说，新文学在很长一段时间内虽然知道要破坏什么，但对于建设的设想却基本来源于对破坏对象的逆反，新文学除了在大方向上要成为一种不同于古典文学的东西之外，具体如何创作还要在实践中探索，更具原发性的自觉意识也要在探索中逐渐形成，于是一切都要从胡适式的"尝试"开始。中国本土的象征主义诗歌运动时期的理论建设虽然相比胡适时期体现出更多的肯定因素，但在本质上依然充满极大的不确定性。因此正是从这个意义上来说，面对19世纪的法国诗歌，或者说面对广义的西方思潮，由于脱离了古典文学与新文学之间的否定逻辑，诞生与成长中的中国文学对西方思潮的挑战意识其实是非常微弱甚至几乎不存在的。此时期的中国新文学面对西方思潮还处在学习和自我寻找阶段，没有也不需要成为一个质询者向西方文学发起挑战，更多的是好奇地寻找、打量那块"他山之石"，兼容并蓄，从各类流派与思想中取己所需，然后为己所用，最终"打破传统"，"成为自己"。因此，在20世纪二三十年代中国文学尤其是诗学对外来文学的接受过程中，其终极目的总是指向自身的，与外来文学之间不形成竞争关系，当时的作家对外来文学做出的反应在事实上也始终基于新文学自我成长过程中的各种特定需要。如王独清在《再谭诗——寄给木天伯奇》中所说："要治中国现在文坛审美薄弱和创作粗糙的弊病，我觉得有倡Poesie① pure 的必要。——木天！如你所主张的'诗的统一性'和'诗的持续性'，我怕也只有 Poèsie② pure 才可以表现充足……以异于常人的趣味制出的诗，才是'纯粹的诗'。Baudelaire 底精神，我以为便是真正

---

① 此处错误，缺少闭音符，应为 Poésie。
② 此处错误，将闭音符写作开音符，应为 Poésie。

诗人底精神……我望我们多下苦工夫，努力于艺术的完成，学 Baude-laire，学 Verlaine，学 Rimbaud，做个唯美的诗人罢!"① 无论是"纯诗"的概念还是波德莱尔、兰波，在此都不是被挑战者，王独清所期望的也不是挑战或者回答什么，而只是获得灵感、学习取法，从而去完善自身。从周作人 1919 年第一次在《新青年》上论及波德莱尔开始，其目的就是通过波德莱尔的文学创作为中国的新文学寻找新方向。包括鲁迅 1930 年在《萌芽月刊》上对波德莱尔的批评，其真实意图也是指责当时中国文坛上他难以认可的写作风气，以此表示新文学的未来应该另寻出路。

　　因此，我们认为，在中国新文学的范围内讨论波德莱尔（以及同时期许多外国作家与流派②）的中国接受问题，"挑战—回应"模型不是有所"不足"或者需要修正，而是在本质上难以适用。因此我们在此提出一个"吸收/改写—成长"模型，这就是说，关注中国文坛如何将波德莱尔的诗学和美学因素化为己用，自我成长（"吸收—成长"），以及在另一种情况下，中国接受者又如何在特定语境中重构波德莱尔的形象，赋予他与法国原型相比不同的"标签"，从而使中国的诗人作家得以完成他们自身的文学成长与身份构建（"改写—成长"）。这一重构过程还可进一步细分为主动过程与被动过程：所谓主动过程是指作家主动地刻意误读，其中必然包含该作家自我成长的明确意识；所谓被动过程则是指作家在阅读过程中不经意形成的误会，于是从反方向暴露出他一贯的文学观念与主张。关于这一系列问题我们会另行撰文论述。总而言之，通过"吸收/改写—成长"模型，把重心从中西之间转到以中国为主的方向上，从"挑战—回应"的对抗关系转到以自身发展为主线的角度上，从而在接受研究中真正展开对中国文学主体自觉性的探索。

---

① 王独清：《再谭诗——寄给木天伯奇》，《创造月刊》第 1 卷第 1 期，1926 年 3 月 16 日。
② 我们在此并不想一概而论，在老舍与狄更斯之间、茅盾与左拉之间，如果从"挑战—回应"的角度进行分析，也能展开许多有意义的讨论。

第一章　波德莱尔与 19 世纪的法国诗坛

对于波德莱尔这样一位以《恶之花》和《巴黎的忧郁》在内容与形式两方面对法国文学乃至世界文学产生了深远影响的诗人而言，如果说他的诗作通过全新的美学眼光打开了整个现代性世界从而抵达了一个超时空的领域的话，他本人则生活在一个非常具体的时代，并且和几乎所有 19 世纪的法国艺术家一样，有注重精神传承的父辈、共同叛逆的同辈及继承遗产的晚辈，对应着法国诗歌史中让人津津乐道的由雨果（1802 年出生）、波德莱尔（1821 年出生）及马拉美（1842 年出生）所代表的三代诗人。在 19 世纪法国文学史中对波德莱尔进行精确定位，对于理解他本人在诗学层面的继承和创新具有重要的意义，要做到这一点就必须讨论他与浪漫主义、帕尔纳斯派及他去世后出现的象征主义文学之间究竟存在怎样的动态关系。对于法国 19 世纪诗学这样一个具有高度线性线索的对象而言，如果说"浪漫主义""帕尔纳斯派""象征主义"这些术语在具体使用时确实偶有意义含混、沦为标签的风险，那我们就不能忽略另一个至关重要的文学史事实，那就是以上的每一个风潮或运动都有明确的参与者与时间跨度，并且在历史进程中清晰标定了各自的缘起、高潮、衰落与消亡。更为重要的是，以上这些词语的诞生并非依靠后代学者追认式的归纳。像"浪漫主义"与"帕尔纳斯派"都是由其参与者主动使用甚至发明的称呼，而马拉美虽然没有创造"象征主义"这一词语，却与魏尔伦（1844 年出生）分别在 19 世纪 60 年代至 70 年代进行了大量新颖的美学探索，并为 80 年代一整批象征主义宣言的出炉夯实了基础。因此，在法国文学史的框架内，以上这几个术语绝非可以随意拼接的简单的名词或形容词，在其内部包含着一套完整的美学潜台词与文学史的发展脉络。我们不仅不能废弃这些术语，而且必须进一步将它们回置到各自的历史时空之中，勾勒出它们的前因后果，并且在这一过程中点明波德莱尔的位置，厘清波德莱尔与他生时死后的法国诗坛究竟具有怎样的关系。正如我们在绪论中已经指出的那样，当下的中国现当代文学研究界在对波德莱尔展开的诸多评论与研究中存在一系列概念混淆、时空倒错式的学理错误，并且在缺少辨析的情况下盲目地把二三十年代介绍波德莱尔的文章或言论预设为真，从而导致了一系列学术研究的误区，并且使更关键的问题遭到了遮蔽。因此，在详细展开波德莱尔的中国接受这一话题之前，我们在此试图以一章的篇幅详细梳理波德莱尔在19世纪法国诗坛中的位置，以及他与以上几个著名风潮流派的关系，以法国文学史中波德莱尔的实像比照他在中国接受史中的虚像，继而在形变之间探讨其中的原因与动机。

一　波德莱尔与法国浪漫主义

当波德莱尔诞生于1821年的巴黎奥特菲依街时，法国浪漫主义正风起云涌，在他的青少年时期，浪漫主义在文坛奏响最强音。波德莱尔曾被浪漫主义文学观念深深吸引，并在之后进行了创造性的突破，可以说，波德莱尔是浪漫主义孕育出的诗人。

作为影响遍及欧洲、跨度长达百年的艺术风潮，浪漫主义涉及多个国家与数代诗人、艺术家，其内部充满了彼此冲撞的多义性，又共同表现出对古典的反叛。简言之，浪漫主义文学拒绝被古典主义奉为玉律的神话式无人称意象，以及由此而来的距离感和崇高感。浪漫主义者将表达自我视为第一要务："自我"既是诗歌的主体，也是主要描写对象。拉马丁在《诗意沉思》再版序言中写道："我不再模仿任何人，我只表达我自己。"[1]

浪漫主义诗人推崇内在情感的表达，诗歌意象的背后往往都有一个第一人称的"我"。对浪漫主义诗人而言，外在的自然世界作为内心情感的投射而存在，内外两个世界在他们的笔下展开互动。在内容和形式两方面，他们都呼唤自由，抗拒因循守旧的惯例。雨果在《东方集》的初版序言中写道："一切都是主题，一切都在艺术中显现，一切都有权被诗歌征引……诗人是自由的。"[2] 拉马丁在《诗意沉思》中首次书写"无

---

① 　Alphonse de Lamartine, *Méditations poétiques*, Paris: Hachette, 1915, p.365.

② 　Victor Hugo, *Œuvres poétiques* I, préface par Gaëtan Picon, édition établie et annotée par Pierre Albouy, bibliothèque de la pléiade, Paris: Gallimard, 1964, p.577.

聊"这个具有典型现代意义的主题，缪塞则在他的诗篇中大量吟咏"虚无"，这些都是古典主义诗歌无法想象的主题。雨果更是在《〈克伦威尔〉序言》中提出：

> 美，用最平易的方式来说，只是在其最简约的比例中、最完美的对称中以及与我们身体构造最内在的和谐中被加以考虑的一种形式。因此它提供给我们一种整体感，却和我们一样受到限制。而我们称之为"丑"的东西，恰恰相反，是被我们忽视的伟大整体的细部内容，它不与人和谐一致，而是与万事万物和谐一致。①
>
> 是时候让每一位有识之士来把握住这条频繁连接被我们任性地称为"缺陷"和我们视作"美"的东西之间的纽带了。②

在雨果那里，"丑"是自我的一部分，它与"美"平等地反映生存的实然状态。浪漫主义诗人梦想表达万事万物，他们坚信诗歌能够且必须表达一切。这就意味着诗人的自由意志在题材上尽情挥洒，他们渴望书写"丑""缺陷"这类被古典主义认为不合适或不恰当的话题。在他们看来，这样的文学才是真实的。

求真和求美成为浪漫主义诗人的双重追求，也构成了法国浪漫主义内部的两条主线：从求真中发展出了更具现实批判色彩的人道主义与教化诗歌，从求美出发走向一种更无功利性的美学思想。对浪漫主义诗人而言，个体性与整体性是求真与求美的共同出发点，也是他们诗歌竖琴上的两根琴弦。他们感到词语有无限的权力，不但能恢复现实，而且还能创发遥远的诗意空间。雨果在《静思集》的《组曲》中吟咏道："词语，如我们所知，是一个鲜活的生命。一个梦想者的手在书写时震颤发抖。"③ 在他看来，词语比使用词语的人更加强大，它从晦暗中跃升，创造出世界内部与外部的意义："它（词语）是生命，精神，胚芽，风暴，

---

① Victor Hugo, *Théâtre complet* Ⅰ, préface par Roland Purnal, édition établie et annotée par J. J. Thierry et Josette Mélèze, bibliothèque de la pléiade, Paris：Gallimard, 1963, p. 421.

② Victor Hugo, *Théâtre complet* Ⅰ, préface par Roland Purnal, édition établie et annotée par J. J. Thierry et Josette Mélèze, bibliothèque de la pléiade, Paris：Gallimard, 1963, p. 452.

③ Victor Hugo, *Œuvres poétiques* Ⅱ, édition établie et annotée par Pierre Albouy, bibliothèque de la pléiade, Paris：Gallimard, 1967, p. 500.

德性，火焰。词语是道，道即上帝。"① 浪漫主义者对诗歌的形式、内容以及词语本身的革新性阐释，为后世法国诗歌的进一步展开打下了重要的基础。

从历史的轴线上看，尽管法国文学是浪漫主义最重要的代表之一，却是标准的后来者，比英、德等国家晚了二十多年。从文学发展的内部历史看，浪漫主义在法国经历了相对漫长和隐约的"前浪漫主义"时期。用法国学者的话说，"浪漫主义就其本身来说，其实只是一群比之前更有才华也更大胆的艺术家为其心灵与灵魂的新状态所发明的一种新表达。这种感性的新状态是浪漫主义从古典主义逐渐脱离出来这样一个缓慢的成熟过程的结果"②。所谓的"前浪漫主义"，具体指以卢梭为代表的前一代和以夏多布里昂与斯达尔夫人为代表的后一代。需要特别指出的是，虽然从 18 世纪末开始，法国文学逐渐出现"前浪漫主义"的因素，但其影响力并未扩展到整个文化领域，真正的接受还要等到 19 世纪20 年代以后，也就是雨果那一代人。"前浪漫主义"在法国文化内部埋下了新变的种子，为浪漫主义破土而出做了铺垫。

法国浪漫主义的另一个关键性启示来自外部。从整个欧洲文学的发展看，浪漫主义在 18 世纪末的英国、以德国为核心的中欧地区以及意大利蔚然成风。1798 年，华兹华斯与柯勒律治合著的《抒情歌谣集》在英国出版，施莱格尔兄弟也在耶拿创办《雅典娜神殿》杂志。当时的法国文学界对此回应寥寥，英吉利海峡与莱茵河对面的新观念并不那么为人所知。法国虽已在政治层面经历了大革命，但在文化偏好方面依然是古典主义最坚固的阵地。直到斯达尔夫人在流亡途中与施莱格尔相识，在后者的启发下于 1810 年出版《论德国》，从外部引进的新文学观念才在法国传播开来。

对当时的法国文学来说，过分强大的古典主义规则的存在使作家的创作自由受到重重限制，他们的创作要首先符合"礼节"（la bienséance）这种人工的要求，并臣服于各种细枝末节的规范，本真性的艺术创作受

---

① Victor Hugo, *Œuvres poétiques* Ⅱ, édition établie et annotée par Pierre Albouy, bibliothèque de la pléiade, Paris: Gallimard, 1967, p. 503.

② Philippe Van Tieghem, *Le romantisme français*, Paris: Presses universitaires de France, 1979, p. 6.

到压制。在这一点上，英国与德国的文学为日后的法国浪漫主义者提供了直接的范例，深刻地激发了艺术家的创作。古典主义的强大传统使法国花费了更长的时间才部分挣脱束缚。需要指出的是，法国诗歌的解放在浪漫主义时期仍是有限度的。即便到了波德莱尔那里，诗歌的审美和内容堪称大胆，但《恶之花》的形式仍是古典的。与浪漫主义者一样，古典主义的形式与韵律规范仍对波德莱尔发挥着不可忽视的制约作用。

　　1819 年，图卢兹花戏学院① （Académie des Jeux Floraux de Toulouse）第一次在法国境内公开提出这样的问题：被我们赋予"浪漫主义"一词的文学究竟有哪些明确特点？它能够为古典文学提供些什么？在这个问题上，法国的文化阶层开始认真地面对浪漫主义文学这个闯入者，虽然彼时浪漫主义的内容还非常模糊，依然被认为是古典主义的扩展和延伸。到了 1820 年，拉马丁《诗意沉思》的出版和热销宣告了法国浪漫主义诗歌时代的开始。他以简单的诗歌形式，毫不做作地向读者传递着心灵的忧郁与飞扬，给诗坛带来一阵新风。拉马丁的诗意沉思，就如其诗集标题所指明的那样，书写内在性的私密情感体验，古典诗歌中曾外在于人的崇高风景与诗人内心的感性世界互相转化，抒情的私语替代了宏大的颂歌，体现出对 18 世纪以来主导法国诗坛的古典主义诗歌的反叛。

　　在法国浪漫主义者看来，古典主义诗歌已被埋葬在逢迎式的言说之中：过度重视韵律的美妙精准，人为地塞进做作的、高蹈的内容，完全背离了情感的自然流露。浪漫主义者认为应该让内容决定形式，诗歌最关键的决定性因素不是修辞而是情感。于是诗歌的源泉由头脑转变为心灵，传统的博学者们所使用的固定意象遭到了抛弃："诗相比于被理解，更应该被感受。诗向着心灵诉说，而非向着精神。"② 这代表了法国浪漫主义诗人的共同追求，整个法国诗坛也由此发生了重大转向。

　　与诗界革新的脚步几乎一致，规模更大的战争在戏剧领域爆发。法国戏剧长期由"三一律"统治，堪称古典主义艺术理论最坚固的阵地。可以说，戏剧作为法国文学最重要的代表，如果它能够发生改变并去适

---

①　图卢兹花戏学院始建于 1323 年，是西方世界最古老的诗歌学术协会，现也意译为"图卢兹诗歌学院"。

②　Philippe Van Tieghem, *Le romantisme français*, Paris：Presses universitaires de France，1979，p. 31.

应一种新的艺术观念，那么就实实在在地证明了这种新观念的胜利。1823 年，司汤达出版了《拉辛与莎士比亚》，展开了关于古典主义与浪漫主义的重大争论。1827 年，雨果推出了《克伦威尔》及其著名的序言，将莎士比亚视作美学典范并提出了法国浪漫主义美学的核心诉求，这标志着法国浪漫主义戏剧的真正亮相，成为"对古典主义堡垒的真正宣判和信仰一种全新的自由文学的誓言"①。1830 年《埃那尼》演出成功，法国浪漫主义者终于大获全胜。

在波德莱尔的生活时代，年轻诗人崭露头角的主要途径仍与 18 世纪的贵妇沙龙类似，即凭借精英化的文学"圈子"（cénacle）上位。"何谓圈子？它首先是一个地点，私人沙龙、报社杂志社、图书馆的后厅；它同时是一个小型的诗人、作家、艺术家、记者以及他们的妻子、情妇、'缪斯'的团队。最后它特别经常地成为一个杂志、一个或大或小的定期出版物，这些杂志和定期出版物成为思考和社团争论的回声。这些处所都被一个各自领域的大师——真正的良师益友所把控，如同斯达尔夫人和雨果那样。"② 相比过去由贵族和知识精英组成的结构松散的贵妇沙龙，"圈子"最重要的特点是它的内部同质性，也就是说，它是由一群艺术趣味或政治态度相同的人主动聚合而成的活动空间，他们真诚地探讨和争论一些具体的文学及政治问题，对相关话题不断展开进一步的共同探索，而不再像曾经的沙龙那样每个人朗诵各自的作品并表示礼节性的赞许。

1820 年，18 岁的雨果与他的兄长阿贝尔及欧仁创办了他们的第一本杂志《文学保守党》（Le Conservateur Littéraire），并在埃米尔·德尚（Émile Deschamps）的会客室中组建了浪漫主义者的第一个"圈子"。1821 年，第二个"圈子"建立了，其基础是"美文社"（la Société des Bonnes-Lettres），主体是一群政治上的保守党，并且吸纳了雨果和他的朋友们。他们在政治上赞美夏多布里昂的保皇思想，歌颂皇室与教会，摒弃一切形式的自由主义。

---

① Dominique Rincé, *La Poésie française du XIXe siècle*, Paris：Presses universitaires de France, 1977, p.13.

② Dominique Rincé, *La Poésie française du XIXe siècle*, Paris：Presses universitaires de France, 1977, pp. 9-10.

在这个由保守党组成的"圈子"对面，自由派也不甘示弱，由司汤达领头，在他的朋友德莱克吕兹（Delécluze）家中组成了团体，表达自由主义的政治诉求。表面上看，似乎是政治理念而非文学理念令这两个"圈子"泾渭分明。在这两派浪漫主义者之间，政治立场所带来的对立使联合似乎完全不可能。然而在文学层面，他们却表现出极为相近的趣味：他们都对外国文学表现出浓厚的兴趣，无论是莎士比亚、司各特、拜伦还是歌德、席勒或者西班牙黄金时代的戏剧，都能激发他们的灵感。他们普遍表达出对戏剧和诗歌的一系列革新要求，呼唤规则的突破和内心情感的回归。

1823 年，德尚创办了《法兰西缪斯》（La Muse française），由雨果及其保守派的朋友主持，文学性而非政治性是该杂志宣称的评判标准。1824 年以后，他们开始频繁参与夏尔·诺迪耶（Charles Nodier）在军火库图书馆（la bibliothèque de l'Arsenal）定期组织的活动，积极讨论一系列文学问题。面对古典主义者与学院派越来越强烈的攻击，德尚与雨果开始正面表达浪漫主义的文学主张。雨果在这个时期提出，浪漫主义是自然的天赋，是灵感与沉思。另外，司汤达和梅里美在 1824 年创办了《环球》（Le Globe），一方面使浪漫主义与自由主义相结合，另一方面尖锐地反抗古典主义美学中的陈腐成分。他们宣扬艺术的绝对自由，呼唤艺术革命。

《法兰西缪斯》与《环球》在初期不乏互相攻讦，但很快，政治分歧被艺术理念的共同趋势淡化，并跟随着夏多布里昂开始逐渐倾向自由主义。从 1825 年开始，《法兰西缪斯》的"圈子"开始倒向《环球》一边，雨果也逐渐开始接近后者所表达的大胆激进的文学理想。通过圣伯夫与两方面的私人友谊，雨果与司汤达在理念上逐渐走向和解。不久之后，雨果在政治理念上转向自由派，公开表现出反内阁姿态。雨果在政治上由右派转向左派，《环球》对此欣然支持，并最终使浪漫主义的两大阵营在 1827 年走向联合。这一年雨果写出了《〈克伦威尔〉序言》，宣告了浪漫主义文学思想的全面建立。在他田园圣母路的家中，一个包容性的浪漫主义文学"圈子"建立起来。

在雨果周围，围绕着维尼、圣伯夫、德尚、拉马丁、巴尔扎克、大仲马、梅里美、奈瓦尔、戈蒂耶等人。"圈子"的参与者们停止在论战小册子、个人争论和抽象讨论中浪费时间，每个人都在为已经到来的新文学运动添砖加瓦，一系列作品和具体的文学理论诉求在这个过程中被创作出来。正如法国学者所指出的那样，"在这里，直到 1830 年解体的三年间，浪漫主义的伟大文论被讨论，这些文论在今天让我们更好地理解 19 世纪最初的半个世纪里大人物们伟大诗作的原创性，而这些大人物都是雨果'圈子'的常客"①。

在对"圈子"的概念做出介绍之后，再来回到波德莱尔的青年时代。当时最重要的文学"圈子"的核心人物便是雨果。因此，在 1840 年前后，对未满 20 岁却充满文学抱负的波德莱尔来说，雨果既是法国诗坛的最高峰和法国浪漫主义文学的象征，也是他登上文坛的一条捷径。只要能够结识雨果本人并且叩开他的会客厅，之后走向文学世界便会是一片坦途。从现存的资料来看，波德莱尔第一次提及雨果是在 1837 年 12 月 5 日写给其母亲的信中，当时他想请母亲给他"寄《死囚末日记》"，并保证在两天之内的"周四晚上之前读完"②，这表现出其对雨果作品的强烈兴趣。1838 年 8 月 3 日，依旧是在他写给母亲的信中，波德莱尔又写道：

> 我只读新近的作品，也就是那些每个人都在读，到处都在谈论并且具有一定声望的著作，也是我能找到的最好著作。但是，这些都是虚假的、夸张的、荒唐的、浮泛的。尤其是欧仁·苏，我只读了他的一本书，简直让我无聊到想死。这些东西让我感到恶心。只有一些剧本，维克多·雨果的诗歌以及圣伯夫的一本书给我以愉悦。我彻底对文学感到恶心。事实上，自从我学会读书以来，我还没有发现任何著作可以让我完全满意，让我能够从头爱到尾。所以我不再读了。我想念着你，至少你是一本永恒之书。③

---

① Dominique Rincé, *La Poésie française du XIXe siècle*, Paris：Presses universitaires de France, 1977, p. 13.

② Charles Baudelaire, *Correspondance* I, texte établi, présenté et annoté par Claude Pichois avec la collaboration de Jean Ziegler, bibliothèque de la pléiade, Paris：Gallimard, 1973, p. 48.

③ Charles Baudelaire, *Correspondance* I, présenté et annoté par Claude Pichois avec la collaboration de Jean Ziegler, bibliothèque de la pléiade, Paris：Gallimard, 1973, p. 61.

如果单纯从这段话来看，我们可以说波德莱尔表达出一种明确的态度：大多数当时的文学让他感到无聊甚至恶心，他对文学产生了绝望情绪，没有一部作品令他完全满意，包括雨果的著作也只是给他以愉悦。但是，如果联系这封信的语境，考虑到它是波德莱尔写给母亲的抱怨，那么便会有新的阐释：母亲外出度假，放假的波德莱尔在学校感到空前"无聊"，他希望母亲能早日归来，而母亲却劝他趁此机会多读书。于是我们也不难理解波德莱尔此处的激烈言辞含有向母亲撒娇叫板的成分，不能完全当真。也正是在这样的语气中，"只有一些剧本，维克多·雨果的诗歌以及圣伯夫的一本书给我以愉悦"这句肯定性的描述，在波德莱尔否定一切的陈述中显示出特别的重要性，从中可以看出雨果的作品在波德莱尔心中的分量。对波德莱尔来说，雨果曾经是值得仰望和追随的文学父亲。青年波德莱尔置身的浪漫主义文学氛围，以及那些以雨果为核心的"圈子"，成为他登上文坛的背景，也构成了他评判、对话乃至反思、叛逆的直接对象。

尽管波德莱尔从法国浪漫主义的鼎盛时期启程，曾将浪漫主义的宗师雨果视作文学偶像，但实际上，他对雨果的态度是复杂而矛盾的，既有热烈的倾慕，又有毫不客气的批驳，这也预示着他终将走出浪漫主义的群山。1840年2月25日，19岁的波德莱尔给38岁的雨果写去了第一封信，将其认作心目中的导师：

先生：

不久之前，我看到了《马丽翁·德·洛尔姆》（*Marion de Lorme*）的演出。这出戏的美让我如此迷醉，如此幸福，使我强烈地想要认识它的作者并当面向他表示感谢……我理解您所有的作品。我像爱您的作品一样爱着您……我只是想热烈而直接地告诉您，我多么热爱您、崇拜您，而我一想到自己这么可笑就会发抖。但是，先生，您也曾年轻过，您一定能理解因为作品而对作者萌生的爱，以及想用最鲜活的声音感谢他，并谦卑地亲吻他的双手的欲求。在您19岁的时候，对您的灵魂所钟情的作家，比如夏多布里昂，您难道在给他写信的事上有任何犹豫吗？我知道我的话说得不够好，我的想法其实要比这封信完善，但我希望，既然您曾经跟我们同样年轻，剩下的一切您一定猜得出来，我希望这种新奇罕见的手段不会令您过于震惊，并恳请您回复。我向您承认，我怀着最急迫的心情等待它的到来。

不管您是否愿意施予这份善意，都请接受我这永恒感激的证明。

夏尔·波德莱尔，里尔街

59 号①

波德莱尔在这封信中对雨果表达了狂热的赞美和崇拜，甚至称得上是"一封情书"②。他把自己与雨果的联系比作雨果 19 岁时向夏多布里昂求取教诲。前文已经论及，在 19 世纪 20 年代雨果的文学"圈子"里，夏多布里昂是一个重要的政治导师和文学榜样。这就等于把 1840 年的雨果抬到了青年的思想导师的位置上。

法国学者克劳德·皮舒瓦（Claude Pichois）认为："未来的某些文学关联由此开始。在崇敬之下，可以看出一种微妙的威胁：我和您的关系，就如同您与夏多布里昂的关系。此时的夏多布里昂已不再处于荣誉的巅峰，甚至可以断言，他已属于过去。"③ 如果我们充分考虑这封信的语境，可以说，皮舒瓦的判断并不准确。其误判在于：波德莱尔写这封信时并没有威胁的意图，他的比附是为了表达他对雨果强烈的敬仰之情，重点不在于 1840 年夏多布里昂已经逐渐隐退，而在于他曾是法国文坛当仁不让的领袖。如果波德莱尔在给雨果写这封信时的动机中有某种威胁的成分，那也许可以说是威胁雨果不要嫌弃他的鲁莽，威胁雨果一定要给予回复，而绝不是说雨果到了退位的时候。皮舒瓦之所以会做出这样的判断，主要在于不久之后波德莱尔对雨果的态度发生逆转，于是用后续的历史解释先前的现象，并试图在先前的现象中找到蛛丝马迹。但皮舒瓦确实指出了一个问题，为什么在这封如此热情洋溢的信件之后几年，波德莱尔对雨果的态度就迅速走向反面？欧

① Charles Baudelaire, *Correspondance* I, texte établi, présenté et annoté par Claude Pichois avec la collaboration de Jean Ziegler, bibliothèque de la pléiade, Paris：Gallimard, 1973, pp. 81-82.

② Léon Cellier, *Baudelaire et Hugo*, Paris：José Corti, 1970, p. 22.

③ Claude Pichois, Jean Ziegler, *Baudelaire*, Paris：Fayard, 2005, p. 159.

仁·克雷佩（Eugène Crépet）认为：

> 雨果太习惯于按照常规让他的每一个来访者感到高兴，因此并没有理解波德莱尔高度集中的巴黎式个性。雨果建议波德莱尔去乡下待一段时间，在孤独中工作，感受某种退隐式的生活。波德莱尔并没有指责这个建议，但他和维克多·雨果那长远甚至神圣的眼光确实相距甚远。①

波德莱尔向雨果诉说诗歌与文学的未来，而雨果却建议他去乡下呼吸新鲜空气，像对待病人般友善地让他去过一段退隐式的生活。这也许是波德莱尔与雨果分裂的起因之一，但同样有法国学者对此持有异议，② 认为不能把这条材料太当真，因为波德莱尔拜访雨果的次数实在有限。

无论这则轶事的真相究竟为何，从艺术发展本身来看，初出茅庐的波德莱尔在结识雨果不久之后意识到浪漫主义诗歌的末路，同时，他要逐渐冲破浪漫主义的诗歌纲领从而走出自己的路，于是通过表达反对性的意见使自己得以立足。正如法国学者所指出的，在波德莱尔与雨果的关系中，存在"一出五幕剧：第一幕，少年时代波德莱尔对雨果的仰慕；第二幕，初入文坛时波德莱尔对雨果的恶意；第三幕，波德莱尔中年时对雨果的理解；第四幕，波德莱尔精神失衡时对雨果的愤怒；第五幕，波德莱尔暮年对雨果重归平和"③。由此我们可以看到，波德莱尔对雨果反复纠结的态度几乎贯穿了他的一生，这也成为他对法国浪漫主义文学既钦慕又抗拒的最好表征。

公允地说，波德莱尔是一位从浪漫主义中走出的诗人，他继承了浪漫主义者对古典规则的反叛，并秉持这一精神反叛了浪漫主义所建立的经典学说。浪漫主义作为波德莱尔少年时代在文坛占据统治地位的文学思潮，曾使他长期浸淫其中，在他早年的诗歌创作中留下了清晰的痕迹。他在《1846 年的沙龙》中写道："对我来说，浪漫主义是关于美最新近

---

①　Eugène Crépet, *Charles Baudelaire*, *Œuvres posthumes et correspondances inédites*, Paris: Quantin, 1887, p. 36.

②　参见 Léon Cellier, *Baudelaire et Hugo*, Paris: José Corti, 1970, pp. 35-36。

③　Léon Cellier, *Baudelaire et Hugo*, Paris: José Corti, 1970, p. 11.

和最当前的表达。"① 1859 年，在《泰奥菲尔·戈蒂耶》一文中，波德莱尔深情地回忆道：

> 任何一位醉心于祖国荣光的法国作家，都不能不怀着骄傲和遗憾的感情回首眺望那个时代，那时处处都潜伏着蕴涵丰富的危机，浪漫主义蓬勃发展。夏多布里昂总是充满力量，但他已日薄西山，好像是一座圣山，正漫不经心地观望着起伏的平原；维克多·雨果、圣伯夫和阿尔弗雷·德·维尼更新了甚至复活了自高乃依之后已经死亡的法国诗歌……那时的文人怀有何等的热情，而公众又是何等的好奇和热烈啊！②

波德莱尔本人也曾经是"好奇和热烈"的公众之一，浪漫主义的美学思想在他的创作中留下了鲜明的印记。戈蒂耶看出波德莱尔的诗句在节奏与韵律等方面"接受了浪漫主义诗歌优化与改良的诸多原则"③，同时在许多方面走出了不同的文学道路。戈蒂耶的评价指出了波德莱尔与浪漫主义之间的双重关系。在波德莱尔的创作中，他和浪漫主义诗人一样充分地表达对天资、天才、天赋的歌颂，并且深度吟咏"忧郁""无聊""空虚"这些被浪漫主义诗人所发掘出的主题。雨果提出的"审丑"美学更为他的《恶之花》在观念上铺平了道路，波德莱尔则通过他本人的诗歌实践把这些内容推向了极致。他关注如何呈现自我这个由浪漫主义诗人展开的话题，并融入了自己的思考，这被他本人称为"自我的集中与蒸发"④，从而把"自我"从浪漫主义诗人笔下单向的镜像式写法中解放了出来。他用喧嚣的现代城市替换了浪漫主义者珍视的自然世界，从而发掘出一整套新颖的美学空间，并且不再像古典主义者那样将世界

---

① Charles Baudelaire, *Œuvres complètes* Ⅱ, texte établi, présenté et annoté par Claude Pichois, bibliothèque de la pléiade, Paris：Gallimard, 1976, p. 420.

② Charles Baudelaire, *Œuvres complètes* Ⅱ, exte établi, présenté et annoté par Claude Pichois, bibliothèque de la pléiade, Paris：Gallimard, 1976, p. 110.

③ Claude‐Marie Senninger, *Baudelaire par Théophile Gautier*, Paris：Klincksieck, 1986, p. 143.

④ Charles Baudelaire, *Œuvres complètes* Ⅰ, texte établie, présenté et annoté par Claude Pichois, bibliothèque de la pléiade, Paris：Gallimard, 1975, p. 676.

视作外在于人的崇高景象，而是试图去把握外在世界（无论它是人造都市还是自然世界）与内心的互动。

在波德莱尔笔下，文学既不是外在世界的单纯复制，也不是封闭于主体性中的"自我"的永恒独白。文学成为一个交换、探索与征服的空间，诗人在其中为生活经验和现实行动赋形，展现自身的特殊眼光与现实世界的本然特征。波德莱尔继承了雨果对诗人身份的辩证定义：雨果曾经把诗人定义为"被遗弃者"（paria），那个在悲惨世界中被侮辱的人，与此同时，他们也是对这个世界最为敏感，对一切不公保持着最大警惕的人。这与波德莱尔的自我身份认定有相当的一致性。但相比雨果通过德性赋予"被遗弃者"英雄主义气质，波德莱尔转而强调，真正的诗人作为被埋没和误解的天才是极度脆弱和敏感的，能感知"花的语言"① 和他人难以察觉的音响，进而从美学的角度完成诗人身份的英雄化。

需要指出的是，波德莱尔拒绝浪漫主义的过度抒情，在他看来，那是缺少节制的情感泛滥。在波德莱尔的作品中，我们可以看到他对浪漫主义或深化或逆反的回应。对于这位"交替时期的人物，最后一位浪漫主义者和第一位后浪漫主义者"②，胡戈·弗里德里希有精到的评价："他从浪漫主义的游戏中发展出了非浪漫主义的严肃，从他导师的那些细枝末节的想法中建造出了一座思想大厦，这大厦的正面是背离了那些导师的。所以不妨将他的抒情诗遗产称为：去浪漫化的浪漫主义。"③ 由此而观，波德莱尔与浪漫主义的关系并非简单的观念对接或对立。他在具体而丰富的历史语境中，带着强烈的主体意志与复杂曲折的情感，实现了对浪漫主义的继承与反叛。可以说，波德莱尔对浪漫主义的创造性回应迈出了法国现代诗学历史进程的关键一步。及今观之，不唯对波德莱尔，对整个现代主义诗歌来说，浪漫主义诗学都成为一个永恒的烙印。

---

① 　Charles Baudelaire, *Œuvres complètes* Ⅰ, texte établie, présenté et annoté par Claude Pichois, bibliothèque de la pléiade, Paris：Gallimard, 1975, p. 10.

② 　Jean-Pierre Bertrand, Pascal Durand, *Les poètes de la modernité, de Baudelaire à Apollinaire*, Paris：Éditions du Seuil, 2006, p. 8.

③ 　〔德〕胡戈·弗里德里希：《现代诗歌的结构：19 世纪中期至 20 世纪中期的抒情诗》，李双志译，译林出版社 2010 年版，第 44 页。

二 波德莱尔与恶魔主义

在浪漫主义的文学大潮之下，有一个与波德莱尔相关的小风潮也有必要在此略作引申，那就是"恶魔主义"（Satanisme）。波德莱尔本人便曾将其称为"浪漫主义的分支"①。相比浪漫主义，恶魔主义在文学史中并不指向某个特定的文学流派，而是指一批作家对一个共同主题——"撒旦"（Satan）及由此引申出的诸多话题产生的特殊关注和书写，从而由于其主题的特殊性形成了一种独特的文学类型。在恶魔主义文学中，撒旦被视为反抗英雄加以褒扬，他对不公正的社会、虚伪的道德与堕落的宗教所进行的英勇抗争得到了全方位的歌颂，撒旦所代表的"恶"在文学中被重新追问和定义。如果说雨果在《〈克伦威尔〉序言》中主要处理的是重新"审丑"，那么恶魔主义的主要方针则可以称作重新"审恶"，二者共同构成了《恶之花》最关键的思想来源。恶魔主义文学不但在追求自由的法国浪漫主义文学中被广泛实践，也在后来深刻地启发了波德莱尔的创作。曾有法国学者如此评论说："恶魔主义在法国是浪漫主义的重要战利品之一，不仅因为它对充满反抗性或者追求独特性的有识之士有所助益，而且因为它在想象力的领域中维护了一种对夜的好奇以及奥秘和深渊的魅力。维尼、雨果、巴尔扎克、乔治·桑、缪塞等，从夏多布里昂到波德莱尔的一切人都被撒旦所缠绕。"②

法国著名学者马克斯·米尔内（Max Milner）曾在他长达千页的巨著《法国文学中的魔鬼，从卡佐特到波德莱尔 1772—1861》中对恶魔主义文学的起承转合做出了迄今为止最为详细精确的论述和分析，因此我们在此将把他的研究成果作为主要的倚重和参考对象。恶魔主义作为一种文学类型在法国的兴起，和之前提到的浪漫主义文学一样，有内部和外部两层因素。法国恶魔主义文学兴起的内部因素，按照米尔内的研究，始于 1772 年雅克·卡佐特（Jacques Cazotte）出版的《多情的恶魔》（Le Diable amoureux）。"卡佐特《多情的恶魔》对于我们来说可以成为一个

---

① Charles Baudelaire, *Œuvres complètes* II, texte établi, présenté et annoté par Claude Pichois, bibliothèque de la pléiade, Paris: Gallimard, 1976, p.531.

② René Jasinski, *Les années romantiques de Théophile Gautier*, Paris: Vuibert, 1929, p.102.

真正的起点。不是因为我们要过度抬高这部在当时没有任何人严肃对待的优美作品的历史重要性，而是因为在这部作品中人与黑暗力量的关系通过一种全新的方式被加以考虑，这让卡佐特讲述阿尔瓦雷的冒险时比他自己所想象的要走的远得多。从这里开始，《多情的恶魔》的作者成为一个先驱者，不仅对于一个在将来会带来巨大财富的文学类型来说是如此，而且对于使他的作品在浪漫主义者中获得了大量关注的撒旦观念来说也是如此。"① 法国恶魔主义文学兴起的外部因素，则主要是深受波德莱尔喜爱的英国作家查尔斯·马图林（Charles Maturin）出版于 1820年的著名哥特小说《流浪者梅尔莫斯》（*Melmoth the Wanderer*）（1821 年被翻译成法语并热销）和拜伦在 1820 年前后的一系列创作如《曼弗雷德》《该隐》《审判的幻境》等。马图林侧重描写罪恶，拜伦则强调反抗，这也成为日后恶魔主义文学在法国发展的两大主题。1821 年，英国诗人罗伯特·骚塞（Robert Southey）在评论《审判的幻境》时发明了"Satanic School"（恶魔派）这样一个极具侮辱性的词语以表达他对拜伦的贬低，痛斥拜伦对宗教的反抗态度和道德沦丧。骚塞用"恶魔派"这个词来形容拜伦惊世骇俗的文学创作，这个词也随着拜伦的作品在法国流传开来。然而"satanic"在法语中的对应词"satanique"却在法国浪漫主义者眼中迅速完成了从贬义向褒义的转化。诺迪耶同年便在此基础上提出要建设一种文学"癫狂派"（Ecole frénétique），按照米尔内的研究，这个概念直接源自骚塞所贬斥的恶魔式文学。② 伴随 19 世纪 20 年代诺迪耶与雨果等人在文学"圈子"中的广泛交流以及他本人对癫狂文学的实践，恶魔文学与癫狂文学的概念也迅速在法国浪漫主义作家中传播开来，并且作为母题或文学类型频繁出现在他们的作品中。需要再次强调的是，虽然"恶魔派"一词在当时法国作家的笔下已经开始被使用，但它的所指始终是恶魔主义或恶魔式文学的大量实践以及相关主题在当时法国文学家中引起的流行趋势。无论是法国浪漫主义的内部还是外部，在任何时期都没有形成一个"恶魔派"文学团体，既没有相关文学宣言，也没有明确的代表性作家，所以作为一个文学流派的"恶魔派"在

---

① Max Milner, *Le diable dans la littérature française*, Paris: José Corti, 2007, p.10.

② 参见 Max Milner, *Le diable dans la littérature française*, Paris: José Corti, 2007, pp.203-223。

法国文学史中是不存在的。恶魔主义文学以"魔鬼""夜晚""罪恶"
"迷幻""亵渎""反抗"等主题吸引了一批又一批法国作家，并最终在
波德莱尔笔下达到了最高潮。

　　相比浪漫主义者将恶魔主义作为一种文学类型加以接受和运用，波
德莱尔的创作在继承的基础上体现了巨大的突破。对比维尼或者雨果笔
下的撒旦以及在黑夜中展开的奇异场景，波德莱尔式的撒旦不是一部作
品中一个单纯的人物形象，而是会在许多场合与作者本人的内心世界相
融合。波德莱尔在诗中就曾写道，"魔鬼在我四周不停地活动/他在我身
边游荡，仿佛不可触及的空气/我吞咽他，感受他焚烧我的肺叶/胸口充
满永恒与罪恶的欲望"[1]。用米尔内的话说，"波德莱尔从来不感觉撒旦
是完全外在于他的。他从不止于单纯地确认'是魔鬼手握着抖动我们的
长线'，仿佛确认一个普遍真理那样。他发自内心地感到自己与撒旦合二
为一，使人们分不清究竟是魔鬼在他身边游荡，还是他自己浸没在魔鬼
的身体里"[2]。因此波德莱尔不仅在他的作品中处理了一系列恶魔主义的
文学主题，同时他本人也具有一种恶魔式的眼光，如撒旦般透视这个世
界，发现属于他的"恶之花"。他在一篇文章中写道：

　　　　笑是恶魔式的，因此从最深刻的层面上是属于人性的。[3]

波德莱尔的这句话颇值得玩味。从一般的逻辑角度，人们会说"笑是恶
魔式的，然而/但是/却从最深刻的层面上是属于人性的"，但波德莱尔的
表述完全跳出了这种正常的转折逻辑，选择了"因此"（donc）这样一
个具有因果承接关系的连词，于是透露出在波德莱尔眼中"恶魔式的"
就是"属于人性的"。波德莱尔把作为一种文学类型的恶魔主义上升为
一种看待世界的认识论方式，恶魔式的笑声既为他的作品带去一份尖锐
的讽刺，同时也发掘出人性被掩盖的另一面。法国学者弗朗索瓦·普尔歇

---

[1]　Charles Baudelaire, *Œuvres complètes* I , texte établie, présenté et annoté par Claude Pi-
chois, bibliothèque de la pléiade, Paris: Gallimard, 1975, p. 111.

[2]　Max Milner, *Le diable dans la littérature française*, Paris: José Corti, 2007, p. 835.

[3]　Charles Baudelaire, *Œuvres complètes* II , texte établi, présenté et annoté par Claude Pi-
chois, bibliothèque de la pléiade, Paris: Gallimard, 1976, p. 532.

(François Porché) 如此说道："波德莱尔的恶魔主义无疑是一种诗歌的表达方式，但同时也是对他本人独特的道德倒错的一种真实诚恳的表达。"① 波德莱尔的恶魔主义与他本人的世界观产生了深刻的交叉融合，波德莱尔因此提出，"现代艺术有一种本质性的恶魔倾向"②。这就把恶魔主义从一种认识论进一步推向一种本体论，于是恶魔主义在波德莱尔笔下完成了文学形式、认知方式和生存模式的三位一体。波德莱尔因此可以被称作一位真正的"恶魔诗人"，并且为他的后代们"提供了一种思维倾向，把诗歌活动与招魂巫术结合起来，并且在黑暗世界里自觉寻找创造的真正力量"③。

三　波德莱尔与帕尔纳斯派

虽然说法国浪漫主义是波德莱尔在少年时仰慕又在成年后批判的对象，但是由于其年龄的关系，他却从未有机会参与浪漫主义在法国文坛立足的关键时期（1820—1830），这一历史处境使他面对浪漫主义时，无论是继承还是反叛都只能是一个后来者。他与帕尔纳斯派的关系在这个角度上则完全不同。作为诗人，波德莱尔的主要创作生涯与帕尔纳斯派在法国文坛的形成阶段（1852—1866）有较长时间的重合，成为"帕尔纳斯派开始阶段的确切的同代人"④，甚至可以说，帕尔纳斯派是波德莱尔在其人生中唯一有所参与的文学流派（恶魔主义并不能称为一种文学流派）：《当代帕尔纳斯》第 1 卷登载了波德莱尔的 6 首诗作。他把《恶之花》题献给帕尔纳斯派的先驱和奠基者泰奥菲尔·戈蒂耶，称其为"无可非议的诗人，法兰西文学完美的魔术师，我非常亲爱与敬仰的导师与伙伴"⑤，戈蒂耶也为 1868 年版《恶之花》写过一篇具有盖棺论定性

① François Porché, *Baudelaire*, *Histoire d'une âme*, Paris：Flammarion, 1944, p. 241.

② Charles Baudelaire, *Œuvres complètes* II, texte établi, présenté et annoté par Claude Pichois, bibliothèque de la pléiade, Paris：Gallimard, 1976, p. 168.

③ Max Milner, *Le diable dans la littérature française*, Paris：José Corti, 2007, p. 11.

④ Jean-Pierre Bertrand, Pascal Durand, *Les poètes de la modernité*, *de Baudelaire à Apollinaire*, Paris：Éditions du Seuil, 2006, p. 8.

⑤ Charles Baudelaire, *Œuvres complètes* I, texte établie, présenté et annoté par Claude Pichois, bibliothèque de la pléiade, Paris：Gallimard, 1975, p. 3.

质的重要长序（长度占全书的五分之一）；1867 年波德莱尔去世，葬礼
上的致悼词者是帕尔纳斯派重要诗人、他的另一位挚友泰奥多尔·德·
邦维尔。波德莱尔在生前与帕尔纳斯派相关诗人的来往、通信等比他与
浪漫主义诗人的交往多得多，在与前者的通信和文字唱和中，存在一个
诗学交互空间，有必要对此做出一些说明。

　　帕尔纳斯派是一个 19 世纪中叶出现的文学流派，在对其如何定义方
面存在一些先天的困难。这个困难与其名称的来源直接相关。"帕尔纳斯
派"这个名称出自一本当时重要的文学刊物《当代帕尔纳斯，新韵诗
集》（Le Parnasse contemporain, Recueil de vers nouveaux）（以下简称《当
代帕尔纳斯》），该刊一共出版了 3 卷。"帕尔纳斯"的原义是古希腊神
话中阿波罗与缪斯居住的神山，象征着诗、艺术与美。在其后加上"当
代"一词，自然有一代新人登上诗界神山、旧时代诗人黯然谢幕的含义，
直接象征着对曾经占据文坛统治地位的浪漫主义文学的反拨。然而如何
定义和归纳浪漫主义文学之后的一代新人则成为日后文学史的一个难题。
《当代帕尔纳斯》的第 1 卷出版于 1866 年，开卷便收入了泰奥菲尔·戈
蒂耶、泰奥多尔·德·邦维尔、勒贡特·德·李勒的诗作，在全书稍后
的位置还有波德莱尔、魏尔伦和马拉美的作品。第 2 卷因为普法战争而
推迟至 1871 年出版，收入了勒贡特·德·李勒的《该隐》、泰奥多尔·
德·邦维尔的《齐拉特琴》和《十首欢快的叙事曲》，以及苏利·普吕
多姆（Sully Prudhomme）、弗朗索瓦·科佩（François Coppée）等人的作
品，其中还有魏尔伦的 5 首诗以及马拉美的《希罗底的诗歌的古老舞台
剧研究碎片》。1876 年出版的第 3 卷更是在 451 页的篇幅中聚集了大量
水平极不均衡的诗歌作品。从这里我们可以看出，《当代帕尔纳斯》所
收录的诗人诗作范围相当广泛，甚至可以说是浪漫主义文学之后诗坛新
人的大合集。用法国学者的话说，"在这份'新韵诗集'的作者名单中，
一方面我们看见了泰奥菲尔·戈蒂耶、勒贡特·德·李勒和他们的信徒
弗朗索瓦·科佩、卡图尔·曼德斯（Catulle Mendès）、苏利·普吕多姆、
埃雷迪亚；另一方面，我们发现了另一些诗人的名字：波德莱尔、魏尔
伦、马拉美。对这几位诗人而言，帕尔纳斯派的经验远远不是终点，而
只是诗歌创作的某一个学习期。在这一聚合中，这些诗人们谈论的也许
是相同的问题，但他们使用的早已不是同一种诗歌语言；波德莱尔和科

佩对图像的理解毫不相同，马拉美和埃雷迪亚对形式的认知也无任何相似之处"①。《当代帕尔纳斯》所收录的诗人作品之间的异质性成为对"帕尔纳斯派"进行定义的第一个困难，很难把所有在《当代帕尔纳斯》上发表过作品的近一百位诗人都纳入帕尔纳斯派的范畴。尤其是相比法国浪漫主义文学，帕尔纳斯派在建设"流派"方面所进行的努力确实要弱得多，以致有法国学者激烈地提出"帕尔纳斯派并不是一个围绕着某个领袖并具备某种教义的流派"②。

　　然而，如果我们彻底否定帕尔纳斯派是一个文学流派，把它和恶魔主义一样只视为一种特殊的文体或文风，这也同样不符合其历史境况和文学认知。1898年，《当代帕尔纳斯》曾经的主编之一路易-哈维·德·理查（Louis-Xavier de Richard）就曾写下一系列文章回顾帕尔纳斯派作为一场文学运动的前因后果。他在这些文章中明确地指出，"帕尔纳斯派曾经是一个文学大事件，这一点已经无可辩驳了……人们可以批评它所造成的影响，或者像当下的一些流派那样对它表示哀叹或憎恨，但若想怀疑或者否认它的存在则是完全不可能的"③。从19世纪下半叶开始，这类文章或回忆录层出不穷。更为重要的是，"帕尔纳斯派"这个名称虽然不能总括所有在《当代帕尔纳斯》上发表作品的诗人，但无论是在当时还是今天的文学史书写中都有一个相对明晰的所指，也就是一个首先"将戈蒂耶尊称为'先驱'，将勒贡特·德·李勒奉为'大师'；其次是对浪漫主义情感抒发厌倦和反感，最后是对'美'有新思考以及从事美学方面的工作"④的诗人群体。这个群体中的所有诗人都在《当代帕尔纳斯》上发表了他们的作品，他们的作品在数量上构成了3卷《当代帕尔纳斯》的中坚，这个流派也因此得名。戈蒂耶—邦维尔—李勒—科佩—普吕多姆—埃雷迪亚这条文学传承的线索是清晰的。他们中间的年

---

①　Dominique Rincé, *La Poésie française du XIXe siècle*, Paris：Presses universitaires de France, 1977, p. 65.

②　*Lexique des termes littéraires*, Ouvrage dirigé par Michel Jarrety, avec la collaboration de Michèle Aquien, Dominique Boutet, Emmanuel Bury, Pierre Frantz, Daniel Ménager, Gilles Philippe, Yves Vade, p. 309.

③　Louis-Xavier de Ricard, *Petits mémoires d'un Parnassien*, Adolphe Racot, *Les Parnassiens*, introductions et commentaires de M. Pakenham, Paris：lettres modernes minard, 1967, p. 31.

④　Dominique Rincé, *La Poésie française du XIXe siècle*, Paris：Presses universitaires de France, 1977, p. 65.

轻一代，包括曼德斯、理查、普吕多姆、科佩、狄尔斯（Léon Dierx）等
人每周六晚聚集在李勒位于荣军院大道的家中探讨相关文学问题，从而
形成了一个新的文学"圈子"。他们在作品中共同表现出的对于传统诗
歌形式的钟爱（回到回旋体、回到十行诗、回到叙事曲、回到十四行
诗），对于形式完美的关心和对于为艺术而艺术理念的崇拜在当时的文坛
也是特点鲜明的。这几点都是帕尔纳斯派作为一个文学流派存在的明证。
我们唯一需要注意的是不要把所有在《当代帕尔纳斯》上发表过作品的
诗人和帕尔纳斯派诗人混为一谈，以免造成不必要的概念混乱。事实上，
今天被人们视作19世纪下半叶法国诗歌史重要人物的魏尔伦、马拉美，
1866年时还是20岁出头的青年，在文学上刚刚出道，他们的作品并不构
成《当代帕尔纳斯》的主体。在戈蒂耶写于1868年的评论文章《法国
诗歌的新进展》中，当他谈到《当代帕尔纳斯》中展现出的诗坛新风
时，他花费了大量笔墨介绍李勒与邦维尔，歌颂李勒为"新体系中心的
太阳"①。而魏尔伦和马拉美则被湮没在一堆姓名中间一笔带过："在同
一本文集中还包括弗朗索瓦·科佩先生，《圣骨盒》的作者，一部有希
望并立得住的有魅力的诗卷；保罗·魏尔伦，莱昂·狄尔斯，奥古斯
特·维利耶·德·利尔-阿达姆，何塞·玛利亚·德·埃雷迪亚（他的
西班牙姓氏不妨碍他用法语写下优美的十四行诗）；斯蒂凡·马拉美，在
他刻意的荒诞不经中有耀眼的闪电穿过。"②这样的论述只能被称作礼节
性的客套。而对于波德莱尔，一方面戈蒂耶把他置于《当代帕尔纳斯》
之外专门进行了介绍，另一方面涉及波德莱尔发表在《当代帕尔纳斯》
上的作品时戈蒂耶则写道，"波德莱尔《恶之花》中的几篇新作，如黑
玫瑰般在这支花束中古怪地绽放，从其令人眩晕的香气就能被一眼识
别"③。从以上叙述可以看出，在戈蒂耶这样一位当时之人眼中，波德莱
尔、魏尔伦和马拉美都不是《当代帕尔纳斯》的主角，波德莱尔是一个
异类，而魏尔伦和马拉美甚至没有引起戈蒂耶特别的注意。他们作为初

① Sylvestre de Sacy, Paul Féval, Théophile Gautier, Édouard Thierry, *Rapport sur le progrès des lettres*, Paris：l'imprimerie impériale, 1868, p. 113.

② Sylvestre de Sacy, Paul Féval, Théophile Gautier, Édouard Thierry, *Rapport sur le progrès des lettres*, Paris：l'imprimerie impériale, 1868, pp. 115-116.

③ Sylvestre de Sacy, Paul Féval, Théophile Gautier, Édouard Thierry, *Rapport sur le progrès des lettres*, Paris：l'imprimerie impériale, 1868, p. 116.

出茅庐的年轻诗人只是在这本诗集中获得了一次在文坛亮相的机会，他们在这本诗集中的重要性完全是后世学者的追认，李勒与邦维尔的作品才是当时《当代帕尔纳斯》推出的绝对核心，这也是"帕尔纳斯派"这个称呼在当时迅速流传开来，同时没有给当时的文坛造成什么误解的原因，真正的误解来自后世的文学史研究者。从1866年《当代帕尔纳斯》第1卷出版到1876年第3卷收尾的十年，是帕尔纳斯派作为一个明确的文学流派在法国文坛占有一席之地的时期。而在此之前，帕尔纳斯派中的几位主要诗人的文学实践早已开始，只是直到1866年这个标志性的年份他们才拥有了一个专门的集体性称呼。

帕尔纳斯派的文学理论基础来自戈蒂耶1935年出版的《莫班小姐》。戈蒂耶在序言中对艺术的实用性大加讽刺，提出"只有在不为任何事物服务的东西里才有真正的美"①，从美自身的逻辑发展中推导出艺术的无用性以及由无用性所代表的纯粹性。这个观点被戈蒂耶在之后进一步加以强化，最终凝固为"为艺术而艺术"。戈蒂耶比雨果小9岁，年轻时曾经参与雨果家中的浪漫主义文学"圈子"，写出了不少浪漫主义的文学作品。他还是1830年《埃那尼》上演时的急先锋，穿着醒目的红色坎肩，与奈瓦尔、柏辽兹等一同率领着一批激进青年，以声威把古典主义卫道士的聒噪压制下去，从而把浪漫主义运动推向高潮，史称"埃那尼之战"（Bataille d'Hernani）。他的红色坎肩也成为文学史上浪漫主义的传奇。但在此之后不久，戈蒂耶与雨果在文学理念上产生分歧。他反对雨果用文学表达人道主义和抨击时政、改造社会的诉求，认为艺术应该获得完全的自主性，不能被任何为人生或者为社会的要求所束缚，诗人应该在其艺术领域中获得完全的自治，进而提出"为艺术而艺术"的口号。这种艺术理念在法国浪漫主义者中本身就已经存在，"因为浪漫主义一直在对政治思想的拒绝与结合之间，在忧郁的女性气质与积极的男性气质之间寻找平衡"②。雨果在1830年前后也曾表现出一些纯艺术的倾

---

① Théophile Gautier, *Romans*, *contes et nouvelles* Ⅰ, édition établie sous la direction de Pierre Laubriet, avec, pour ce volume, la collaboration de Jean-Claude Brunon, Jean-Claude Fizaine, Claudine Lacoste-Veysseyre et Peter Whyte, bibliothèque de la pléiade, Paris: Gallimard, 2002, p.230.

② Martine Lavaud, *Théophile Gautier*, *militant du romantisme*, Paris: Honoré Champion, 2001, p.399.

向，在纯审美的艺术与介入性的艺术之间摇摆，但他很快做出了选择，坚定宣扬艺术的"有用性"（也就是社会性、政治性和人道性），并最终与戈蒂耶分道扬镳。对一位经历了漫长的文学人生的大作家来说，在不同的时期，观点的摇摆、不确定、前后矛盾甚至折返都是正常的，这符合思想发展的客观规律——真实的思考并非总是保持线性"前进"的态势。戈蒂耶则对艺术的"无用性"进行了明确的归纳和进一步的发挥，在理论方面扮演了帕尔纳斯派先驱的角色。《当代帕尔纳斯》第1卷不但收录了戈蒂耶的作品，而且置于卷首的开篇之处，象征着他在帕尔纳斯派中的崇高地位。他本人在1872年去世之前与帕尔纳斯派诗人过从甚密，但他并不愿意强调自己在诗派中的领袖作用。加上他年龄最长（比李勒长7岁，比邦维尔长12岁），他提出的艺术观念远早于《当代帕尔纳斯》甚至《古体诗》的出版时间，而且他曾深度参与浪漫主义的文学运动，成名已久，"帕尔纳斯派"一词不足以归纳戈蒂耶的生平创作，所以他在文学史中常常被称为帕尔纳斯派的"先驱"。但准确地说，戈蒂耶在帕尔纳斯派中的地位应该被视为先驱、奠基者和参与者的三合一。

"为艺术而艺术"的理念在法国文坛广泛传播开来的另一个关键节点则是法国社会19世纪中叶的一个重大政治事件：1848年革命。在这场革命运动的开始阶段，浪漫主义诗人拉马丁积极投身政治，于1848年"二月革命"后成为临时政府的实际首脑，建立法兰西第二共和国，并从2月至5月出任外交部部长。然而在1848年4月的立宪议会选举中，保守派获得了大多数席位，大大出乎了巴黎知识界和巴黎人民的预料。保守派议会继而于6月下令关闭国民工坊，导致巴黎人民发起大规模武装起义，政府进行残酷镇压，最终死者多达4000人，未经审判即被发配至阿尔及利亚的"犯人"达万人之多，这些野蛮行径使许多文人丧失了对第二共和国的信任。法国学者准确地指出，"1848年6月代表着这样一个死亡日期：对于一个共和国或者社会有能力去创造出新的自由与团结的形式的想法终结了。……它标志着谎言与分裂的胜利"①。在1848

① *Histoire de la France littéraire: modernités XIXᵉ-XXᵉ siècles*，volume dirigé par Patrick Berthier et Michel Jarrety，Paris：Presses Universitaires de France，2006，pp. 258-259.

年12月的总统选举中，拉马丁以绝对劣势惨败于拿破仑的侄子路易·波拿巴，进一步使法国文人的梦想幻灭。李勒就曾经作为选举监察官前往外省，目睹了大量农民在教会等保守势力的怂恿下盲目投票的场景，回巴黎后深感失望。在路易·波拿巴当选总统之后，他首先于1850年恢复教会对国民教育的控制权，颠覆了法国大革命的宝贵遗产，接着取消人民的普选权，继而在1851年发动政变建立法兰西第二帝国，登基加冕为拿破仑三世，这一系列举动更加挫伤了法国文人。一些挺身反抗的共和派人士如雨果被迫流亡国外，并用《惩罚集》表达自己政治上强烈的愤怒和批判，大多数人则采取了与政府合作或远离政治的立场。拿破仑三世不久之后以维护公共安全为由推行严厉的书报检查制度，让选择留在法国境内的文人无从在政治上发表任何批评性意见，整个社会气氛转入沉闷。用马克思在《路易·波拿巴的雾月十八日》中的话说，即"在1848—1851年间，只有旧革命的幽灵在游荡，从改穿了老巴伊的服装的戴黄手套的共和党人马拉斯特，到用拿破仑的死人铁面具把自己的鄙陋可厌的面貌掩盖起来的冒险家。自以为借助革命加速了自己的前进运动的整个民族，忽然发现自己被拖回到一个早已死亡的时代；而为了不致对倒退产生错觉，于是就使那些早已成为古董的旧的日期、旧的纪年、旧的名称、旧的敕令以及好像早已腐朽的旧宪兵复活起来"①。"二月革命对于旧社会是一个突然袭击，是一个意外事件，而人民则把这个突然的打击宣布为具有世界历史意义的壮举，认为它开辟了一个新纪元。12月2日，二月革命被一个狡猾的赌徒的骗术所葬送，结果，被消灭的不再是君主制度本身，而是一个世纪以来的斗争从君主制度方面夺取来的自由主义的让步。结果，不是社会本身获得了新的内容，而只是国家回到了最古的形态，回到了宝剑和袈裟的极端原始的统治。"② 第二帝国的建立使法国在政治制度层面大开倒车，自大革命以来所建立的民主宪政传统大多遭到颠覆。但伴随第二帝国时期法国经济的高速发展，以城市居民和工商业者为代表的中产阶级群体迅速扩大，他们对政治的热情远小于对经济收入和物质改善的追求，因此对政治上的噤声不以为意，并

---

① 《马克思恩格斯文集》第2卷，人民出版社2009年版，第472页。
② 《马克思恩格斯文集》第2卷，人民出版社2009年版，第473—474页。

且在享受和平和财富的过程中成为社会秩序坚强的捍卫者。

对于整个法国文学界来说，这一系列历史事件的接连发生也使文坛的风气发生了根本性的改变。以雨果为代表的追求社会介入和宣扬人道精神的"有用"的艺术在法国社会中销声匿迹，代之以另一种"有用"的艺术：一种由政府支持的宣扬有利于其统治的道德观念的文学繁荣起来，把拿破仑三世和第二帝国视为社会进步的表征和美好未来的保证，俘获了大量中产阶级读者群体；另外，许多文人选择远离政治，到别处去寻找生存和话语空间，组成一些相对小众的文学团体，对官方的主流审美不置可否，蔽身于艺术的象牙塔中。"在他们中间，例如勒贡特·德·李勒，由于政治期待的破灭和所属政党的倒台而变得尖刻而沮丧。他们从六月惨剧之后就放弃了行动，12 月 2 日以后更加毫不作为。"① 这些青年诗人由于对政治的失望，在文学上表现出对强调介入和改变社会的文学的厌倦和背离情绪，进而转向"为艺术而艺术"，这就使他们做出这一抉择时的精神内涵与 30 年代戈蒂耶提出这一口号时产生了巨大的区别。对于戈蒂耶来说，艺术的无用性是他从他本人的艺术观念中基于纯审美的理由推导出的必然结论，与政治毫无关系，而对于 50 年代的这批作家来说，政治或者说逃避政治却成为他们做出"为艺术而艺术"这一选择的重要原因甚至是首要原因，但他们往往会更愿意强调其中的美学因素，以此尽可能地淡化政治。就像法国学者所指出的，"二月革命和六月的血腥事件对于整整一代人来说凝聚成一种关于'自我压抑'的关键性汇总，不仅对于文学中的政治性和社会性挑战加以抑制，而且对一切有可能让人联想起社会实践的文学外部现实加以抑制"②。正是在这样的社会风气和背景下，无意与政府直接合作的文人或主动远离政治，或被动自我压抑，或自觉自我审查，有意识或无意识地躲进了纯美艺术的城堡，"为艺术而艺术"的理念也因此在法国文坛广泛流传开来，对浪漫主义文学的批判也随之展开。

李勒在其 1852 年出版的《古体诗》前言中写道，"现代诗，杂乱地倒映着拜伦暴躁的人物、夏多布里昂做作而肉感的宗教狂热、莱茵河彼

---

① Albert Cassagne, *la théorie de l'art pour l'art*, Seyssel: Champ Vallon, 1997, p. 122.

② Jean-Pierre Bertrand, Pascal Durand, *Les poètes de la modernité, de Baudelaire à Apollinaire*, Paris: Éditions du Seuil, 2006, p. 20.

岸的迷蒙幻想和湖畔派的写实主义，相互冲突，四下溃散"①。李勒认为浪漫主义文学的形式感薄弱，技法过于平铺直叙，文体混乱杂糅，这代表了当时文坛对浪漫主义美学上的批评。而对于浪漫主义文学介入性的一面，李勒更是直白地批驳道，"通过艺术而实现的诗歌，再也不能生产任何英雄主义的行动，再也不能启发任何社会德性。因为神圣之言，即使是在对英雄主义或德性潜在幼苗的预期之中，也缩减了，就像一切文学的衰落时代那样，除了个人化的偏狭印象不能再表达任何东西，被随意捏造的新词侵入，破碎而亵渎，沦为个人口味和主观任性的奴隶，不再有能力教化人类"②。"哦，诗人，你还能说什么，还能教导什么？你要把权威者的言语和字母交付给谁？哪条教理批准了你的职务？去吧！你在空虚中精疲力尽，你的大限已至。没有人再听你讲话，因为你制造出来的只是一堆从今以后无甚价值的观点。时代不再听你讲话，因为你贫乏的抱怨让它厌烦，除了你自身的空虚，你表达任何其他事物都是无力的。"③ 对于诗人这样一个曾经的支配者在当下的失声状况，李勒感到挫败，于是全盘否定神圣之言在当下的意义，继而对诗人的身份进行了重新定义。这种种文学的外部原因和内部趋势便使一个新的诗歌团体逐渐浮出水面，他们远离时政，在对绝对的美的永恒静观中寻找心灵的皈依。围绕着戈蒂耶—邦维尔—李勒以及他们的门徒，一个日后被称为"帕尔纳斯派"的文学流派开始形成。浪漫主义最重要的文学评论家圣伯夫在《1852年的诗学与诗人》中提出，1852 年是浪漫主义的到期之日，因为这一年同时出版了戈蒂耶的《珐琅与雕玉》和李勒的《古体诗》，象征着新时期的开始。换句话说，1852 年也可以看作帕尔纳斯派在文坛实际亮相的时间，尽管离他们正式获得"帕尔纳斯派"这一名称还要等 14 年。

从以上对帕尔纳斯派简要的思想史溯源可以看出，在帕尔纳斯派特别是其中以李勒为首的诗人群体中，存在强烈的悲观主义的失落情绪，他们在一连串政治事件中体会到了一种历史衰落感，因此希望在艺术中

---

① Leconte de Lisle, *Articles - Préfaces Discours*, textes recueillis, présentés et annotés par Edgard Pich, Paris: Les Belles Lettres, 1971, p. 116.

② Leconte de Lisle, *Articles - Préfaces Discours*, textes recueillis, présentés et annotés par Edgard Pich, Paris: Les Belles Lettres, 1971, p. 110.

③ Leconte de Lisle, *Articles - Préfaces Discours*, Paris: Les Belles Lettres, 1971, pp. 111 - 112.

重获内心的平静。悲观与平静这两个奇异的心境组合为后来帕尔纳斯派的整个诗歌创作定下了基调。李勒就是在这种情绪中于1852年推出了他的《古体诗》，把目光投向遥远的古希腊和古印度，试图用远古的荣光替换现世的衰颓。被后世学者称为帕尔纳斯派最后之花的埃雷迪亚在他题献给李勒的诗集《战利品》的第一首题名为《忘却》的诗中写道，"庙宇的废墟高悬海崖之上/死亡混入了，这野兽般的土壤/大理石女神与青铜英雄/孤寂的野草掩埋了荣光……对祖先之梦无动于衷的人类/毫不颤抖地聆听，在安详的夜色深处/大海在哀叹为塞壬悲伤"①。从李勒到埃雷迪亚的整个帕尔纳斯派诗人虽然都试图远离和忘却现实，但他们笔下都流露着这种隐忍的悲观寒冷的气氛，不过这与拉马丁、缪塞直抒胸臆的忧郁悲伤已经大不相同，诗人的主体相比浪漫主义者而言存在大幅度后撤。相比浪漫主义者，帕尔纳斯派普遍采用了一种相对客观和疏离的态度对待他们的诗歌对象，悲观是抹不去的底色，从容则是追寻的目标。对帕尔纳斯派诗人来说，"为艺术而艺术"意味着从现实世界中抽身而去，保持诗人主体身份的退隐，这个理念也由此成为一代诗人寻找慰藉的出路。从这里出发，一系列诗歌理念被建立了起来。李勒在《古体诗》前言中明确提出，"个人情感在这里只留下了很少的痕迹，当前时代的事件和激情在这里完全没有出现"②。"尽管有一些活跃人士保持着政治热情，但这种热情属于行动的世界，思辨性的工作对他们来说是陌生的。这就解释了我习作中的无人称性和政治中立性。"③ "艺术与科学，由于智力的发散作用而长久分离，必须紧密地联合起来。"④ 李勒的这一系列看法充分表明了他的诗歌态度，用法国学者、李勒研究专家埃德加·皮什（Edgard Pich）的话说，李勒认为"个人主义已经成为一种根本性的障碍，阻碍了向自由的超验性形式的飞升……需要把注意力集

①　José-Maria de Heredia, *Les Trophées*, édition présentée, établie et annotée par Anne Bouvier Cavoret, Paris: Gallimard, 1981, p. 29.

②　Leconte de Lisle, *Articles-Préfaces Discours*, textes recueillis, présentés et annotés par Edgard Pich, Paris: Les Belles Lettres, 1971, pp. 108–109.

③　Leconte de Lisle, *Articles-Préfaces Discours*, textes recueillis, présentés et annotés par Edgard Pich, Paris: Les Belles Lettres, 1971, p. 110.

④　Leconte de Lisle, *Articles-Préfaces Discours*, textes recueillis, présentés et annotés par Edgard Pich, Paris: Les Belles Lettres, 1971, p. 119.

中在对形式而非主题的创造过程上面"①。

李勒的这些想法也成为日后帕尔纳斯派文学思想的主要内容，具体包括：强调对作诗技巧的精准把握，追求诗歌形式上的完美，保持诗人与客观世界的距离，恪守不动声色的冷静，远离当下的政治现状及社会道德的束缚，避免浪漫主义者过度的自我表露和情感倾诉。从远离现实政治出发，帕尔纳斯派认为诗歌在美学上需要细致推敲，反复对形式进行打磨，像浪漫主义者那样任凭激情奔涌一蹴而就是不行的。以李勒为代表的帕尔纳斯派诗人"反转了浪漫主义力量源泉中的一个观念，那就是把诗人和某一种历史伦理联系在一起（例如拉马丁和雨果），调和诗的话语和政治的雄辩。现在分离完成了：在诗歌中人们只需要期待一种造型和语言的人为加工。诗人不代表更多的东西了，因为写作是无人称和绝对不动声色的：这也是诗人得以进入纯粹的、超历史的和普遍的思想领域的条件"②。

帕尔纳斯派的这些诗学观念与波德莱尔有一定的汇通之处。波德莱尔便曾经称赞戈蒂耶"有一种令人迷醉和惊奇的准确性，使人想起一种由深厚的数学知识而制造的奇迹"③。"定义了造物客体在人类目光前长存时散发出的神秘姿态。"④ 他称赞李勒诗歌"最明显的特点是一种知性的高贵感"⑤。帕尔纳斯派诗学中的一些优点也被波德莱尔在他本人的诗歌创作中加以吸收。在戈蒂耶的《珐琅与雕玉》和李勒的《古体诗》出版五年后的 1857 年，《恶之花》问世，其中不少篇章都可以看出戈蒂耶和李勒对波德莱尔的启示。与此同时，波德莱尔也在很大程度上抗拒着帕尔纳斯派的诗学观念。对于"为艺术而艺术"这一帕尔纳斯派的关键概念，波德莱尔表现出一种非常值得玩味的态度。他在相隔不久的三篇文章中分别写道：

---

① Leconte de Lisle, *Œuvres complètes Tome* II *Poème antiques*, éditions critique publiée par Edgard Pich, Paris：Honoré Champion, 2011, p. 11.

② Jean-Pierre Bertrand, Pascal Durand, *Les poètes de la modernité, de Baudelaire à Apollinaire*, Paris：Edition du Seuil, 2006, p. 57.

③ Charles Baudelaire, *Œuvres complètes* II, texte établi, présenté et annoté par Claude Pichois, bibliothèque de la pléiade, Paris：Gallimard, 1976, p. 118.

④ Charles Baudelaire, *Œuvres complètes* II, texte établi, présenté et annoté par Claude Pichois, bibliothèque de la pléiade, Paris：Gallimard, 1976, p. 117.

⑤ Charles Baudelaire, *Œuvres complètes* II, texte établi, présenté et annoté par Claude Pichois, bibliothèque de la pléiade, Paris：Gallimard, 1976, p. 177.

　　为艺术而艺术派稚气的乌托邦，驱逐了道德甚至经常驱逐了激情，它必然是贫乏的。它公然违抗人类的天赋。以创立了普世生命的至高原理之名，我们有权宣布它是一种有罪的异端邪说。（1851年《论皮埃尔·杜邦》①）

　　对于形式无节制的癖好会导致骇人而未知的混乱。在吸收了太多对于美、滑稽、俊俏和秀丽的过度热情之后，关于精确与真实的概念就消失了，因为这里面有一个程度的问题。对艺术近乎癫狂的热情是一种溃疡，它会吞噬剩下的一切。在艺术中精确与真实的彻底消失等同于艺术的消失，人也就整个消散了。对某一功能的过度专门化将通向虚无。（1852年《异教派》②）

　　诗，仅仅需要人们愿意走向自己的内心，拷问他们的灵魂，唤醒他们热忱的回忆，除了诗本身没有其他的目标。它也不能拥有其他的目标，没有任何诗歌可以如此伟大、如此高贵、如此真正配得上诗歌之名，除非它在被写下时唯独是为了写作一首诗的乐趣。

　　我不想说诗不能使道德风俗更加高尚，希望人们能正确地理解我，我不想说诗的终极结果不是把人提升到一个比他的平凡利益更高的层次。要这么说显然是荒诞的。我想说的是，如果诗人追寻一个道德目标，那么他就缩减了他的诗性力量，我敢打赌他的作品因此将会很糟糕，这么讲并不是不谨慎的。诗不能混同于科学或者道德，否则就会死灭或衰弱。诗不是客观事物的绝对真理，它只是它自己。（1857年《再论埃德加·爱伦·坡》③）

如何理解以上这三处引文？第一处引文中波德莱尔将"为艺术而艺术"视为"稚气的乌托邦"和"有罪的异端邪说"，第二处引文中他把彻底追求艺术上的形式主义称为"溃疡"，第三处引文中他提出诗"除了诗本身没有其他的目标"，被一些法国学者视作波德莱尔支持"为艺术而

① Charles Baudelaire, *Œuvres complètes* Ⅱ, texte établi, présenté et annoté par Claude Pichois, bibliothèque de la pléiade, Paris：Gallimard, 1976, p. 26.
② Charles Baudelaire, *Œuvres complètes* Ⅱ, texte établi, présenté et annoté par Claude Pichois, bibliothèque de la pléiade, Paris：Gallimard, 1976, pp. 48-49.
③ Charles Baudelaire, *Œuvres complètes* Ⅱ, texte établi, présenté et annoté par Claude Pichois, bibliothèque de la pléiade, Paris：Gallimard, 1976, p. 333.

艺术"的证据。是否因此可以说，从 1851 年到 1857 年波德莱尔的诗学思考发生了重大改变？他是不是也和帕尔纳斯派一样由于拿破仑三世登基和社会气氛的变化而调整了他的文学观念？又或者说，波德莱尔的诗学理念一直保持着连贯性和完整性，诗"除了诗本身没有其他的目标"这句话并不能够从"为艺术而艺术"的角度加以解读？

　　要回答这一问题，就必须回到波德莱尔本人的诗歌创作实践。在《恶之花》中，波德莱尔对诗歌的形式问题可谓殚精竭虑，从音步的选择、节奏的把握到断句的运用、韵律的调配无不显示出他精妙的控制力。在这一点上，他与帕尔纳斯派对作诗技巧的执着是一致的。他同样无意于在诗歌的言辞之上承载一个外在的道德目标或要求，和帕尔纳斯派一样对诗歌的教化功能深恶痛绝。但与此同时，对于为何要执着于作诗技巧这一问题，波德莱尔则有完全不同于帕尔纳斯派的想法。他反对诗歌彻底的科学化和客观化，更不赞同把目光从当前的世界移开，投向古代或远方。他所寻求的是以一种极度刺激甚至近乎惊悚的方式把诗的和谐与自我、世界和时代中惊人的不和谐融为一体。和谐与不和谐间形成的巨大张力，以及由此产生的独特诗学空间才是波德莱尔对作诗技巧提出极高要求的根本原因。就像他在 1856 年另一篇论爱伦·坡的文章中称赞坡具有"能够用一种完美的、扣人的、可怕的方式描绘和解释道德秩序的例外状况的独特气质"[1]。这句评价也是波德莱尔的自况。道德并没有从波德莱尔的文学世界中消失，而是以一种问题的方式沉入其作品的底部。这就使波德莱尔恶魔般的美学世界中散发出一种独特的伦理因素，同时形成了一种强大的诗歌张力。波德莱尔用他恶魔般的目光注视着他的生存世界，他游走在巴黎的大街小巷，在这个现代都市的人群中寻找他的灵感源泉和反抗英雄。波德莱尔不像雨果在《惩罚集》里那样从政治和社会角度激烈地针砭时弊，而是从个体生存的层面展开了一系列颠覆性的工作，撼动了"道德""价值"等观念。这就使他的作品在一个极为深刻的层面上对人类的生存状况展开了探索和追问，而这一切的基础则在于审美，一种与艺术直接相关的能力。他在《再论埃德加·爱

---

① 　Charles Baudelaire, *Œuvres complètes* Ⅱ, texte établi, présenté et annoté par Claude Pichois, bibliothèque de la pléiade, Paris：Gallimard, 1976, p.316.

伦·坡》（也就是他提出诗"除了诗本身没有其他的目标"的同一篇文章）中引用爱伦·坡的话说："诗人注意到不公正，绝对不在其不存在之处，而是极其频繁地在非诗的眼睛根本看不到的地方发现它的存在。因此，诗的这种人尽皆知的易激动性与庸俗意义上的气质无关，而与一种对于虚假和不公正的超出寻常的洞察力有关。这种洞察力不是别的东西，正是一种对于真实、公正、比例，一句话，对于美的强烈感觉的必然结果。"① 波德莱尔无保留地赞赏这一说法，将其视作爱伦·坡为他的同类（必然包括他本人）"准备的一份绝妙的不容置喙的辩词"②。在爱伦·坡/波德莱尔看来，洞察力来自"对于美的强烈感觉"，换句话说，美可以孕育洞察力，而洞察力将引出真实和公正（善）。在真善美之间，美成为第一因素，真和善不再外在于美，而是由美所激发，而且必然被激发。这就使波德莱尔和帕尔纳斯派在对"艺术"这个词语的理解上产生了重大分歧。

波德莱尔在写于 1859 年前后的另一篇文章《哲理性的艺术》中明确地说道："随现代观念而来的纯粹艺术究竟是什么？就是创造一种暗示性的魔法，同时包容客体和主体，外在于艺术家的世界和艺术家本身。"③ 从这句话中可以更清晰地看出，波德莱尔眼中的"纯粹艺术"并不是彻底走向形式解放的艺术，而是形式与内容、世界与自我的大融合。如果波德莱尔也使用"为艺术而艺术"这一说法，那么这种艺术必然通向现实而非远离现实。也正是在这个意义上，波德莱尔与帕尔纳斯派存在诗学观念上的根本区别。诗"除了诗本身没有其他的目标"，因为诗的目标就是它本身的美学强度。而诗这样一种美的至高载体所必然包含的洞察力将带给诗人对于人类生存处境毫不妥协的求索。这也正是波德莱尔本人的诗学追求。因此回到上文的三段引文，我们可以说波德莱尔并没有前后矛盾之处，他在前两篇文章中提出了对"为艺术而艺术"的批评，并在第三篇文章中通过爱伦·坡的文学思考找到了一种他认为可行

---

① Charles Baudelaire, *Œuvres complètes* Ⅱ, texte établi, présenté et annoté par Claude Pichois, bibliothèque de la pléiade, Paris: Gallimard, 1976, pp. 330-331.

② Charles Baudelaire, *Œuvres complètes* Ⅱ, texte établi, présenté et annoté par Claude Pichois, bibliothèque de la pléiade, Paris: Gallimard, 1976, p. 331.

③ Charles Baudelaire, *Œuvres complètes* Ⅱ, texte établi, présenté et annoté par Claude Pichois, bibliothèque de la pléiade, Paris: Gallimard, 1976, p. 598.

的解决之道。

关于波德莱尔与帕尔纳斯派的主要异同，在此还可以再谈一点。前文在分析波德莱尔与浪漫主义的关系时已经提到，针对浪漫主义者过度膨胀的自我，波德莱尔提出了"自我的集中与蒸发"，其中自我的"蒸发"与帕尔纳斯派冷眼旁观的写作态度有相通之处，都是出于对浪漫主义文学的反拨。但与此同时波德莱尔也强调"自我的集中"，这一提法包含了他对浪漫主义和帕尔纳斯派写作态度的双重回应。在波德莱尔看来，彻底不带入自我，与客观世界保持完全的分离状态，始终恪守绝对的中立，把诗人的主体身份视为一种单纯追求精致技巧的工具，是不能接受的。他所希望的是既不放弃自我又不像浪漫主义那样流于自我的泛滥，波德莱尔由此提出了"自我的集中"，一种高度浓缩的结晶化和隐喻化的诗人自我身份认定。所以他在与戈蒂耶及帕尔纳斯派共同对浪漫主义进行修正之后，又修正了帕尔纳斯派的文学观念。以上种种情况使波德莱尔得以在浪漫主义与帕尔纳斯派之间走出一条独属于他的道路，继而开创出一个美学新世界，影响至今不绝。

正如法国学者评价的那样，"波德莱尔通过其诗性作品所扮演的角色近似于福楼拜在小说领域的作用。他们两位都终结了某种古典主义的岁月，继而开启了另一个延续至今的、现代性的时代。确切地说，波德莱尔所生活的时代（1821—1867），也是法国诗歌史本身能够产生'革命'的时代。一方面，就波德莱尔其人而言，他个性中的慷慨和激情，使他仍保留着一些浪漫主义因素。另一方面，从他和《当代帕尔纳斯》同人的关系上看，他完全了解与他同辈的那一代诗人的反浪漫主义态度。因此，自然而然或是经历使然，在 19 世纪的中叶，他恰处在那个如前文所分析的诗歌冲突的节点上：是倡导一种情感性的诗学，还是倡导一种无主观倾向和纯审美的诗学？波德莱尔的天才和成功之处在于，他没有在这两种态度之间断然地取其一端，而是斟酌二者的偏激之处并提出了一种新的路径，在这里，语言和形式同情感以及更广义的灵感之间形成了一种全新的关系"①。

---

① Dominique Rincé, *La Poésie française du XIXe siècle*, Paris: Presses universitaires de France, 1977, pp. 70-71.

四　波德莱尔与颓废、颓废派

在法国文学史中，"颓废"（la décadence）与"颓废派"（les décadents）是两个相关但不相同的概念，但在中国学界常常被混用，同时，"颓废"与"颓废派"都与波德莱尔有深刻的联系，有必要对此做出一些专门说明。

"衰落"作为一个历史和思想史的术语，原本是指罗马帝国的衰落时期，继而泛指诸多古代文明的没落阶段。孟德斯鸠写于1731年的《思考罗马人的伟大及其衰落之原因》和爱德华·吉本出版于1776年的《罗马帝国衰亡史》等分析古代文明何以终结的著作使"衰落"这一概念在18世纪后半叶以后深入人心。因此面对从第二共和国向第二帝国过渡阶段的一系列政治灾难，法国人很容易联想起这些古老往事并且产生历史轮回的共鸣和悲凉，一种历史衰落的梦魇由此贯穿了整个19世纪下半叶。1870年普法战争的惨败、第二帝国的灭亡与1871年巴黎公社的覆灭更是在法国社会中把这种历史衰落感推向顶峰，让许多法国人产生法兰西文明即将彻底毁灭之感，赋予了一系列周而复始的历史灾难以新的现实性：贵族阶级的衰落、社会的腐化堕落、北方蛮族的入侵（1871年普鲁士军队围攻巴黎）等。这种历史衰落感带给人第一位的联想便是近在咫尺的毁灭：今天的衰落预示着明日的废墟。罗马帝国衰落之后便是蛮族侵略留下的残垣断壁。所以在人们心中"衰落"的重要的共生概念便是死亡和毁灭，这种词意的共生关系也对文学上的"颓废"造成重大影响。一些法国学者认为颓废文学产生的诱因是1870年至1871年的历史事件所导致的历史衰落感，但这一判断并不符合历史事实。对颓废文学产生更准确的时间定位应该是1848年到1852年，1870年到1871年的历史事件则是这种衰落感在法国社会中的又一次大规模的集中爆发。1852年路易·波拿巴政变加冕为拿破仑三世建立第二帝国和1870年色当惨败拿破仑三世被俘第二帝国灭亡，这一前一后两个时间点分别对应法国社会衰落感的两次高潮，所以单纯强调后者而忽视前者是不准确的。应该把1848年到1852年发生的政治事件视为法国社会产生"衰落"感和"颓废"感的第一动因。1850年，时任法国立法委员会成员克劳德·马利·劳德（Claude

Marie Raudot）出版的《论法兰西的衰落》（*De la décadence de la France*）一书正是写作于这种氛围之中，他在序言中写道："是一颗伤痛的心灵让我去收集法兰西衰落的这些不容置喙的证据。常常我会想放弃这沉痛的工作，但我却不能做到长久地逃避。当一个你最心爱的人的健康正被一种慢性病摧残并且逐渐将她推向坟墓的时候，我们怎可能把她忘记，而不用尽全力去寻找维持她生命的办法呢？"[1] 劳德的这段话清晰地表明了当时法国知识阶层在社会和国家现状面前产生的衰落感和危机感。这样的感受在文学中也自然有所体现。以李勒为代表的帕尔纳斯派为了逃避这种衰落选择躲进纯艺术的世界中寻找安慰，另一些作家则以一种更直白的方式描述这种末世和荒芜之感，后者就是颓废文学。

　　在汉语中由于语用和翻译习惯的缘故我们对"颓废"和"衰落"进行了分别处理，前者更多被应用于美学领域，后者则属于历史学的范畴，但在法语中它们对应的是同一个词"décadence"。"颓废文学"这个词首先来自对此风格持反对态度的批评家笔下，他们对这一术语的用法所对应的正是"衰落/毁灭"这一相关联的语义群，"颓废"也因此被用来指涉一种注定没落的、短命的、自掘坟墓的文学，作为一个彻底的贬义词去形容一些无道德感的、支离破碎的、故弄玄虚的作品。在这些批评家看来，这样的文学留下的只会是废墟和混沌，所以没有任何价值。而它从贬义转为褒义，则始于波德莱尔作于 1857 年的《再论埃德加·爱伦·坡》一文。他在文章中写道：

　　　　颓废文学！我们经常听到这种毫无意义的空话，伴随着一声浮夸响亮的哈欠，从那些在古典美学的神圣大门前守夜的问不出谜语的斯芬克斯们口中掉落……"颓废文学"这个词意味着存在一种文学的等级、一种啼哭的文学、一种稚气的文学、一种青春的文学等。这个术语对我来说代表了某种命定的和天意的东西，仿佛一道不可抗拒的圣旨，所以当我们在执行这道神秘律法时对我们横加指责是毫无道理的。我能从这些学院派的滥调中理解到的唯一内容就是：如果我们以愉悦的态度遵循这条律法，就是可耻的；如果我们在命

① 　Claude Marie Raudot, *De la décadence de la France*, Paris：Amyot, 1850, p. Ⅱ.

定的天数中享受快乐，就是有罪的。——看这太阳，几个小时之前
还以它纯白的直射光芒碾压着万物，不久之后就会以缤纷的色彩淹
没西方的地平线。在这垂死太阳的游戏中，一些诗意之人发现了新
的乐事。他们发现了耀眼的廊柱，熔金的瀑布，烈火的天堂，悲伤
的光华，悔恨的快感，来自梦幻的一切魔力与关于鸦片的一切回忆。
落日西沉的时刻在他们看来事实上就像对一颗承载着生命的灵魂的
绝妙寓言，伴随着思想与梦幻的庞大储备没入天际。[1]

波德莱尔在这段话中以西沉落日为例，突出了在这垂死的夕阳中所包含
的诸多不可替代的奇绝景象和微妙感触。在此之前，评论界对颓废文学
的批评究其根本在于认为它是一种必死的、无后的、注定消亡的文学，
不可能具备永恒的经典性，它只是文学史中的匆匆过客，与古典美学没
有任何可比性，因此其当下的存在也没有价值。而波德莱尔的这段话则
鲜明地指出，太阳落山或者说消亡这个最终结果其实并不重要，重要的
是在落日余晖中映现的独一无二的光华和景致，这是任何清晨或正午都
无法取代的，这些注定消逝的瞬间同样可以而且有理由成为"美"的永
恒寓言。

    波德莱尔的这一思路彻底扭转了之前批评界对"颓废"贬斥性的观
察角度，将其视为诗意的全新源泉加以褒扬。需要注意的是，波德莱尔
在这里并没有尝试详细定义颓废美学的内容和性质，而是从新的角度重
构了"颓废"一词的用法，将其从学究和古典主义的卫道士们贬低性的
陈词滥调中拯救和解放出来。正如法国学者所说，波德莱尔的这段论述
"既不是一种定义，也不是一篇宣言，而是一次反对学院派与学究话语的
充满敌意的声明……它并不提供某种对价值加以限定的主张，而是提供
了两种诗性材料（风格与构成）以及一种精神状态"[2]。波德莱尔作为诗
人以这样一种特殊的方式回应自身的生存处境和时代，表达自己生活于
世的真实感受，并且张扬出他本人独特的诗学观念，继而发掘和开拓出

---

[1] Charles Baudelaire, *Œuvres complètes* II, texte établi, présenté et annoté par Claude Pi-
chois, bibliothèque de la pléiade, Paris：Gallimard, 1976, pp. 319-320.

[2] Evanghélia Stead, *Le monstre*, *le singe et le fœtus*, *Tératogonie et Décadence dans l'Europe
fin-de-siècle*, Genève：Droz, 2004, pp. 17-18.

了诗歌的新题材和新领域。1865 年波德莱尔在一封未寄出的与儒勒·雅南（Jules Janin）论争的信件中提出，"为什么事物都发生了变化呢？……它们改变了，是因为它必须改变"①。这可以看作波德莱尔从不驻留于现有美学范式的根本原因。改变不仅仅是艺术不断创新的需要，更重要的是诗人所面对和经历的生活本身正在经历变化，所以艺术必须以新的方式去面对自身、面对世界，否则它必将盲目衰朽，其中包含着艺术继续生存的需要。诗歌从古典主义时代的神圣之言与礼节之言，到浪漫主义时代的心灵之言与人道之言，再到帕尔纳斯派的纯美之言，抵达了波德莱尔笔下的恶魔之言与颓废之言。这不但是一种诗学观念的变化，也代表着一种感受世界方式的变化以及这种感受背后世界本身的变化。在波德莱尔的这篇文章之后，1862 年，戈蒂耶在一篇介绍波德莱尔的文章中明确地将波德莱尔的《恶之花》与"颓废"联系在了一起，并且进一步详细定义了颓废文学的风格。戈蒂耶在这篇文章中写道：

> 在我们眼中，被人们称为"颓废"的东西恰恰相反代表着完全的成熟、极致的文明和事物的完满结局。于是出现了这样一种艺术：灵活的、复杂的、既客观又主观的、审视的、好奇的，从所有字典里汲取各类语汇，从一切画板上借用诸种色彩，从万千竖琴中收获多样和弦，向科学探问秘密，向批评求取分析，一切帮助诗人表达思想梦幻与精神的种种假说。这类思想必须明确地承认，不再拥有年轻时代的清新简朴。它是纤细的、微妙的、考究的，给腐坏的事物撒上香芹，为 17 世纪的矫饰投下污点，异样地深刻，个人化直至偏执的程度，泛神论般无度，禁欲抑或淫荡。但自始至终，无论它的方向为何，它一定包含着一种特质，独一无二，直达极点，极度夸张。借用一个我们试图在此赏析其才华的作家本人（波德莱尔）的比喻，这种区别就是正午碾压万物的纯白直射光线与黄昏地平线上的斜阳，映红了被熔金与七彩宝石

---

① Charles Baudelaire, *Œuvres complètes* Ⅱ, texte établi, présenté et annoté par Claude Pichois, bibliothèque de la pléiade, Paris: Gallimard, 1976, p.237.

反射出奇异形状的云霞。①

在波德莱尔的论述基础上，戈蒂耶进一步详细定义了颓废文学的诸种细部特点，这段话也成为法国文学史中对"颓废"作为一种文学风格所进行的第一次具体描述。戈蒂耶认为《恶之花》代表着一种彻底成熟的文明的晚期风格，并因此体现出完全不同于以往的风韵，其最根本性的特点就是极度成熟所带来的复杂、精致、微妙和灵活，对善恶、美丑、生死加以高度浓缩和融合，最终展现出与古典主义明晰的艺术世界彻底相异的充满晦明变化的美学空间，由此以完全正面的方式对"颓废"做出了界定。不过，戈蒂耶作于 1862 年的这篇短文在当时收获的读者有限，回应亦寥寥。这一想法真正的传播还要等到波德莱尔去世一年后的 1868年，这一年戈蒂耶在为《恶之花》再版所作的序言中重申了以上这些想法，于是这一对颓废文学的风格定义便随着该版本的发售在法国文坛广为流传，产生了巨大的影响。从这篇序言 1868 年问世至今，后世的法国诗人和学者在谈起文学中的"颓废"时，几乎无人不引用其中的段落，尤其是魏尔伦、马拉美、兰波、于斯曼、莫雷亚斯、拉弗格等诗人更是将其中的某些表述视作珍宝和典范，而这些表述在很大程度上指导了他们的创作。"颓废派"与象征主义运动的参与者古斯塔夫·凯恩（Gustave Kahn）日后这样回忆道，"我们都记得泰奥菲尔·戈蒂耶在新版《恶之花》前面写下的令人赞叹的研究文字，在那里戈蒂耶详述了一种颓废时期独特而闪耀的风格之美。那些文句是不会落入聋子耳中的，同时，尽管这个词（颓废）主要是被应用于人们所说的拉丁帝国的衰落这方面，我们却将其用在了我们自己的时代并派生到政治领域"②。普鲁斯特在 1894 年前后也曾以中立的态度确认，"确切意义上的颓废派一代拥有建立合法性的教谕，那就是泰奥菲尔·戈蒂耶在《恶之花》序言中写下的几行文字，这不但让年轻人对他们最可怕的智力弱点产生清醒的认识，而且让他们相信这些弱点可以成为一种优势，非常值得加以保持

---

① Claude-Marie Senninger, *Baudelaire par Théophile Gautier*, Paris: Klincksieck, 1986, p. 81.

② Gustave Kahn, *Symbolistes et décadents*, Genève: Slatkine, 1993, réimpression de l'édition de Paris, 1902, p. 34.

和扩展"①。戈蒂耶在这篇序言中再次提出的"教谕"便是：

　　　　《恶之花》的作者喜爱那种被人们不恰当地称为"颓废"的风格，而那无非是指一种成熟到极点的艺术，开始走向老化的文明决定了它们的白日西斜：这种风格是精巧的、复杂的、渊博的，充满细微的差异与深入的探索，不断延伸词语的界限，借助于各类技术性的词语，从一切画板上取用色彩，从全部音域中选择音符，尽全力在最难以言喻的思绪中表达思想，在最模糊和易逝的轮廓间把握形象，倾听继而传达神经症中最微妙的秘密、日趋老去的堕落激情的供词以及固执到近乎疯狂的执念中的奇异幻觉。这种颓废风格是圣言中的最后一个词语，被要求去表达一切并把它们推向最极度的夸张。我们可以回想，在波德莱尔那里，他那大理石花纹般的语言已经呈现出解体时的恣肆，就仿佛晚期罗马帝国的腐化与拜占庭学派繁复的精雕细琢，那是希腊艺术没落时最后的艺术形式。然而这正是一切民族和文明必然和命定的表达方式，当自然的生活被人工仿制的生活所取代并且在人们中间发展出各种前所未有的需要之时。②

戈蒂耶的这段话从整体上延续了他六年前的说法："颓废"作为一种风格，最根本的特点就在于其高度的复杂性和包容性，在末日狂欢中将一切可资利用的素材融合为一次强劲的爆发，兼具腐化时的衰颓感与极致的纤敏。通过这一系列表述我们可以看到，在法国文学史中，"颓废"作为一种文学风格是由波德莱尔提出并且围绕着波德莱尔的文学创作建立的。因此把波德莱尔称为"颓废诗人"在用法上没有任何问题，《恶之花》也可以被视为颓废文学在法国的高超代表。但与此同时，如果将波德莱尔称为"颓废派诗人"，则是落入了一个标准的术语陷阱，因为"颓废派"是在波德莱尔去世近二十年之后方才在法国文坛上出现的词

---

①　Marcel Proust, *Contre Sainte-Beuve précédé de Pastiches et mélanges et suivi de Essais et articles*, édition établie par Pierre Clarac avec la collaboration d'Yves Sandre, Paris: Gallimard, bibliothèque de la pléiade, 1971, p. 406.

②　Claude-Marie Senninger, *Baudelaire par Théophile Gautier*, Paris: Klincksieck, pp. 124-125.

语，其所指也是比波德莱尔年轻一代甚至两代的诗人群体，与"颓废"是来源完全不同的两个术语。在具体探讨"颓废派"的概念之前，我们想首先引入一段法国作家恩内斯特·莱诺（Ernest Raynaud）的回忆：

那是在台农医院，年轻的文士们都赶赴那里，仿佛朝圣一般，围绕在保尔·魏尔伦身旁，我也正是在那里，在1886年夏季的一个星期天，结识了阿纳托尔·巴茹（Anatole Baju）。在场者甚众。魏尔伦已病得无法起身。在他的床上铺着一份大开页的灰色报纸。某个人将它拿了起来，一边高声朗读上面的标题——颓废派（décadent），一边加以嘲弄。受到周围人一些微笑赞许的激励，他冒失地问道："哪个蠢货竟敢捡起这么一个可笑的题目？""那个蠢货，就是我。"一个直截了当的声音回应道，仿佛挑战般锐利。我转过身去，于是巴茹整个人就这样出现在我眼前，矮壮、粗犷、固执，同时在他那略显老成的矮小身形下，一道烈火从他激动的眼神中透出。对话者狼狈不堪，尽最大的礼貌改换了自己的态度，于是我们一起就"颓废派"一词的恰当性展开了讨论。

这个词是由《时代》杂志的批评家布尔德先生第一次提出的。他被由两位优秀作家亨利·包克莱尔（Henri Beauclair）和加布里埃尔·维凯尔（Gabriel Vicaire）合作完成的《没落》（Déliquescences）一书惊吓了。

保尔·魏尔伦利落地做了总结：

"我喜欢"，他说道，"闪耀着绛紫与黄金光泽的'颓废'（décadence）一词。毫无疑问，我废除其中所有不公正的责难与一切关于衰退的概念。恰恰相反，这个词意味着一种发展至极致的文明所具有的精细思想，一种文学性的高级文化，一颗有能力感受强烈肉体快感的灵魂。它投射出火灾的辉耀与宝石的光华。它由一种肉欲的精神和一具悲伤的身体以及晚期帝国所具有的一切暴虐的辉煌混合而成。我呼吸着交际花们的脂粉，马戏团的嬉游，斗兽师的气息，猛兽的跳跃，被感受力消耗得筋疲力尽的民族在火焰中的崩塌，敌军鼓角声中入侵者的喧哗。颓废，就是萨达拿帕勒在他的后宫佳丽中点燃炭火，就是塞内加一边切开血管一边朗诵诗歌，就是佩特罗尼乌斯在垂死时用鲜花遮住脸孔。它还是，如果你们想选取一些离我们不那么遥远的例子，那些面带微笑走向断头台的侯爵们，担心不要弄乱了发型。它是关注如何在死时保持美的状态的艺术。也正是这种情感支配着我写下了这首你们熟知的十四行诗：

我是衰落之终点的帝国

在这个词语中也存在一种服从的无力感所导致的颓丧抑郁，或者也许那是一种遗憾，没有能够生活在那些大教堂阴影下拥有火热信仰的茁壮而粗野的时代。我们可以对这个词进行一种反讽的全新应用，在其中暗示一种必要性，通过精巧的、贵重的、稀有的事物去对抗当前时代的平庸乏味。即使不能把'颓废派'一词的负面意义完全洗净，这个别致的侮辱之词，那么有秋意，那么有落日感，依然值得把它捡起来。"

魏尔伦就这样昭雪了"颓废派"一词。不久之后，巴茹为了摒除一切含糊的歧义，提出用一个衍生词缓和原词的暴烈："颓废主义"（décadisme）。愉悦的导师（魏尔伦）欣喜地说道：

"好样的！颓废主义是个天才的词语，一个有趣的新发现，它必将长久存在下去。这个不规范的拼写是一面令人惊叹的旗帜。它简洁方便，听起来有文学感，没有学究气，成为一颗子弹而且一定能打出弹孔。"①

莱诺的这段回忆清晰地描述了颓废派与颓废主义在法国文坛上出现的过程以及魏尔伦在其中所起到的作用，说明了从"颓废"到"颓废派"再到"颓废主义"的一步步过渡。当魏尔伦提到"颓废"一词和它的含义时，他追寻着由波德莱尔开创并由戈蒂耶发展的思路，进而总结出了一句经典结语："颓废"就是"如何在死时保持美的状态的艺术"。这也是对"颓废"这一美学风格的高度总结。经过波德莱尔、戈蒂耶、魏尔伦对"颓废"这种美学风格不断宣扬和实践，"颓废"在法国文坛上得到了越来越多的传播和接受。1883 年，保尔·布尔杰出版了他的名作《当

---

① Ernest Raynaud, *La mêlée symboliste: portraits et souvenirs* Ⅰ. *1870-1890*, Paris：La Renaissance du livre, 1920, pp. 63-65.

代心理分析随笔》(*Essais de psychologie contemporaine*),并在书中由波德莱尔出发归纳出一整套"颓废理论"(Théorie de la décadence)。布尔杰在书中写道:"如果说一种描述爱情的非常特殊的细腻色调,一种对悲观主义新颖的阐释方式,已经足够让波德莱尔的头脑成为一个极其稀有的心理仪器的话,除此之外他能够在我们时代的文学中占据一席的原因就在于,他令人震惊地理解并不同寻常地放大了这些特殊性和新颖性。他清楚地认识到自己太迟抵达至一个日渐衰老的文明之中,但他并没有像拉布吕耶尔和缪塞那样哀叹自己的姗姗来迟,他为此感到欢欣,我甚至想说倍感荣幸。他是一个充满颓废感的人,同时他也成为'颓废'的理论家。"① 他进一步指出:

> 他(波德莱尔)宣称自己是颓废的,他寻找着一切在生活和艺术中相比简朴的自然状态显得病态和人造的事物,我们知道他这样做是怀着怎样对抗性的想法。他所偏爱的感觉是香水所引起的,因为香水相比其他事物更能激起那种我们内心怀有的充满肉欲的晦暗而悲伤的说不清道不明的东西。他所钟爱的季节是晚秋,当忧郁所具有的那种魅力迷住了迷蒙的天空和收紧的心。令他愉悦的时刻是傍晚时分,当天空被染上七彩,就像伦巴第绘画的背景那样,一种枯涩的粉红与垂死的青绿所具有的细微色调变化。能让他中意的女性的美必须是早熟和骨瘦如柴的,具有一种从年幼的身体中凸显出的骨骼的优雅,或者就是迟暮的,在饱经踩躏的熟龄的明日黄花中。②

布尔杰在这本书中细致论述了波德莱尔的"颓废"美学思想,并将波德莱尔称为"下一代人最偏爱的精神导师之一"③。布尔杰的这部《当代心理分析随笔》也由此成为一个重要的见证,预告了在波德莱尔影响下的年轻诗人们即将登上舞台。仅仅一年之后的 1884 年,法国文坛上便猛然出现了一批"颓废"风格的文学作品,1884 年于是成为"决定性的一年"。与于斯曼的《逆反》这部颓废派的必读书同时出现的作品还有:

---

① Paul Bourget, *Essais de psychologie contemporaine*, Paris: Plon-Nourrit, 1920, p. 19.
② Paul Bourget, *Essais de psychologie contemporaine*, Paris: Plon-Nourrit, 1920, p. 24.
③ Paul Bourget, *Essais de psychologie contemporaine*, Paris: Plon-Nourrit, 1920, p. 26.

埃莱米尔·布尔热的《诸神的黄昏》，约瑟夫·佩拉唐的《至高的罪恶》，由漫长众生相构成的《拉丁的衰落》首卷，魏尔伦在《被诅咒的诗人》题名下聚集起来的对科比耶、兰波、马拉美的研究。莫里斯·巴莱斯虽然之后逐渐转向反对颓废派，但开头也曾参与其中，通过他主编的杂志《墨点》便可见一斑。必须再加上拉弗格的作品，虽然因为 1887 年他的逝世而被打断，但他的诗集如《怨歌集》《月亮圣母颂》以及散文《家喻户晓的道德》为兼容并蓄的颓废写作树立了一个榜样："增加新鲜的词语、内在的韵脚、首尾缩合词以及打乱秩序的不和谐音。"①

　　正是在 1884 年到 1885 年这段相对集中的创作潮之中，"颓废派"一词第一次出现了，它来自批评家保尔·布尔德（Paul Bourde）1885 年 8 月 6 日在《时代》杂志上发表的《颓废派诗人》（Les Poètes décadents）一文。他在文章中写道：

　　　　尽管他们（颓废派）和曾经的帕尔纳斯派一样，既没有共同的出版社，也没有属于他们的诗集总汇让他们的团体显得有一个明确的界限，但那些关心诗歌艺术的人却很清楚我们用"颓废派"这个反讽的称呼所指涉的究竟是谁。波德莱尔是他们的直系父亲，整个流派都在波德莱尔添加进艺术天空（借用维克多·雨果的表述）的那道死亡光线下起舞和飘荡。魏尔伦先生，他曾经在勒贡特·德·李勒的影响下从帕尔纳斯派开始自己的生涯，通过他最近的几部著作（《明智》《无词浪漫曲》《往昔与昨日》）成为颓废派的两大支柱之一。另一支柱则是斯蒂凡·马拉美先生，他自其生涯伊始便显示出不能理解的一面，并且始终对他自己保持无所谓的态度。二十多年前，当诗人们聚集在勒梅尔的二层小楼里，投票决定他们的哪些诗句能够进入《当代帕尔纳斯》的时候，谁会对他们说，这位奇怪的蹩脚诗人（马拉美），被人们像稻草人一样竖起，以其装模作样的姿势去使资产阶级们感到惊愕，会有一天拥有一群弟子，而其中的大多数人正是资产阶级的一员，庸俗而且彻底过时呢？不仅马

① *Lexique des termes littéraires*, Ouvrage dirigé par Michel Jarrety, avec la collaboration de Michèle Aquien, Dominique Boutet, Emmanuel Bury, Pierre Frantz, Daniel Ménager, Gilles Philippe, Yves Vade, Paris：Librairie Générale Française, 2011, p. 116.

拉美先生遇到了能够理解他的读者——这真称得上是能够证明上帝无限善意的极有说服力的证据，而且他还找到了一群崇拜者，他们越是觉得自己所崇拜的对象无法理解就越是狂热入迷。让·莫雷亚斯先生——《流沙》的作者，劳伦·泰拉德先生——《梦境花园》的作者，再加上夏尔·维尼耶先生和夏尔·莫里斯先生，队伍便完整了。我们还可以再列举几个颓废痕迹一目了然的诗人，但他们对此表示否认，而我们也丝毫不想让他们痛苦。①

布尔德在这篇言辞讥讽的文章中勾勒出了他眼中的"颓废派"谱系图：波德莱尔是这个派别的"直系父亲"，魏尔伦和马拉美是其"两大支柱"，而莫雷亚斯、泰拉德等更年轻的一辈为枝叶。从这对"颓废派"最早的表述中我们已经可以清楚地看到，波德莱尔是"颓废派"的父辈先驱，而绝不属于其参与者。布尔德认为"颓废派"诗歌团体"代表了1885年法国诗坛最古怪偏僻的趋势"②，将其称为一种"热衷自绝于他人的疾病"③，提出应该"让这些颓废派安静地待在他们那已经变成荒芜之地的小教堂里"④，最终认定"从戈蒂耶到波德莱尔，从波德莱尔到帕尔纳斯派，从帕尔纳斯派到颓废派，我们看到艺术家们的自命不凡是如何增长和变得明确，他们离开了伟大灵感的源泉，把自己降低到单纯的演奏能手的行列之中"⑤。布尔德的批评遭到年轻诗人的群起围攻，莫雷亚斯在5天以后的8月11日发表了《颓废派》（Les Décadents）一文展开反击，该文后于1889年连同布尔德的这篇文章一起收入了他的论战册页《象征主义的最初武器》（Les Premières armes du symbolisme）；巴茹也连续发文进行回应，后来于1887年出版《颓废诗派》（L'école décadente），系

---

① Jean Moréas, *Les premières armes du symbolisme*, texte présenté et annoté par Michael Pakenham, Exeter: University of Exeter, 1973, p. 10.

② Jean Moréas, *Les premières armes du symbolisme*, texte présenté et annoté par Michael Pakenham, Exeter: University of Exeter, 1973, p. 10.

③ Jean Moréas, *Les premières armes du symbolisme*, texte présenté et annoté par Michael Pakenham, Exeter: University of Exeter, 1973, p. 14.

④ Jean Moréas, *Les premières armes du symbolisme*, texte présenté et annoté par Michael Pakenham, Exeter: University of Exeter, 1973, p. 14.

⑤ Jean Moréas, *Les premières armes du symbolisme*, texte présenté et annoté par Michael Pakenham, Exeter: University of Exeter, 1973, p. 21.

统论述"颓废派""颓废主义"以及其中文学上的师承和创新。包括上文莱诺所引述的魏尔伦对"颓废"和"颓废派"的思考也处在这一场大论战的背景之中。最有趣的反应则属于拉弗格，他在 8 月 6 日也就是布尔德文章发表的同一天便在给他的朋友古斯塔夫·坎恩的信中抱怨布尔德所抨击的颓废派诗人中竟然没有提到他的名字，从侧面反映出拉弗格对"颓废派"这一提法的偏爱和归属感。也正是通过这一场论战，"颓废派"的文学创作开始为大众所知。他们在文学上将波德莱尔视为祖师，遵循着波德莱尔所开创的"颓废"风格，有意无意地模仿波德莱尔的生活方式和创作手法。布尔德就已经提到，"波德莱尔是他们（颓废派）的直系父亲"，莫雷亚斯则毫不隐讳地说道："布尔德先生认为波德莱尔是这群恐怖的颓废派的直系父亲，他这么说很有道理。是的，他们（颓废派）是这位生前受尽嘲笑中伤，直到今时依然不被理解的伟大而高贵的诗人堂堂正正的子嗣。"[1] 巴茹在《颓废诗派》中也指出："波德莱尔可以被称为真正的先驱者。我们在《恶之花》中发现了一切被我们钦慕的美的种子，尤其是发现了那些主宰了颓废诗派文学观念的想法。"[2]

　　在波德莱尔去世近二十年之后，他所开创的"颓废"风格经过戈蒂耶的宣传与魏尔伦进一步的创作和思考在更年轻的诗人中间集中地产生了回音，继而产生了一个以"颓废"为主要文学风格和手法的诗派"颓废派"，之后更由巴茹创造性地发明了"颓废主义"一词。"Décadisme"一词故意将"颓废"的词根简化为"décad-"，使听众或读者从音响和词型方面不会立刻联想起"颓废"。作为一个新词，它让其创造者获得了一个从零开始重新进行定义的机会，从而摆脱"颓废"一词中种种负面的陈词滥调，因此令魏尔伦激赏不已。魏尔伦在 1888 年《致颓废派尤其是阿纳托尔·巴茹的信》中再次清楚地说道："我相信，你和我，我们在'颓废主义'一词中所听见的内容，是一个确切的光彩夺目的文学内容。在一个衰落的时代，不是为了行走在时代的步伐中，而恰恰是为了去'逆反'一切，去起身反对，以精致的、高雅的、考究的事物去对抗平

① Jean Moréas, *Les premières armes du symbolisme*, texte présenté et annoté par Michael Pakenham, Exeter: University of Exeter, 1973, p. 25.

② Anatole Baju, *L'école décadente*, Paris: Léon Vanier, 1887, p. 2.

庸和卑鄙，无论是在文学方面还是其他方面，包括周围的环境等。"① 魏尔伦的这段话指明了"颓废主义"文学的核心宗旨正是波德莱尔曾经所宣扬的"颓废"文学风格，是对后者的发展和归纳，最后通过一个新的术语摆脱"颓废"中所包含的历史衰落方面的联想和负面含义。不过，"décadisme"一词在法国文坛并没有流行很长时间，正如法国著名学者、"颓废"与"颓废派"文学研究专家让·德·帕拉西奥所说，"'Décadisme'这一术语只在一段有限的时间内在法国文坛出现，主要是在阿纳托尔·巴茹身边的人中间使用……这个暂时性的新造词，不久便过时的词语，只在诗歌与批评界留下了一条轻微的痕迹"②。在谈到"颓废主义"时，后世的法国文学史中更经常使用的还是"décadentisme"一词。相比"décadisme"，"décadentisme"完整保留了词根，从而显得更加直白和一目了然。"Décadentisme"一词最早出现的时间在文献上并不确切，大约在 1887 年到 1888 年，根据帕拉西奥的说法，"从编年史的角度看，这个词看起来晚于'décadisme'，很可能是为了去代替它的"③。在波德莱尔—魏尔伦—颓废派的传承序列中，波德莱尔的身份是"颓废派"的先驱，魏尔伦则是导师和灵魂人物。虽然"颓废派"内部的争论不断，与象征主义的关系也错综复杂（后文还将具体论述），但这条传承谱系却异常清晰，并且为每一位颓废派诗人以及后世的作家学者所公认。所以我们可以把波德莱尔称为"颓废"诗人，却决不能称其为"颓废派"诗人。

　　任何一个术语，例如"颓废"或"颓废派"，都曾在文学史长河中活生生地存在过，有其具体出现的时间点和发展的高峰，并最终渐渐失去光泽，沦为后世无知者笔下一具具被掏空的尸体任意搬运。但当我们重新回溯，翻开那些尘封已久的史料，我们就会知道每一个术语都曾拥有过一个独属于它的精确空间，在这些术语背后存在一整套完整的诗学背景和文化语境，蕴藏着一代代诗人之间隐秘的对话或对决。在这个解

---

① Paul Verlaine, *Œuvres en prose complètes*, texte établi, présenté et annoté par Jacques Borel, Paris: Gallimard, bibliothèque de la pléiade, 1972, pp. 695-696.

② Jean de Palacio, *La Décadence*, *Le mot et la chose*, Pars: Les Belles Lettres, 2011, pp. 13-14.

③ Jean de Palacio, *La Décadence*, *Le mot et la chose*, Pars: Les Belles Lettres, 2011, p. 16.

构主义盛行并且质疑一切的时代，人们总是习惯性地认为这些术语仅仅是一些陈旧机械的标签而把它们束之高阁，不再追问它们曾经究竟如何存在，究竟如何运作。但是不能忘记，这些术语曾经以鲜活具体的方式在这个世界上存在过，并成为某一位或某一派诗人诗学理想的最高度浓缩。

五　波德莱尔与象征主义

当波德莱尔 1867 年逝世之时，无论是文学史还是艺术史上的"象征主义"运动都还没有发生，甚至离莫雷亚斯创造"象征主义"这个术语还尚有近 20 年的时光。所以若要论波德莱尔与象征主义的关系，本是异常简单和明确的，甚至用一句话就能概括：波德莱尔是象征主义的先驱，但绝不是参与者或代表作家，毕竟一个人不能参与和代表一个生前尚不存在的流派。而且，正如法国学者皮埃尔·布吕奈尔（Pierre Brunel）等学者在《19 世纪法国文学史》中所总结的那样：

> 1867 年以后，波德莱尔生前受到的攻击被一致的赞扬替代了。作为颓废派的崇拜偶像和象征主义者的思想家，他被兰波誉为"真正的上帝"，安德烈·布勒东称他为"精神上的第一位超现实主义者"，保尔·瓦莱里推举他为法国"最重要的诗人"，皮埃尔-让·儒弗则尊他为"圣徒"。他被认为是"现代及所有国家最伟大的诗人楷模"。似乎每个人都准备将波德莱尔作为自己信仰的代言人。这些华丽词藻的堆砌及其论者的多样性不由令人生疑。为了更好地评价其无可否认的伟大与创新精神，应当恰如其分地确定他的位置：他正处于古典诗歌与现代诗歌体系的两个时代的交汇点，也正处于悲观与理想的两个世界的交汇点。①

---

① *Histoire de la littérature française*, Tome Ⅱ, par Pierre Brunel et Yvonne Bellegner, Daniel Couty, Philippe Sellier, Michel Truffet et Jean-Pierre Gourdeau, Paris: Bordas, 1977, p. 478. 中文翻译参见〔法〕皮埃尔·布吕奈尔等：《19 世纪法国文学史》，郑克鲁、黄慧珍、何敬业、谢军瑞译，上海人民出版社 1997 年版，第 184 页。

如此多重要的诗人都将波德莱尔置于诗人神殿中的最高位置，所以如果说因为波德莱尔对象征主义有影响就能够被称为象征主义诗人，那么像波德莱尔这样一位开启了整个法国甚至欧洲现代诗歌写作的大人物，他不但影响了 19 世纪末的颓废主义、象征主义，还影响了 20 世纪初的表现主义、超现实主义甚至 60 年代的情境主义，是否应该说波德莱尔也是表现主义、超现实主义和情境主义的代表作家，可以被称为"表现主义者""超现实主义者""情境主义者"呢？这种逻辑通过时间放大以后显然是极为荒诞的。用法国著名当代诗人伊夫·博纳富瓦（Yves Bonnefoy）的话说："《恶之花》是一本我们诗学的'主宰之书'（le maître livre，也可译为'指导之书'或'首要之书'——笔者注）。话语的真理这种真实的最高级形式从未得到过更好的展现。我看见它就仿佛看见一道光。"① 所以波德莱尔在所有这些后世流派和诗人面前的身份都是先驱者和指引者，他的光芒不但照亮了 19 世纪末到 20 世纪中叶世界各国的许多诗歌流派，而且在今天依然发挥着强大的美学作用，并且无可置疑地朝向着未来。他影响了象征主义者，但并不是象征主义者，这不但是后世法国文学史写作者的共识，也为 19 世纪末象征主义的参与者们所公认。

可惜的是，直至今日，国内的相关研究者甚少对法国文学史中的这段内容进行细心的研读和梳理，仅仅依靠 20 世纪二三十年代中国文坛的初步介绍以及在时间中累积的那些"以讹传讹"，便认定波德莱尔是象征主义的代表人物，而丝毫不辨析其信息来源中可能具有的无心之失（如《少年中国》中周无等人的文章）和刻意改写（如黄参岛的《微雨及其作者》）。虽然不少学者也会引用欧美学者的相关论述，但也不注意辨析其中"先驱"与"参与者"的区别，结果将二者混为一谈。于是学术不但没有澄清误解，反而不断地加深着误解。从这样一个错误的起点出发，得到的结论自然也需要重新审视。所以我们写作这一节的目的就是彻底澄清"象征主义者波德莱尔"这样一个在中国流传长达百年的误会，廓清学术认知的迷雾。

国内该领域多数研究者在谈法国象征主义时，必然会提到莫雷亚斯

---

① Yves Bonnefoy, *Sous le signe de Baudelaire*, Paris: Gallimard, 2011, p. 11.

1886 年 9 月 18 日发表的《象征主义宣言》这篇文章，它也确实是象征主义作为一场诗歌运动的理论性开山之作。然而正是在这篇文章中，莫雷亚斯明确地将已经去世的波德莱尔追认为象征主义运动的先驱诗人："我们说夏尔·波德莱尔必须被看作当下这场运动真正的先驱（véritable précurseur）。"① 除此之外，莫雷亚斯还认为依然健在的马拉美和魏尔伦则是他们现实中的导师。8 天后的 9 月 26 日，阿纳托尔·法朗士在《时代》上刊登《宣言审读》（*Examen du Manifeste*）一文，表达他在阅读莫雷亚斯《象征主义宣言》后的感想和回应。法朗士在这篇文章中也指出：

> 你（莫雷亚斯）承认两位导师：斯蒂凡·马拉美和保尔·魏尔伦。一个先驱：夏尔·波德莱尔。最后这位是你的施洗者（Baptiste）。②

　　对于这些活跃于 19 世纪末的年轻诗人和作家来说，二十多年前便已经去世的波德莱尔虽然不像莎士比亚那么遥远，但早已成为记忆中的一份珍贵遗产，他们继承并发扬了波德莱尔诗学中的一部分内容，并因此将他尊奉为"先驱"。另一位象征主义运动的参与者恩内斯特·莱诺也形容莫雷亚斯"身处波德莱尔的帝国之中"。③ 如果说以上几个实例是从正面的角度谈论波德莱尔的先驱地位，莫雷亚斯则从反面论述过象征主义者与波德莱尔的关系。他在 1889 年写给其好友兼出版商莱昂·瓦尼耶的信中提出："为了让象征主义能够开花结果，它就必须从其祖传旧习中解脱出来。在诗歌方面，伟大的夏尔·波德莱尔的影响在今后将只会成为一种障碍。"④ "atavismes" 清晰地标定了一种代际的传递关系：一种从上辈处继承来的习惯或传统。对于象征主义者来说，伟大的波德莱尔属于"祖先"与"上辈"的范畴，他是一个不能仅止于模仿而一定要加

---

① Jean Moréas, *Les premières armes du symbolisme*, texte présenté et annoté par Michael Pakenham, Exeter: University of Exeter, 1973, p. 31.

② Jean Moréas, *Les premières armes du symbolisme*, texte présenté et annoté par Michael Pakenham, Exeter: University of Exeter, 1973, p. 49.

③ Ernest Raynaud, *Jean Moréas et les "Stances"*, Paris: Société française d'éditions littéraires et techniques, 1929, p. 60.

④ Jean Moréas, *Les premières armes du symbolisme*, texte présenté et annoté par Michael Pakenham, Exeter: University of Exeter, 1973, pp. 5-6.

以超越的巨人。莫雷亚斯的这一反向论述也就由此更加直接地证明了波
德莱尔根本不是象征主义运动的参与者，他作为先驱和祖先的身份是毋
庸置疑的。

在法国文学史的叙述中，波德莱尔作为象征主义的先驱和象征主义
的关系也是明确的。从 19 世纪末 20 世纪初的研究开始，波德莱尔就被
明确地表述为象征主义的先驱人物。这方面的论述汗牛充栋，我们在此
仅列举一本在国内以讹传讹甚久的著作。1912 年安德烈·巴尔出版了他
的《象征主义：1885 年到 1900 年的法国诗歌运动历史随笔》。正如该书
的标题所示，巴尔把象征主义明确界定为在 1885 年前后开始的法国诗歌
运动，并对这一诗歌运动中的每一个具体阶段进行了细致的梳理分析。
在该书的第二章"象征主义的先驱"中，巴尔追本溯源，提出了象征主
义美学思想在法国文学中的十个灵感来源并分段进行了介绍和分析，分
别是"16 世纪的里昂诗派与神秘主义—夏多布里昂—拉马丁—阿尔弗
雷·德·维尼—维克多·雨果—圣伯夫—巴尔扎克—热拉尔·德·奈瓦
尔—波德莱尔—维利耶·德·利尔-阿达姆"[1]。在关于波德莱尔的段落
中，巴尔写道："波德莱尔对前象征主义者们的倾向加以概括，并且在其
中发现了一种全新的美学原则。从波德莱尔身上象征主义者得到的不再
是一个遥远的祖先，而是一位父亲。"[2] 巴尔的这一说法与莫雷亚斯等象
征主义诗歌运动参与者们的认识是一致的。再来看一些其他的学者，例
如安妮·奥斯蒙在她出版于 1917 年的《象征主义运动》中指出"整个
年轻的诗派和其中的全部诗人们都感到了波德莱尔的强大影响"[3]。阿尔
弗雷德·普瓦扎在他出版于 1919 年的《象征主义：从波德莱尔到克洛岱
尔》中把波德莱尔形容为"象征主义强力而高傲的预言者"[4]。类似的提
法还有很多，不但被研究象征主义的专著普遍使用，而且从 20 世纪初直

① 参见 André Barre, *Le symbolisme: essai historique sur le mouvement poétique en France de* 1885 *à* 1900, Tome I, Genève: Slatkine, 1993, réimpression de l'édition de Paris, 1912, pp. 24–65。

② André Barre, *Le symbolisme: essai historique sur le mouvement poétique en France de* 1885 *à* 1900, Tome I, Genève: Slatkine, 1993, réimpression de l'édition de Paris, 1912, p. 58.

③ Anne Osmont, *le mouvement symboliste*, préface de M. Ernest Raynaud, Paris: Maison du livre, 1917, p. 5.

④ Alfred Poizat, *Le symbolisme: de Baudelaire à Claudel*, Paris: La Renaissance du Livre, 1919, p. 41.

到当下的法国文学史也都与此口径一致。所以这一提法早已成为法国学界的共识，在本书附录中可以清楚地看到进一步的表述。勉强可以找到的反例是我们在引言中已经提及的法国学者多米尼克·兰塞出版于 70 年代的《19 世纪法国诗歌史》中的描述：

> "象征主义"这个词既可以表示一种历经整个世纪的诗学唯心主义大潮，也可以用来指涉一场出现在 1885 年的运动，相对缩小但缺乏一致性，让人很难将其认定为一种"文学流派"。从第一层意思上来说，这个伟大的诗歌世纪中的许多诗人都可以称为"象征主义者"：拉马丁和雨果凭借他们的天资预感到彼岸的神秘而成为"象征主义者"，奈瓦尔通过他融合梦想与生活、现实与超现实的表达而成为"象征主义者"，波德莱尔和兰波凭借他们走向一个在"此地"已经显露的"别处"的欲望而成为"象征主义者"，魏尔伦通过他对"和谐"的崇拜而成为"象征主义者"，马拉美通过他对于诗歌写作根深蒂固的"唯心主义"观念而成为"象征主义者"。然而，文学史中一贯认定的"象征主义者"并不是上述这些人，而是他们的"子嗣"，是将上述人等视为大师与启蒙者的那些人，是在那个世纪开始消逝的时候为了更好地确认自身的存在和身份而聚集在一起的那些人。①

兰塞把波德莱尔称为"象征主义者"，这一用法或许会让一些断章取义的学者欢欣鼓舞。但即使在兰塞的这一描述中，我们也看到他一方面说拉马丁、雨果、奈瓦尔、波德莱尔等都可以被称为"象征主义者"，另一方面也明确强调，"文学史中一贯认定的'象征主义者'并不是上述这些人，而是他们的'子嗣'，是将上述人等视为大师与启蒙者的那些人"，也就是莫雷亚斯、杜雅尔丹等一辈的世纪末诗人。所以即使是这样一种表述，也证明波德莱尔不是法国文学史中惯常意义上的象征主义者，兰塞的这一提法其实是在象征主义运动真正开始之前的诗人身上寻找各

---

① Dominique Rincé, *La Poésie française du XIXe siècle*, Paris: Presses universitaires de France, 1977, pp.115-116.

色后世象征主义的特点。于是他提到了拉马丁和雨果"凭借他们的天资预感到彼岸的神秘",奈瓦尔"融合梦想与生活、现实与超现实",波德莱尔和兰波具有"走向一个在'此地'已经显露的'别处'的欲望"等。但其中的某些特点在更古老的中西方文学中同样存在,是否也可以把那些具有相似性的古老文学同样称为"象征主义"文学呢?例如西班牙16世纪的神秘主义者圣十字若望(Jean de la Croix),他的诗作同样表达了一种对于神秘彼岸的向往与走向别处的意愿,而且颇受法国象征主义者喜爱,是否也应该把他称为象征主义者呢?还有被法国象征主义者热烈追捧的古希腊俄耳甫斯秘教颂诗,是否也应该被视为象征主义的一部分,从而把运动的起始日期上推到公元前5世纪?在我们看来,这种上溯是危险和无意义的。像巴尔那样把他们视为法国象征主义诗派的灵感来源和先驱才是更稳妥恰当的表述。无视一个术语的历史性而进行无限扩大是可笑和荒诞的。所以把波德莱尔称为"象征主义者"其实是一种历史虚无主义的强行上溯,即使兰塞本人也在略提一笔之后果断放弃了这样的用法。事实上,波德莱尔去世之后至世纪末的每个法国诗歌流派都从各自的角度对波德莱尔进行了借鉴,帕尔纳斯派中比李勒更年轻的一辈从波德莱尔的《恶之花》里看到了《美之颂歌》和他在形式问题上的殚精竭虑,颓废派看到了波德莱尔的《晚霞》,看到了意识的深渊、灵魂的断裂、生命的无聊,象征主义者则看到了波德莱尔的《通感》,看到他对世界与自我之间对应关系的全新发掘以及他对一种至高的美与真实的追寻。他们各取所需,以波德莱尔的美学为素材转手搭建起自己的诗歌世界。法国当代著名学者让-尼古拉·伊鲁兹对此有过中肯的判断:"波德莱尔去世于1867年。但世纪末的每一场潮流都依靠他的声望和财富,他们在他的作品中找到了他们所寻觅的'现代性'。"① 波德莱尔对法国象征主义诗派的影响显而易见,但如果把波德莱尔形容成一个象征主义者,那既是一次文学史的时代错乱,也是对他庞大美学体系的一种缩减。如果仅仅从象征主义的角度去看待和定义波德莱尔,就会让人产生一种错觉,似乎波德莱尔一共只写过两首作品,一首叫《通感》,

---

① Jean-Nicolas Illouz, *Le Symbolisme*, Paris: Librairie Générale Française, 2004, pp. 23-24.

一首叫《女尸》。这既不利于理解波德莱尔，也不利于理解象征主义。

勒内·韦勒克也说过："在最宽广的意义上，它（指象征主义）可以用于一切时代的一切文学。但在这种情况下，它完全脱离了历史背景，也就失去了具体的内容，只剩了说明一切艺术中普遍存在的一种现象的名称。"[1] 所以不能将广义的"象征"与作为文学流派的"象征主义"混为一谈，象征"这个词可以追溯到古希腊，它有一部复杂的历史"，象征主义则应该作为"文学史上的一个时期的概念"来处理，"指19世纪现实主义和自然主义没落以后，新的先锋派文学运动，即未来主义、表现主义、超现实主义、存在主义等兴起之前西方所有国家的文学"[2]。"把1885年至1914年之间的欧洲文学称做象征主义时期，并把它看做一个以法国为中心向外辐射同时在许多国家造就了伟大作家和诗歌的国际运动。"[3] 韦勒克的这一判断与法国文学史中的普遍说法也是吻合的。

因此，波德莱尔作为象征主义先驱的身份在法国文学史中的地位是无可争议的。但与此同时，关于"象征主义"这个概念本身如何定义却是一个长期困扰法国学术界的问题。造成这一问题的根本原因主要有两个方面。第一，法国的象征主义诗派，也就是聚集在莫雷亚斯旗号下的诗人群体本身在当时的诗坛上是一个相对小众的流派，魏尔伦尤其是马拉美虽然在这个诗派兴起的过程中起了相当关键的作用，但他们都拒绝声称自己是"象征主义者"（相比波德莱尔，魏尔伦和马拉美究竟是否应该被视作象征主义者才是法国文学史研究中真正让专家们争论不休的问题，我们认为在这个问题上可以保持一些弹性），而主动使用这一称呼的诗人中的大多数都没有在文学史中留下鲜明的痕迹，他们的作品更是鲜有影响力。而在这个短命的诗派有限的历史中，其内部的争执、分裂和转化过程却层出不穷，使后世学者要为其归纳出一个清晰的理论诉求变得异常困难。尽管莫雷亚斯留下了一篇理论性的宣言，但其留下的问题远远多于他澄清的内容。例如，我们在第四节"波德莱尔与颓废、颓

---

[1] 〔美〕勒内·韦勒克：《辨异》，刘象愚、杨德友等译，上海人民出版社2015年版，第110页。

[2] 〔美〕勒内·韦勒克：《辨异》，刘象愚、杨德友等译，上海人民出版社2015年版，第84页。

[3] 〔美〕勒内·韦勒克：《辨异》，刘象愚、杨德友等译，上海人民出版社2015年版，第110页。

废派"中已经提到，1885 年 8 月 6 日保尔·布尔德撰文批评当时诗坛的风气，将一批新诗人反讽地称为"颓废派"，并且专门点名让·莫雷亚斯，将其视为颓废派的重要羽翼。而莫雷亚斯在 8 月 11 日的回应文章《颓废派》中不但面无惧色地称自己正是被布尔德讥讽的"颓废派"，而且进一步提出了一个他认为更合适的称谓，他写道：

　　颓废派诗人——既然批评家给人贴标签的癖好是不可救药的，可以更确切地把他们称为"象征派"——也就是被布尔德先生用他那只文雅的手吊在绞刑架上的这些人：斯蒂凡·马拉美先生，保尔·魏尔伦先生，劳伦·泰拉德先生，夏尔·维尼耶先生，夏尔·莫里斯先生，以及本文的署名者。①

莫雷亚斯在这篇关于"颓废派"的文章中首先使用了"象征派"这一称呼，接着在一年后的 1886 年 9 月 18 日发明了"象征主义"这一正式的术语。那么如果从这条线索来看，"象征主义"就应该是一种经"颓废派"过渡转化出来的诗歌流派。但事实上，如果从文学风格的角度来说，这两个诗派的偏重有着相当大的差异：颓废派更注重用或讽刺或哀怨或激烈的笔法去描写一个阴郁、绝望、淫猥但同时精细、华美和充满快感的世界；而象征派最主要的文学意图是以象征的方式去暗示和唤醒一种终极的、无法以理性的方式直接表述的现实，其中虽然不乏病态的音调，充满了世纪末的哀伤图景，但其目的是传达某种内在世界的秘密与至高的理念。二者之间虽然有交叉之处，但区分也是明显的。同时参与过两个诗派的古斯塔夫·凯恩后来这样回忆："在 1885 年的时候，存在颓废派和象征派。很多的颓废派和很少的象征派。颓废派的词语已经发出声响了，象征派还没有。我们谈论着象征，我们还没有发明其属词'象征主义'，颓废派和象征派完全是不一样的东西。"② 用让-尼古拉·伊鲁兹的话说，"在'颓废派'和'象征主义者'之间存在一定程度的分歧，

---

① Jean Moréas, *Les premières armes du symbolisme*, texte présenté et annoté par Michael Pakenham, Exeter: University of Exeter, 1973, p. 10.

② Gustave Kahn, *Symbolistes et décadents*, Genève: Slatkine, 1993, réimpression de l'édition de Paris, 1902, pp. 33–34.

并且一直在加深。在一些人与人之间单纯的争吵之上〔阿纳托尔·巴茹反对古斯塔夫·凯恩，并且通过制造新词'颓废主义'（décadisme）反击新创的术语'象征主义'，但完全不成功〕，差别首先是社会学层级上的，见证了一系列巴黎地理图上的象征性价值取向：颓废派，更加'波希米亚'和忠于魏尔伦，属于左岸的咖啡馆，而在右岸的罗马街聚集着'马拉美主义者'。至于根本的诗学'教义'，最开始都混合在一起，很快便明确地分开了：'颓废派'坚持一种否定者的悲观主义，'象征主义者'则在一种理想和至高的现实中确认他们的信念；前者朦胧的感伤主义将被后者理论上的野心所取代；前者单纯的戏仿游戏终将让位于后者经过深思熟虑和系统性探索的形式创新实验。因此象征主义是在反对颓废的基础上自我构建成一个文学和艺术上的'先锋派'。居伊·米肖（Guy Michaud）曾写道，'颓废与象征主义不是两个诗派，而是同一运动的两个相继阶段'，一个是否定性的，一个是肯定性的——尽管二者的根源都是开始于 19 世纪 70 年代的那次反对帕尔纳斯派和自然主义的文学场域的重组"①。于是我们就可以看到，一方面，《象征主义宣言》的写作者莫雷亚斯显然有意将颓废派和象征派进行一种连接；另一方面，其他的参与者对此并不十分认同，由此文学史家们产生了多样化的判断。象征主义究竟是像伊鲁兹说的那样是在反对颓废的基础上自我构建的，还是像米肖说的那样是同一个运动的两个相继阶段，我们在此并不想投入这场法国文学研究领域旷日持久的争论，只想抓住一个重要的共识，就是无论是颓废派还是象征派都是对帕尔纳斯派及自然主义的一次颠覆。除此之外，自 1891 年开始莫雷亚斯便宣告象征主义已经过时，另起炉灶搞起了他的"罗曼派"，也就是重新回到中世纪和文艺复兴时代的文字里去寻找诗歌源泉。这引起了象征派这个小团体内部一场更大的争执和分裂。于是这种种分歧使法国象征主义诗派内部的核心理论诉求变得更加模糊不清，最终造成了后世文学史家一个噩梦般的困扰。

第二，虽然法国的象征主义诗派非常小众且内部充满分歧，但自从在文坛露面开始，它便鲜明地反对当时社会上流行的实证主义和科学主

---

① Jean-Nicolas Illouz, *Le Symbolisme*, Paris: Librairie Générale Française, 2004, pp.38-39.

义的世界观，对其所弘扬的只有实证可以解决人类的问题，人类社会可以靠科学无限进步下去的论点持质疑和批判态度。在象征主义者看来，世界的最高真理绝不是物质层面的改良或优化，而在于一种精神性，但这种精神性是无法被理性完全捕获和解释清楚的，因此只能以暗示的方式去接近。同时，它坚决摒弃自然主义的文学观，认为像自然主义那样事无巨细地描摹和复制现实并不能真正地抵达真实，尤其不能抵达内心世界的真理。另外，它也强烈抵触帕尔纳斯派近乎绝对的形式主义，认为这样做将使诗人背离内在世界的秘密。于是在 19 世纪末那样一个民众和社会普遍相信实证可以解释一切问题的时代里，象征主义者的这一反理性主义的思路一下子就在艺术家中间引起了广泛的回声，大家纷纷从"象征主义"这个术语身上看到了一种心中压抑已久的欲望，继而借着这一术语猛烈爆发出来。其结果就是莫雷亚斯发明的"象征主义"这个词比他的宣言以及象征主义者们的文学创作都要传播得深广，最终形成了一种奇特的观念影响："象征主义"这个术语越过了发明者莫雷亚斯本人的意志直接对其他诗人和艺术家产生了作用。换句话说，是这种用象征的方式去触及世界的终极真相这一观念本身在艺术家们心中掀起了滔天巨浪，接着每一位艺术家都以自己的方式去使用象征和寻找真相，至于最开始法国的象征派究竟做了些什么、写了些什么反而变得无足轻重了。"象征主义"的具体定义在当时根本谈不上清晰，但这个没有被详尽定义的词语却赋予了不同领域、不同国籍的艺术家们以足够多的想象力，于是他们每个人都用自己的方式使用"象征主义"，最终形成了一个横扫欧陆各个艺术领域的巨大潮流。仅列举文学史和艺术史上巨人般的名字就有：法国的纪德、克洛岱尔、瓦莱里，比利时的维尔哈伦、梅特林克，德国的格奥尔格，奥地利的里尔克、霍夫曼施塔尔，爱尔兰的叶芝，俄国的巴尔蒙特、别雷、勃洛克，葡萄牙的佩索阿，西班牙的希梅内兹，绘画方面的莫罗、雷东、博克林、克里姆特、库宾等。他们或者在其母语世界中直接使用"象征主义"这一说法（比如在俄国），或者使用新的名称表述这一观念（比如维也纳的"青年风格派"），并以各自的方式丰富和繁荣了象征主义运动。这就带给试图定义"象征主义"的文学史家们另一个层面上的困难，那就是如何概括一个如此宏阔壮观的巨大潮流。

　　由此我们可以看到，在微观和宏观两个层面上，文学史家在定义"象征主义"时都遇到巨大的挑战和困境。在微观层面，狭义的法国象征主义诗派内部无休止的争执、分歧和重组让它具体的理论诉求变得相当模糊；在宏观层面，世纪末遍及欧洲的象征主义大潮使任何一种概括都变得难以兼顾。但是，无论在哪个层面，波德莱尔的位置都十分清晰。波德莱尔以其《恶之花》中新颖的美学创新影响了 20 年后的法国象征主义诗派，后者又以其"象征主义"观念激发了一场席卷欧陆的惊天大潮，同时这场大潮中的不少诗人和艺术家也直接接受了波德莱尔美学观念的洗礼。有些学者试图通过强调象征主义本身定义的困难来模糊处理波德莱尔与象征主义的关系，然后大而化之地把波德莱尔称为象征主义的代表作家，这完全是在偷换概念。"象征主义"定义的难度表现在1885 年以后，而对于波德莱尔在象征主义运动中的先驱地位，这一点根本毋庸置疑。把握住这一点，对于理解波德莱尔的诗学本身是很有必要的，尤其对于理解波德莱尔在中国如何一步步成为一个"象征主义者"将提供全新的观察和研究思路。

　　如果我们从诗学的角度对一个严格意义上的法国象征主义诗派进行观察，可以看到它在诗歌史上最重要的贡献一方面在于它对"暗示"的强调，这一点在诗学方面主要是对波德莱尔"通感"的继承和强化，更重要的另一方面则是它对自由诗的发明。波德莱尔的《恶之花》虽然已经在很大程度上对古老的亚历山大体进行了改进，加入了许多传统上认为应该避免甚至禁止的音步错位组合和断句方式，但《恶之花》依然音节规整、格律绵密、段落整饬，大量八音步、十音步、十二音步的诗歌使得它从本质上远远不能称为对传统格律的颠覆，而应该被视为一种优化、改良和发展。它从形式上完全不是后世所说的"自由诗"，而是一种变体的"格律诗"，翻开任何一部法语原文的《恶之花》这一点都一目了然。《巴黎的忧郁》也同样不是自由诗而是散文诗，一个直观的区分就是自由诗依然会在适当的句间位置转行，而散文诗的转行一定在完整的段落之后。当然，波德莱尔的散文诗对中国自由诗的产生确实有所助益，因为散文诗与自由诗在中国诗坛一直存在交集。但与其说中国现代自由诗受到了《恶之花》的影响，倒不如说是受到了中国译者对《恶之花》进行的自由诗体的汉语翻译的影响，这两个概念不应该被混淆。

自由诗真正的发明者是法国的象征主义诗派，他们认为传统的格律体系只是诗歌表达的一种特殊形式，每一首诗都应该拥有其独一无二的韵律与节奏，从而彻底解放了格律，甚至导致对此持保留意见的马拉美写下了《韵诗的危机》。法国象征诗派还从他们的诗学理论中引申出诗歌语言应该区别于日常语言并以此获得自治的理论，这在文学史上也具有划时代的意义，并成为象征主义在诗学上真正具有持久影响力的现代性因素之一。本书附录中我们翻译的米歇尔·雅莱蒂主编的《从波德莱尔至今的诗学词典》中的"象征主义"词条对这方面内容有非常精彩详细的论述，在此不再赘述。

第二章　波德莱尔在中国的早期翻译与接受

在论析了诸多与波德莱尔相关的法国文学流派之后，我们将带着这些背景知识正式进入波德莱尔中国接受问题的探讨。波德莱尔的名号在1915年初次映入国人的眼帘，他开始与中国这个有着古老诗教传统的东方国度产生奇妙的联结，一段长达百年的文学行旅也由此启航。本章的主要任务是通过史料的爬梳，还原波德莱尔早期接受的复杂面貌，并提炼出若干关键性问题进行深入分析。我们感兴趣的是，当波德莱尔经由翻译进入中国文坛时，他的形象与他在法国文学史中的定位相比，发生了怎样的变形，这些饶有意味的"中国化"接受如何影响着人们对他的认识，又与五四时期的新文学实践产生了怎样的互动。

首先，我们将对波德莱尔在中国的早期翻译状况进行回顾，探究其作品如何通过不同的语言（法文、英文、日文）、不同的语体（白话、文言）得到翻译，翻译呈现出哪些共同点或独特性。其次，分门别类地梳理和考察波德莱尔中文评介文献。它们在内容上分为两大类：一是在对法国文学的整体回顾中论及波德莱尔，这些论述既有撰写、翻译、编译的单篇文论，也有宏观的法国文学史著作。二是关于波德莱尔的专论，包括对其人其文的介绍，带有作家论和传记书写的双重特点。这两类文献所涉及的信息，既有法国文学史的直接"进口"，又有从法国到日本或英国再到中国的"转手"知识，有些还附着了译、写者的"再创造"，其中不乏谬见。对一些重要的接受误差的探源也是我们的关注点。本章的研究将最终落到文学接受与文学创作的关系探讨上。我们以徐志摩的"译"与"写"为个案，从他对波德莱尔的译介中获得反观其自身诗学的视角。总之，本章的目标是从文献的梳理入手，深入探讨学术史、文学史的重要问题，以期透视波德莱尔在中国的早期接受面貌。

一　波德莱尔在中国的早期翻译与评介概览

波德莱尔写下了在他的时代堪称惊世骇俗的作品，他在生前曾遭受世人的不解和政府的禁令，却在身后产生了广泛而持久的世界影响。他也是 19 世纪法国现代诗歌最为杰出的代表，正如弗里德里希所言："法国抒情诗因波德莱尔的出现而成为一个欧洲事件。"[①] 如果放眼全球，我们甚至可以说正是波德莱尔令法国现代抒情诗成为一个"世界事件"。

与在法国类似，波德莱尔以离经叛道的形象在中国的文坛登场。根据陈建华的考证，波德莱尔初次被国人知晓并非公认的 1919 年："近时笔者翻阅民国初年文艺杂志，发现更早介绍波特莱尔的材料。《香艳杂志》第四期'译林'的'海外艳闻'专栏中有数段'乌蛰庐'译写的笔记，其中《专爱丑妇人之怪癖诗人》一则曰：'伊大利有诗人曰抱特来露者，非常之奇癖家也……'虽然错把他当作意大利人，但'诗人''抱特来露'无疑是 Baudelaire 的译名。"[②] 这一考证将波德莱尔在中国初次亮相的时间提前至 1915 年。

《香艳杂志》将波德莱尔作为海外香艳奇闻来介绍，从"抱特来露"这一早期译名也足见介绍者对波德莱尔其人其迹颇"不正经"的观感，这多少有点令人啼笑皆非，感慨历史的吊诡：这位"抱特来露"将对此后百年间的中国新诗产生重要的影响，激发了一系列颇"正经"的诗学讨论与诗学创作。

此后，波德莱尔的重要性迅速被文坛认识到，成为新文学诞生的最初十年间重要的西方文学资源。在五四时期对世界文学作品的译介热潮中，波德莱尔是作品被翻译得最多的法国诗人，若论其影响实绩，更是既广且深。下面我们将梳理波德莱尔在中国的早期接受情况，时间范围从1915 年至 1929 年。诚然，通行的现代文学史分期将"第一个"十年的终点设置在 1927 年，但是因为翻译史梳理的特殊性，我们决定打通文学史分期，对 20 年代的译介情况做出整体性论述。我们的关注点包括诗集《恶之花》和散文诗集《巴黎的忧郁》的翻译、对波德莱尔其人其作的评介、文学史译作的介绍等，以增进学界对波德莱尔早期译介样态的了解。

[①] 〔德〕胡戈·弗里德里希：《现代诗歌的结构：19 世纪中期到 20 世纪中期的抒情诗》，李双志译，译林出版社 2010 年版，第 21 页。

[②] 学界一般认为对波德莱尔的首次译介在 1919 年周作人的《小河》自序中，但根据陈建华近年的考证，波德莱尔初次被国人知晓应在 1915 年。详见陈建华《"波特莱尔"何时进入中国？》，《南方周末》2018 年 10 月 16 日。

在展开译介梳理前，我们需要着重区分波德莱尔作品中"诗"（poème）和"散文诗"（poème en prose）的概念。前者指《恶之花》，它从形式上而言并非后世所说的"自由诗"（vers libre），而是变体的"格律诗"。尽管波德莱尔已在很大程度上改造了古老的亚历山大体，加入了一些在传统写作准则中被禁止的音步错位与断句方式，但是《恶之花》的法语原作音节规整、格律绵密、段落整饬，大量使用传统的八音步、十音步、十二音步，无论是从文学史的发展来看还是从波德莱尔本人的创作来看，《恶之花》都远远达不到对于传统格律诗的颠覆，而只应被视作一种改良。《巴黎的忧郁》同样也不是自由诗而是散文诗，最简单的标志便是自由诗会在适当的句间位置转行，而散文诗的转行则在完整的段落之后，即散文的形式。辨别诗体特征将帮助我们看到波德莱尔诗歌在翻译过程中所发生的形变。

我们将以作品与重要的译者为中心，来考察波德莱尔作品的翻译情况。在波德莱尔的早期翻译中，"诗人/作家译诗"是较为突出的现象。对于新文学的写作者来说，翻译首先源自创作的需求，他们亟须找到能够在内容、形式、观念上给自己带来启迪的外国文学作品。

需要特别说明的是，在早期翻译中，同一篇作品在不同的译者那里会有不同的译名，有时甚至因为版本和转译语言不同产生相当大的差别，让人误以为是不同的诗。鉴于此，我们会在有必要附加说明的中译名后备注法语原文，以便看清波德莱尔作品的翻译与重译情况。所有法语原文均引自法国伽利玛出版社 1975 年与 1976 年所出的《波德莱尔全集》。[①]

（一）波德莱尔作品的翻译情况

1. 对《巴黎的忧郁》的翻译

在早期翻译中，散文诗集《巴黎的忧郁》的受关注程度高于《恶之花》。周作人是波德莱尔散文诗最早的译者。他"据英国西蒙士诸人的译本，并参考德人勃隆译全集本"，翻译了《巴黎的忧郁》中的 6 首散文诗，

---

① Charles Baudelaire, *Œuvres complètes* Ⅰ, *Œuvres complètes* Ⅱ, texte établie, présenté et annoté par Claude Pichois, bibliothèque de la pléiade, Paris: Gallimard, 1975, 1976.

分别是：《游子》（*L' Etranger*）、《狗与瓶》（*Le Chien et le flacon*）、《头发里的世界》①（*Un Hémisphère dans une chevelure*）、《你醉》（*Enivrez-vous*）、《窗》（*Les Fenêtres*）、《海港》（*Le Port*）。

　　上述 6 首散文诗中的 4 首后又刊载于 1922 年的《妇女杂志》第 8 卷，包括《窗》和《头发里的世界》（第 1 期）、《游子》（第 8 期）、《你醉》（第 9 期）。其中，《窗》和《游子》又分别刊于 1922 年的《小说月报》第 13 卷第 3 号和第 6 号。重复刊载反映出译者向中国文坛介绍波德莱尔的迫切愿望。周作人既"译"且"介"，让读者能快速、准确地了解波德莱尔的诗学：

　　　　波特来耳（Ch. Baudelaire 1821—1867）于一八五七年发表诗集《恶之华》。在近代文学史上造成一个新时代。他用同时候的高蹈派②的精炼的形式，写他幻灭的灵魂的真实经验，这便足以代表现代人的新的心情。他于诗中充满了一切他自己的性格的阴影，哲学的苦味，和绝望的沉痛。他的幻景是黑而可怖的。他的著作的大部分颇不适合于少年与蒙昧者的诵读，但是明智的读者却能从这诗里得到真正希有的力量。他又有《散文小诗》一卷五十章，原名《巴黎之忧郁》，也是同类的精湛的文字，现代散文诗的流行，实在可以说是他的影响。③

　　这篇译者前言写于 1921 年 11 月 13 日，应该是中国文坛最早对波德莱尔做出诗学评述的文字。周作人以简练的语言勾勒出波德莱尔所处的文学代际，点明了其作品鲜明的现代特质。作为深谙中国古典文化的新文学家，周作人预言了波德莱尔在中国可能会受到的道德指责，并加以防卫性辩护。指责与辩护的声音将交织在波德莱尔此后数十年的中国行旅中。

　　周作人特别看重波德莱尔对现代散文诗的开拓性贡献，他将自己创

---

①　Hémisphère 为"半球"之意，诗名更准确的译法是《头发中的半个地球》。

②　高蹈派即帕尔纳斯派。

③　〔法〕波特来耳：《散文小诗》，仲密译，《晨报副刊》1921 年 11 月 20 日。译者附记及译诗后又刊载于《民国日报·觉悟》第 1 卷第 9 期，1922 年。

作的白话诗与波德莱尔的作品联系起来：

> 有人问我这诗是什么体，连自己也回答不出。法国波特来尔（Baudelaire）提倡起来的散文诗，略略相像，不过他是用散文格式，现在却一行一行的分写了。内容大致仿那欧洲的俗歌；俗歌本来最要叶韵，现在却无韵。或者算不得诗，也未可知；但这是没有什么关系。[①]

从文学史的历程来看，散文诗肇始于 19 世纪的法国，以 1842 年贝尔特朗的《夜之加斯帕尔》（*Gaspard de la nuit*）为标志，后随 1869 年波德莱尔出版《巴黎的忧郁》而走向成熟。在中国的语境中，散文诗早在 1915 年便由刘半农翻译屠格涅夫作品时引进，其后有周作人、郑振铎、冰心等诸家的译介。沈尹默的《月夜》和刘半农的《晓》是最早的创作实绩。直到 1927 年鲁迅推出《野草》，才可以说是将散文诗的创作真正推向高峰。

从五四时期周作人对波德莱尔的集中译介中，我们可以捕捉到他对散文诗的浓厚兴趣，这种自由而不失诗味的形式让他看到了新诗的发展方向。译介的偏好也反映了周作人的诗学理想：取散文诗的自由形式与格律解放，却不学正宗散文诗的分段而不分行——他想要的其实就是分行的白话新诗。从这种意义上说，波德莱尔的散文诗为中国诗人卸除古典诗的镣铐，挥别整饬的形式与既定的格律，用平白的语言自由地写作提供了支持。

周作人对波德莱尔的散文诗的译介兴趣是持久的。除前文论及的外，还包括以下作品。

①散文诗《穷人的眼》（*Les Jeux des pauvres*）和《月的恩惠》（*Les Bienfaits de la lune*），刊载于 1922 年 4 月 9 日《晨报副刊》。

②《外方人》（*L'Etranger*）、《狗与瓶》、《头发里的世界》、《穷人的眼》、《你醉》、《窗》、《月的恩惠》、《海港》，[②] 收入译作合集《陀螺》，

---

① 周作人：《小河》，《新青年》第 6 卷第 2 号，1919 年 2 月 15 日。
② 周作人：《陀螺》，新潮社 1925 年版。

成为"法兰西小篇"两组之一。

从重复翻译和刊载率上看，周作人最看重波德莱尔的《游子》/《外方人》和《窗》。《游子》和《外方人》对应的都是《巴黎的忧郁》中的第一首 *L'Etranger*，现多译为《异乡人》。周作人先将这首诗的题目翻译为《游子》，这是古典诗歌常见的主题，能轻易调动读者的旧有文化记忆。看到"游子"二字，连稚子都能脱口而出："慈母手中线，游子身上衣。"为了在翻译的遣词造句上与古典诗拉开距离，周作人后又将题目改为更具有陌生化效果的《外方人》，在语言上推陈出新。

除去译名的改动外，两次翻译在诗句上改动不大，我们以刊载于《晨报副刊》的首次翻译为例，分析周作人精炼而优美的译诗：

> 告诉我，你谜的人，你最爱谁？你的父亲，
> 你的母亲，你的姊妹，你的兄弟么？
> "我没有父亲，没有母亲，没有姊妹，也没有兄弟。"
> 那么你的朋友呢？
> "你用这一个字，直到现在，在我是无意义。"
> 你的祖国呢？
> "我不知道他所在的纬度。"
> 那么美呢？
> "我很愿意爱伊，那不死的女神——"
> 黄金呢？
> "我憎恨他如你们憎恨你们的神。"
> 那么，奇异的游子，你爱什么呢？
> "我爱那云，——那过去的云，——那边，——那神异的云。"①

周作人对原诗做了形式修改：将分段的散文诗译成了分行的自由诗。这与他在《小河》自序中所表达的诗歌形式观一致。相较于原诗，译诗中"你用这一个字"的人称本应是"您"（vous），这或许是无人称敬语的英文转译所致。周作人在翻译中偏好选择更为简洁的语言，采用"归

---

① 〔法〕波特来耳：《散文小诗》，仲密译，《晨报副刊》1921 年 11 月 20 日。

化"的方法处理文化词语。例如在以下诗句中，他对翻译句式做了缩合，并将"上帝"改为"你们的神"：

Je l'aimerais volontiers, déesse et immortelle. （原文）

我很愿意爱她，她是女神，是不凋之花。（原文直译）

我很愿意爱伊，那不死的女神———（周译）

Je le hais comme vous haïssez Dieu. （原文）

我憎恨他，如同您憎恨上帝。（原文直译）

我憎恨他如你们憎恨你们的神。（周译）

由此而观，周作人将波德莱尔的散文诗视作新诗创作的重要资源，他试图从这种自由的诗歌形式中探索白话诗的写法。对那些参与文学实践的译者来说，外国文学作品的翻译不仅是转化语言的工作，更贯穿着他们关于母语文学的思考。明确外国文学作品如何为母语文学的创造赋能，才是他们译介的根本动力。

波德莱尔与众不同的气质也吸引了浪漫诗人徐志摩的注意。在《波特莱的散文诗》中，徐志摩以诗人的纤敏感受着波德莱尔。他在行文中用英文、法文翻译了《寡妇》《穷人的眼》《穷人的玩具》这几首散文诗的片段。[①] 徐志摩对波德莱尔的认识可以归纳为三点：一是波德莱尔的散文诗无格律束缚却有音乐性；二是波德莱尔作为"被诅咒的诗人"，长于洞察生命的暗面；三是作为现代主义诗歌的先驱，波德莱尔为诗歌注入了充沛的现代感性。

石民是这一时期翻译波德莱尔诗歌数量较多的译者。他的翻译兴趣集中在两个方面：一是散文诗的自由体式，他在翻译波德莱尔的同一时期，也翻译了不少屠格涅夫的散文诗；二是波德莱尔散文诗中的城市书写，特别是表现隐藏在辉煌城市背后的阴暗与苦难的作品。

1928 年，石民发表了《译 Ch. Baudelaire 散文诗二首》[②]，包括《圆

---

① 徐志摩：《波特莱的散文诗》，《新月》第 2 卷第 10 号，1929 年 12 月 10 日。

② 石民：《译 Ch. Baudelaire 散文诗二首》，《语丝》第 4 卷第 28 期，1928 年 7 月 9 日。

光之失却》（*Perte d'auréole*）和"*Anywhere out of the world*"①。1929 年，他译有《巴黎的忧郁》中的 3 首散文诗，②包括《时计》（*Les Projets*）、《仙女们的礼物》（*Les Dons des fées*）和《戏谑者》（*Un Plaisant*）。

石民将《巴黎的忧郁》的跋诗（epilogue）译出，取名为《登临》。在译后记中，他说明了翻译的动机与感受：

> 这里的题目是由译者换上去的，虽则"登临"这字眼也许会令人联想起那种所谓"怀古"的滥调来。某夕，登某游艺场的屋顶花园，望着黑暗中光辉炫耀的上海，这首诗便不由地来复于我的心头。挣扎于近代都市之迷祟中的苦恼的灵魂呵！……归，于灯下译此，颇沾沾自喜也。③

波德莱尔在跋诗中展现了抒情主体登上山冈静观城市的景象，视线所及之处有医院、妓院、炼狱、苦役场，令人发出"所有的罪恶都盛开如花"的感慨。译者石民居住于上海，这座有"东方的巴黎"之誉的城市也有着辉煌的灯火与盛开的罪恶，这让他寻找到了情感的共鸣与城市体验的印证。

石民在 1929 年重刊《巴黎的忧郁》的跋诗，并选译 8 首散文诗。④译诗包括：《疯人与维娜丝》（*Le Fou et la Vénus*）、《老妇人之失望》（*Le Désespoir de la vieille*）、《早上一点钟》（*A Une heure du matin*）、《伪币》（*La Fausse monnaie*）、《靶子场》⑤（*Le Tir et le cimetière*）、《野蛮妇与妖姣女》（*La Femme sauvage et la petite-maitresse*）、《穷孩子的玩具》（*Le Joujou du pauvre*）和《倒霉的玻璃匠》（*Le Mauvais vitrier*）。上述译诗的共同点是注视城市的罪恶与悲苦的人生，传达出作者对弱小者的人道主义悲悯。

此外，苏兆龙译有波德莱尔的散文诗《月亮眷顾》（*Les Bienfaits de*

---

① 波德莱尔原诗的标题即为英文，英文标题之后附对应法文：*N'importe où hors du monde*。
② 〔法〕波特莱：《波特莱尔的散文诗三首》，石民译，《春潮》第 1 卷第 8 期，1929 年 8 月 15 日。
③ 〔法〕波特莱：《登临》，石民译，《春潮》第 1 卷第 9 期，1929 年 9 月 15 日。
④ 跋诗与 8 首散文诗分别刊载于 1929 年《语丝》第 5 卷第 31、32 期。
⑤ 这首散文诗的题目应为《射击场与公墓》，石民未译出"公墓"。

la lune）和《那一个是真的?》（Laquelle est la vraie?）①。张定璜译有
《Baudelaire 散文诗抄》，包括《镜子》（Le miroir）、《那一个是真的?》
（Laquelle est la vraie?）、《窗子》（Les Fenêtres）、《月儿的恩惠》（Les
Bienfaits de la lune）、《狗和罐子》（Le Chien et le flacon）②。

　　综上所述，在 1915 年至 1929 年，《巴黎的忧郁》以其内容与形式的
新颖获得了中国文坛的关注。最重要的译介者是周作人与徐志摩，他们
从新文学发展的需求出发展开翻译实践。波德莱尔散文诗的自由体式，
以及流淌在诗行中的无格律束缚的音乐性，成为他们创作白话新诗的重
要参照。波德莱尔从负面经验中汲取诗意的现代诗学途径，也被他们注
意到。从诗人或文学家译诗的选择中，我们能够反观其自身的新文学方
案。与此同时，专业的译者在引入波德莱尔的诗学方面也功不可没。由
此而观，《巴黎的忧郁》的翻译是新文学初生期引入世界文学作品的缩
影，这些译文为新诗的写作者提供了语言、形式与观念的灵感，也丰富
了新文学的表现范围与审美范式。

　　2. 对《恶之花》的翻译

　　徐志摩对波德莱尔作品的关注是全方位的，除了对其散文诗做出介绍
外，他还翻译了《恶之花》集子中的第 29 首诗《死尸》（Une Charogne），
并附有译前说明。③ 徐志摩的翻译以英译本为依据，译文辞藻华丽，带
有明显的个人风格。关于徐志摩的翻译与其诗学主张的关联性，我们之
后将用专节讨论，此处按下不表。

　　另一位译者金满成认为徐志摩的译文讹误甚多，于是重译了这首诗。
编者在译诗前附加说明：

　　　　近几年来虽有从报纸杂志上见到有人译他（指波德莱尔——笔
　　者注）的作品，不过他有名的几篇诗歌，尚没有人敢尝试去译。新
　　出版的《语丝》中会见到徐志摩君译的《死尸》一篇，现在我们又
　　收到金满成君的译的同篇的中文。两篇译文对照起来有几句意思极

　　　① 〔法〕波特莱尔：《月亮眷顾》《那一个是真的?》，苏兆龙译，《时事新报》1924 年 10
　　　　月 13 日。
　　　② 《Baudelaire 散文诗抄》，张定璜译，《语丝》第 15 期，1925 年 2 月 23 日。
　　　③ 〔法〕菩特莱尔：《死尸》，徐志摩译，《语丝》第 3 期，1924 年 12 月 1 日。

> 不相同的句子，我相信徐君的英译（志摩是从英文中转译的——他告诉过我）是没有大错误的，其中有相异的句子是英译者应负责任的，与转译者无关。但我们却很欢喜看到这篇名作的两次翻译；金君又嘱将法文原文刊出，以便大家共同研究。①

根据上述文字，我们可以判断，在 20 年代中期，波德莱尔的诗歌已经引起了中国文坛的瞩目，人们期待更多、更深入的译介出现。这位与徐志摩"打擂台"的译者金满成曾于 1919 年赴法勤工俭学，回国后长期从事法国文学的研究与翻译工作。他从原文翻译波德莱尔的作品，并将法文原文与中文译文比照发表，带着为徐志摩纠错的意思："徐志摩君曾经译过，在《雨丝》（应为《语丝》——笔者注）第三期发表的。但他的译文与我的译文不同的地方很多。其原因除了我自己的学识浅薄而外，我想是我们两人的蓝本不同：他是从英文译出的，我是从法文译出的。"平心而论，金满成的译文更接近波德莱尔诗歌的原意，语言平实准确，全无徐志摩译文的滥情浮夸之气。但是，我们也应该认识到，徐志摩译诗与金满成译诗的动机与价值是不同的，前者是典型的"诗人译诗"，其翻译活动是诗歌创作的一部分，后者②则以引进外国文学作品为主要目的。因此，我们不必以准确性的欠缺而贬低徐志摩的译文，也不必因为"信"而忽略金满成译文在诗性上的欠缺，二者原本就有不同的价值。

前文已经述及《恶之花》的形式特征，正是因为它是格律诗而非自由诗，让一些能够感受原文音乐性的译者渴望在汉语中复现其韵律特征，遵循格律、形式齐整的古典诗就成为他们理想的转换工具。李思纯用文言翻译波德莱尔的诗，其译诗合集《仙河集》刊载于《学衡》杂志，包括 10 首《恶之花》中的作品。现列出如下：《鬼》（*Le revenant*，《恶之花》第 63 首）、《鸱枭》（*Les Hiboux*，《恶之花》第 67 首）、《血泉》（*La Fontaine de sang*，《恶之花》第 113 首）、《腐烂之女尸》（*Une Charogne*,

---

① 〔法〕波特来耳：《尸体》，金满成译，《晨报副刊·文学旬刊》第 57 期，1924 年 12 月 25 日。

② 金满成有少量的新诗创作散见于民国报刊，如《甜蜜的回忆》（《京报副刊》第 1 期，1924 年）、《桃花》（《晨报副刊》1925 年 4 月 12 日）、《海上孤飞的燕儿》（《晨报副刊·诗刊》第 9 期，1926 年）。他的诗主要是个人情绪的即时性抒发，数量少、不成熟，未引起诗坛瞩目。因此，我们认为他的主要身份是译者而非诗人。

《恶之花》第 29 首）、《猫》（Le Chat，《恶之花》第 34 首）、《破钟》
（La Cloche fêlée，《恶之花》第 74 首）、《凶犯之酒》（Le Vin de L'assassin，
《恶之花》第 106 首）、《密语》（Causerie，《恶之花》第 55 首）、《赭色
发之女丐》（A Une mendiante rouge，《恶之花》第 88 首）、《暮色》（Le
Crépuscule du soir，《恶之花》第 95 首）。

　　李思纯对波德莱尔诗歌中"恶"的发现深有领悟，在每首译诗的标
题后面，他都附加评论：《鸱枭》是"罪人之象征也"，《血泉》"思世
界之惨厉也"，《腐烂之女尸》"哀死去之爱情也"，《猫》"写肉体之交
感也"，《破钟》"哀余力也"，《凶犯之酒》为"凶人心理之解剖也"，
《密语》"思情爱之诈伪恶毒也"，《赭色发之女丐》"哀堕落而为世所侮
辱之一女也"，《暮色》"示暮夜为罪恶之渊薮也"。①《恶之花》将内容
上的现代和形式上的古典相结合，为李思纯找到了延续古典诗歌的方案，
即袭用旧的形式，表达新的内容。

　　从李思纯对波德莱尔的名篇《腐烂之女尸》的翻译中，我们能看到
其诗歌观念中的内在悖论。我们之前论及的徐志摩和金满成均用白话的
语言和分行的形式译诗，而李思纯则用古典的五言诗形式来翻译，我们
以第 1、2 节为例对比原诗的形式和内容②：

> 夏日佳清晨，忆否君所睹。路角一女尸，石上僵且腐。
> 股胫似妖姬，日光汗毒蒸。腰腹亦裸露，恶臭烈薰腾。③

> 亲爱的，想想我们见过的东西，
> 夏日的清晨多温和：
> 小路拐弯处一具丑恶的腐尸，
> 在碎石的床上横卧，

> 仿佛淫荡的女人，把两腿高抬，

---

① 李思纯：《仙河集》，《学衡》第 47 期，1925 年 11 月。
② 此处为方便读者理解，我们不列出法语原诗，而以"信达雅"兼具的郭宏安译本为
　例，进行译本比照。
③ 李思纯：《仙河集》，《学衡》第 47 期，1925 年 11 月。

热乎乎地冒着毒气，

她懒洋洋地，恬不知耻地敞开

那臭气熏天的肚子。①

李思纯在翻译中过滤了具有强烈视觉震撼和情色意味的表达，比如"横卧""淫荡""两腿高抬""恬不知耻地敞开"等，试图让诗歌朝着中正平和的风格扭转，这也在客观上削弱了原诗带给人的冲击：在四平八稳的语言节奏中，波德莱尔原诗所带有的强烈情绪与现代感性也被大大削弱了。

对现代诗来说，其"现代"不仅是内容上的，也是形式上的。正如希尼所言："诗歌回答世界的方式，并非仅仅局限于它陈述的内容，而是可能更着重于格律和句法、语调和音乐精确性。"② 换句话说，内容和形式是不可分割的，诗歌的美学效果无法仅依存于内容。虽然李思纯能够有限度地领略波德莱尔"恶"的美学，但是他并不想原汁原味地呈现"恶之花"的风姿。他在西方现代诗歌与中国古典诗学之间架设桥梁，目的在于改良旧诗，在旧有的语言和形式中装进新的内容，这种"旧瓶装新酒"的做法体现了守成主义者面对外国文学作品时的文化选择。

陈勺水的翻译也值得注意。译者本名陈启修，在1930年出版了《资本论》的首部中译本，具有左翼文化倾向。1929年，他陆续选译了《恶之花》中的诗歌，包括以下篇目：《奉劝旅行》③（*L'Invitation au voyage*，《恶之花》第53首）、《毒药》④（*Le Poison*，《恶之花》第49首）、《幻影》⑤（*Un Fantôme*，《恶之花》第38首）。他还翻译了《吸血鬼》（*Le*

---

① 〔法〕夏尔·波德莱尔：《恶之花》，郭宏安译，上海译文出版社2009年版，第71页。

② 〔爱尔兰〕谢默斯·希尼：《希尼三十年文选》，黄灿然译，浙江文艺出版社2021年版，第354页。

③ 陈勺水在这首译诗下标注有"译波德雷（Baudelaire）的'恶之华'集第五十四首"，实际上《恶之花》的第54首是《不可救药的》（*L'Irréparable*），第53首才是他所翻译的这首诗。同样地，之后所论及的陈勺水其他译诗的序号也都比实际的后推了1首，这可能与陈勺水（或他所依据的转译版本）将《恶之花》卷首的"告读者"作为第1首诗有关。

④ 〔法〕波德雷：《奉劝旅行》《毒药》，陈勺水译，《乐群》第1卷第1期，1929年1月1日。

⑤ 〔法〕波德雷：《幻影》，勺水（陈勺水）译，《乐群》第1卷第3期，1929年3月1日。

Vampire，《恶之花》第 31 首）和 6 首无题诗①，后者为《恶之花》的第 24、25、32、27、39、42 首。

作为左翼文化人，陈勺水在翻译中对波德莱尔的作品进行了大幅度的改写。例如《奉劝旅行》的译诗，原诗的颓废风格被他抹除了，波德莱尔被塑造成一位进步诗人，精神昂扬、积极。诗歌的标题直译应为"旅行的邀约"，陈勺水"奉劝旅行"的译名强行添加了原诗所没有的劝慰与说教。试比较陈勺水的翻译和当代的郭宏安译本，感受前者对原诗在语调和氛围上的巨大改变：

我的孩子，我的妹妹！	孩子，小妹妹，
想想看，那何等温美！	想想多甜美，
到那里去，和你住在一起！（陈译）	到那边共同生活！（郭译）
太阳呢，正落到西山，	——西下的太阳，
好像，拿着一件紫金衫，	把金衣紫裳
笼罩着城市船只，和麦田，	盖住整座城市，
红冬冬的，好不打眼！	原野和运河；
整个世界，贪着睡眠，	世界睡着了，
睡在金色光中，又香又甜。（陈译）	在温暖的光明里。（郭译）
那地方，一切都整齐美满，	那里，是整齐和美，
除了快意丰穰，还有平安！（陈译）	豪华，宁静和沉醉。（郭译）②

波德莱尔原诗的风格是缱绻、迷醉的，节奏缓慢，充满温柔的诱惑。陈勺水将诗歌的节奏调整得有如郭沫若《天狗》一般富于力感与动感，语言上则让人想到数十年后的《红旗歌谣》。波德莱尔原诗中的情欲意味也被积极向上的正能量所取代。陈勺水的翻译是波德莱尔诗歌在中国首次遇到的意识形态改写，这也是波德莱尔的译介与 20 世纪中国的社会历

---

① 〔法〕波德雷：《吸血鬼》《波德雷的无题诗》，陈勺水译，《乐群》第 1 卷第 2 期，1929 年 2 月 1 日。

② 〔法〕夏尔·波德莱尔：《恶之花》，郭宏安译，上海译文出版社 2009 年版。

史大潮产生纠葛的表征，这种互动关系将在其后的波德莱尔接受历程中数次重现。

3. 书信

波德莱尔的早期翻译中还包括他与母亲的书信。1929 年《华严》①杂志连载了《博多莱尔寄其母书》，见于第 1 卷第 3 期（肇颖译）、第 4 期（茵译）、第 5 期（刘绍苍译）、第 6 期（刘绍苍译）、第 7 期（刘绍苍译）。

波德莱尔的父亲名叫弗朗索瓦·波德莱尔，是一位公务员兼业余画家，波德莱尔的母亲是他的第二任妻子，名叫卡洛琳·迪法伊斯。波德莱尔的父亲在 1827 年去世，他的母亲于 1828 年 10 月至 11 月与一位军官成婚，成为欧比克夫人（Mme Aupick）。据传记作者考证，波德莱尔十分憎恨他的继父，一方面是因为继父阻挠他的文学理想，另一方面是嫉妒继父分享了母亲的爱，"在夏尔·波德莱尔的生活中，只有一个人真正占有重要地位：他母亲"②。波德莱尔一生留下了大量给母亲的信，或倾诉情感，或要求她解决自己的实际问题。这些书信虽然从 20 年代就已经有翻译，但是受重视程度不高，它们以"致欧比克夫人"为名被收入波德莱尔的法文全集，直到 2022 年才有完整的中译本。③

总体而言，波德莱尔在中国的早期接受是较为丰富的，他的中国形象并不以统一的面貌而存在。译介者或感兴趣于散文诗的自由体式，或迷醉于格律诗的音乐性，或在现代城市书写中找到认同，又或为诗人对人性之恶的深刻洞察所震撼。我们能够看到，因翻译波德莱尔而集结在一起的，既有对新文学的语言与形式方案的思考，又有文化守成主义者的复古选择，还有左翼文化人以翻译进行的改写。翻译与接受的多样性既是波德莱尔诗学体系丰富性的证明，又为这位法国诗人在中国文学中的百年命运浮沉埋下了伏笔。

---

① 《华严》第 1 卷第 3 期、第 4 期中原刊版权页缺失，出版时间不详。第 1 卷第 5 期出版于 1929 年 5 月 20 日，第 6 期出版于 1929 年 6 月 20 日，第 7 期出版于 1929 年 7 月 20 日。

② 〔法〕克洛德·皮舒瓦、让·齐格勒：《波德莱尔传》，董强译，商务印书馆 2021 年版，第 76 页。

③ 〔法〕夏尔·波德莱尔：《波德莱尔书信集》，刘波、刘楠祺译，人民文学出版社 2022 年版。

（二）关于波德莱尔的评论及介绍

我们接着来看关于波德莱尔的评论和介绍。与波德莱尔相关的评介从形态上可以分为两大类，一类是单篇文章，另一类是文学史著作。二者在内容上亦可分为两类：一是对法国文学的整体关注中涉及波德莱尔；二是关于波德莱尔的专论。在进行分类梳理时，我们的主要关注点在于：其一，这些文献的作者对波德莱尔的评介出于何种目的，有何明显的偏重，是否存在有意或无意的接受偏误；其二，关于波德莱尔的评介与新文学的实践及更广义的社会文化有何关联。

1. 单篇文章

从 20 年代初开始，文坛出现了一批介绍法国 19 世纪以来文学发展历程的文章，其中不少文字评述了波德莱尔的人与诗。例如，周无的《法兰西近世文学的趋势》① 梳理了 19 世纪以来的法国文学发展史，作者在象征主义的框架中论及波德莱尔。周无在写作时参考了古斯塔夫·朗松（Gustave Lanson，1857—1934）的《法国文学史》（*Histoire de la Littérature Française*）②，其论述明显受到朗松的文学史观念的影响。在朗松看来，文学史研究从属于历史研究，他在社会发展史中考察文学，将文学史视作文明史的片段："一部文学史是人文精神的一个方面，是文明的某个瞬间。"③ 因此，周无的评介并不涉及具体的作品，换句话说，他并不重视文学在审美上的独立性，而是将其视作历史演变的表征，用治科学史的方法来写文学史。

李璜的《法兰西诗之格律及其解放》介绍法国诗歌的发展史：从自由诗走入格律诗，又从格律诗中解放出来。李璜重视诗歌的音乐性，在他看来，"音韵的入神"与"字句的聪明"同样重要。他将波德莱尔与魏尔伦视作"象征派的发起人"，忽略了在波德莱尔活着的时候压根儿没有"象征派"的概念。我们最多只能说波德莱尔是"象征派"的前驱

---

① 周无：《法兰西近世文学的趋势》，《少年中国》第 2 卷第 4 期，1920 年 10 月 15 日。

② 周无在文末标注"参考书报 Histoire Littérature Française. G. Lauson"，他所说的应为古斯塔夫·朗松著名的《法国文学史》。该书写于 19 世纪末，影响甚远。朗松开创了以实证主义研究文学的方法，主张通过文献资料来理解作家作品。

③ 〔法〕安托万·孔帕尼翁：《从福楼拜到普鲁斯特：文学的第三共和国》，龚觅译，生活·读书·新知三联书店 2023 年版，第 134 页。

诗人，而不能说他参与了象征主义运动。在谈到波德莱尔时，李璜描述了他的外貌、秉性和审美偏好：

> 波得乃尔面色怆白，眼眶甚深，貌恭而缓，随时显出留心的样子。少年时便想事事出奇，语语惊人：众人爱自然的美，他偏喜人工的美。众人以风和日暖为乐，他以暴风雷雨为快，众人好女子取其眉目身材。他好女子并不问眉目身材，随便一个肥丑妇人，只要大红大绿着一身，胭脂墨粉涂一脸，波得乃尔便称为极美。①

李璜的论述涉及波德莱尔几个重要的诗学特征。首先，在波德莱尔看来，"一切美的、高贵的东西都是理性和算计的产物"②，自然之美在其艺术世界中并不受推崇。因为在他的观念中，只有恶是天然存在、不劳而成的，善和美都是艺术与思想的劳动结晶。其次，自波德莱尔始，现代诗歌开始拥有了从生存的阴暗面中汲取美的能力，"丑"和"恶"成为不竭的诗学源泉。波德莱尔宣称："丑恶经过艺术的表现化而为美，带有韵律和节奏的痛苦使精神充满了一种平静的快乐，这是艺术的奇妙的特权之一。"③ 当然，李璜对上述特征仅是触及而已，更多是一种充满惊奇感和陌生感的表层描述，尚未深入现代诗艺与美学变革的层面。

刘延陵的《十九世纪法国文学概观》介绍了19世纪下半叶法国诗歌从浪漫派到帕尔纳斯派再到象征派萌发的过程，描述了各个重要派别的特征。在论及波德莱尔与象征派的关系时，他说"通常认为象征主义底始祖乃是波特来耳（Baudelaire），凡尔伦（Verlaine），马拉美（Mallamé④）三位"⑤。刘延陵准确地将波德莱尔界定为象征主义的先驱，在法国现代诗歌史的框架中介绍他的诗歌成就。君彦的《法国近代诗概观》则侧重于介绍波德莱尔非比寻常的价值观和美学观，"蔑视道德的信条，赤

---

① 李璜：《法兰西诗之格律及其解放》，《少年中国》第2卷第12期，1921年6月15日。
② 〔法〕波德莱尔：《美学珍玩》，郭宏安译，上海译文出版社2009年版，第390—391页。
③ 〔法〕波德莱尔：《浪漫派的艺术》，郭宏安译，上海译文出版社2009年版，第127页。
④ 原文错误，应为Mallarmé。
⑤ 刘延陵：《十九世纪法国文学概观》，《小说月报》第15卷号外，1924年4月。

裸裸地直抒自己的情绪，喜欢可怖的题材"，虽然"把象征派的理论说出了一部分"①，但是对象征派的影响要远远小于魏尔伦。这两篇文章和我们之后将论及的谢六逸翻译的《法兰西近代文学》共同刊载于《小说月报》第 15 卷号外，作为对法国现代诗学的一次集中展示。

李青崖的《现代法国文坛的鸟瞰》对 19 世纪初至一战后的法国文坛进行了较为全面的介绍，所论的文学体裁包括诗歌和戏剧。这篇长文的第二节专论诗歌，李青崖的论述范围从帕尔纳斯派诗歌一直到未来主义和达达主义。在谈及法国象征主义诗歌时，他将魏尔伦（李译为"卫尔雷恩"）、兰波、马拉美（李译为"马辣尔美"）、维尔哈伦（李译为"卫尔海伦"）作为象征主义的代表性诗人，点明莫雷亚斯为象征主义宣言的正式发起者，并略谈象征主义的后裔。② 李青崖的行文风格和句式表达较为西化，可读性并不强，但是他的文学史论述是准确的。

在 20 世纪 20 年代，赵景深写有一系列介绍外国文学动态的《现代文坛杂话》，其中包括《法兰西诗坛近况》。在这篇文章中，他并未直接品评波德莱尔的作品，而是推介了两本法国新出版的关于波德莱尔的新书：

> 最近出了两本关于波特来耳的书，意见完全不同。一本是罗以尔（Jean Royère）的《波特来耳的恋爱诗》（*Poèmes d'amour de Baudelaire*）把波特来耳有关恋爱的诗，重行循序排列，因为原来的诗集次序是很杂乱的，此外再加以叙述。罗以尔只看到好的方面，以为他是世界的大诗人，甚至尊之为诗界的鼻祖。还有一本是莫克莱（Camille Mauclair）著的《波特来耳的恋爱生活》（*La vie Amoureuse de Baudelaire*）他专写波特来耳的生活，写他是品行堕落，生活不规则的人，对于他道德方面，下猛烈的攻击。③

赵景深选择了与波德莱尔有关的论著作为法国文坛的最新动态来展示，这足以说明波德莱尔已经成为国人心中法国文学的重要代表。通过

①　君彦：《法国近代诗概观》，《小说月报》第 15 卷号外，1924 年 4 月。
②　李青崖：《现代法国文坛的鸟瞰》，《小说月报》第 20 卷第 8 号，1929 年 8 月 10 日。
③　赵景深：《现代文坛杂话》，《小说月报》第 19 卷第 4 号，1928 年 3 月 10 日。

查阅资料，我们进一步明确了赵景深所介绍书籍的信息：前者为让·罗耶尔的《波德莱尔的爱情诗：神秘天才与新文献》（*Poèmes d'amour de Baudelaire*，*le génie mystique*，*avec des documents nouveaux*），后者为加米耶·莫克莱尔的《夏尔·波德莱尔的爱情生活》（*La vie amoureuse de Charles Baudelaire*）。这两本书均出版于 1927 年，赵景深在次年初就将书籍信息引入中国，这也证明了当时的文化界对外国文学动态保持着相当敏锐的关注。

　　除了编写外，还有一部分翻译文章，它们同样也在文学史的整体观照中论及波德莱尔的诗学。陈勺水译有春山行夫的《近代象征诗的源流》，该文从"近代象征主义诗的发生和发展"谈起，反思了"象征主义诗在近代纯粹诗运动上的过错"，最后的落脚点则是"日本的象征主义和他的倾向"。这篇文章认为波德莱尔的文学贡献在于引起"纯诗"的风潮，"波德雷的诗素——一种近代的纯粹诗，突然在诗流中发生一个大漩涡，大风潮，对于一般诗派，都给与一个象征的洗礼，变成光彩灿烂的近代艺术的母胎，诞生了许多有光荣的分派"，并在 19 世纪末到 20 世纪初产生了世界性的影响。

　　在波德莱尔与象征派的关系问题上，这篇文章给出了比较清晰的界定："波德雷的象征诗，开了近代纯粹诗的端绪，造成了所谓象征主义诗的理论，至于展开这种理论，创作艺术的，却第一要算麻拉麦①和他那一派人。"② 此处所说的"纯粹诗"，现多称作"纯诗"（poésie pure），它标识了"为艺术而艺术"诗歌观："诗歌本身是自我封闭的构造物，它既不传达真理，也不传达'心灵的沉醉'，根本就不传达任何事物，而只是自为存在的诗歌。"③ 如果不做太早的追溯的话，"纯诗"的观念在 19 世纪最重要的先行者是爱伦·坡。正是通过翻译爱伦·坡的作品，波德莱尔接受了他关于诗歌纯粹性的主张。在《再论埃德加·爱伦·坡》中，波德莱尔宣称："诗除了自身之外没有其他目的；它不可能有

①　今通译马拉美。
②　〔日〕春山行夫：《近代象征诗的源流》，勺水译，《乐群》第 1 卷第 4 期，1929 年 4 月 1 日。
③　〔德〕胡戈·弗里德里希：《现代诗歌的结构：19 世纪中期至 20 世纪中期的抒情诗》，李双志译，译林出版社 2010 年版，第 38 页。

其他目的，除了纯粹为写诗的快乐而写的诗之外，没有任何诗是伟大、高贵、真正无愧于'诗'这个名称的。"① 换句话说，诗歌不是任何其他事物的反应物，也不承载社会的、道德的、历史的诉求，它不是工具或者途径，其自身就是目的。为了达成"纯诗"的理想，波德莱尔沿袭了爱伦·坡将抒情诗的写作与个人心灵分离的做法。在波德莱尔看来，诗人心灵的沉醉并非指沉溺于情绪或者某种激情的燃烧，而是拥有了一种内涵广泛的心境与理解力。"纯诗"令波德莱尔感受到超自然的情绪，辨认出世界的独异面孔：

> 诗的本质不过是，也仅仅是人类对一种最高美的向往，这种本质表现在热情之中，表现在对灵魂的占据之中，这种热情是完全独立于激情的，是一种心灵的迷醉，也是完全独立于真实的，是理性的材料。因为激情是一种自然之物，甚至过于自然，不能不给纯粹美的领域带来一种刺人的、不和谐的色调；它也太亲切，太猛烈，不能不败坏居住在诗的超自然领域中的纯粹的愿望、动人的忧郁和高贵的绝望。②

可以说，"纯诗"正是在波德莱尔那里走向成熟的。在他之后，马拉美从瓦格纳的音乐中获得启迪，将诗歌纯粹性的获得建立在词语的偶然性之上。"纯诗"的追求也成为象征主义诗学的内核，我们在兰波、瓦莱里那里都能看到这种对诗歌自在自为状态的不懈追求与尝试。

谢六逸所译的《法兰西近代文学》③ 译自日本《近代文艺十二讲》，译文存在较多的知识谬误。例如，文章对波德莱尔定位非常含混，一方面说他是"在艺术里体现近代精神最早的诗人"和"颓废派（Decadence④）的先锋"，另一方面却又说"属波特来耳一派（即颓废派或恶魔

---

① 〔法〕夏尔·波德莱尔：《浪漫派的艺术》，郭宏安译，上海译文出版社 2009 年版，第307 页。

② 〔法〕夏尔·波德莱尔：《浪漫派的艺术》，郭宏安译，上海译文出版社 2009 年版，第308 页。

③ 《法兰西近代文学》，谢六逸译，《小说月报》第 15 卷号外，1924 年 4 月。

④ 原文误，应为"Décadence"。

派）的，有威尔哈仑①，拉玛丁②等，统称为象征派诗人。……与此派别对峙的，有列耳（Leconte de Lisle，1820—94）率领的高蹈派（Parnasians）"。这段话中至少有如下误差：首先，恶魔派属于浪漫主义的分支，在时间上早于颓废派，至于恶魔派、颓废派、象征派，则是三个不同的概念，不能混为一谈。其次，维尔哈伦与拉马丁单从生卒年上看都不可能属于同时期、同流派的诗人，拉马丁是浪漫主义诗人，与颓废派并无关联，与他死后1868年方才兴起的象征派更是不会有联系。最后，高蹈派在时间上早于象征派，象征派正是对帕尔纳斯派的反动，二者也并非基于同一文学时空的"对峙"关系。

　　施蛰存翻译的《近代法兰西诗人》包括"新诗底源流"和"象征主义底先驱者及建设者"两部分。译文的第一部分论及象征派与浪漫派和高蹈派的关系，第二部分涉及对波德莱尔的评价。波德莱尔是象征主义的先驱，"象征派底建设者"③ 则是马拉美（施译为"马拉尔梅"）。该文认为波德莱尔的影响在于"他底本质"，即"他自己底无情的启示，他底奇异的病的心灵底顽固的断言"。波德莱尔是一位冷峻地审视自己的诗人，正如弗里德里希所言："他以一种方法上严苛的彻底性巡视了自身内部在现代性压迫下形成的各个阶段：恐惧，身陷绝境，面对自己一心热烈渴求却逃逸入虚空的理想状态时的崩溃。"④ 换句话说，波德莱尔的诗歌并不是自我指涉的，他从不发泄个人性的情感，他是在现代性的受难者意义上谈论自我的。

　　20世纪20年代，关于波德莱尔的专题介绍开始出现。田汉的《恶魔诗人波陀雷尔的百年祭》⑤ 是这一时期最值得关注的波德莱尔专论。这篇长文连载于《少年中国》杂志，其论述维度广阔，观点独树一帜。

①　今通译维尔哈伦。
②　今通译拉马丁。
③　〔美〕Ludwig Lewisohn（今通译路德维格·刘易斯逊）：《近代法兰西诗人》，施蛰存译，《新文艺》第1卷第3号（1929年11月15日）、第4号（1929年12月15日）、第5号（1930年1月15日）。
④　〔德〕胡戈·弗里德里希：《现代诗歌的结构：19世纪中期至20世纪中期的抒情诗》，李双志译，译林出版社2010年版，第24页。
⑤　田汉：《恶魔诗人波陀雷尔的百年祭》及续篇，《少年中国》第3卷第4、5期，1921年11月、12月。论述中涉及这两篇文章的引文不另注。

田汉的论述从"神与恶魔""波陀雷尔的生涯""波陀雷尔的特色""波陀雷尔的主义""艺术家的宗教"五个方面展开。尽管此文的知识来源驳杂，译写结合，谈不上是完全意义上的独创，但是作者自身充沛的才华与论述对象的丰富性交相辉映、彼此投射，不乏敏锐的洞见与深刻的启示。

田汉以恶魔主义为关键词和切入点，详细介绍波德莱尔的诗学。波德莱尔"恶魔的人格和恶魔的艺术"深深吸引了他：

> 他不能和许多罗曼主义者一样的陶醉。他虽和许多罗曼主义者一样去求美，然而他于那美中发见了丑之潜伏。他求善反得了恶，求神反得了恶魔，求生之欢喜，反得了死之恐怖。

从法国文学史的发展来看，恶魔主义指的是浪漫主义的一个小分支，它以书写魔鬼及与它相关的诸种体验为主要特征。在田汉看来，"恶魔主义"的本质内涵在于追求自由、反抗成规。在这种诉求下，波德莱尔"舍罗曼的美而赞美丑恶，舍基督而礼拜沙丹（即恶魔）"，"喜爱人工的美，不爱自然的美"等诗学观念才显得合情合理。

田汉将《恶之花》中的"反抗三篇"视作波德莱尔恶魔主义诗学的完美呈现。这三首诗包括《圣彼得的否认》《亚伯与该隐》《魔王的祈祷》，它们均脱胎于圣经故事，却又构成了对其本源的解构与反抗。《圣彼得的否认》张扬了自我意志，宣称"若是我，实在愿意跳出/这个行为不是梦想的姊妹的世界"。波德莱尔看重行动与意志的一致性，渴望一种所想即所为的权力，即便所为是"恶"——这并非指作恶是正当的，而是在寻求自由的意义上谈论它。《亚伯与该隐》表达了对上帝的反叛："该隐的子孙哟，你上天去/把上帝投到地下来！""上天"与"投到地下"意味着秩序的翻转，也就是将那个不公正的世界颠倒过来。《魔王的祈祷》更准确的译法应为《献给撒旦的祷文》，波德莱尔在这首诗中赋予撒旦以神圣的受难者的形象："阿，你这最贤最美的天使，被弃于运命，被夺去了赏赞的神圣。"抒情主体反复向撒旦表达吁求，如同凡人向上帝祈祷那样："阿，魔王哟，请怜我长久的不幸！"波德莱尔变换了"神"与"魔"的位置，将"魔"视作怜悯弱小者之苦难的"神"。正是通过这种逆转，波德莱尔在文学书写中达成了将自由与正义归还给被压抑与被损害者的理想。

关于波德莱尔的文学史位置，田汉将他界定为"罗曼主义的殿将，象征主义的先锋"，即晚期浪漫主义者及象征主义者的先驱，这是符合历史事实的。在田汉看来，波德莱尔虽脱胎于浪漫主义，但是其使命又"不终罗曼主义"，"进而为醴卡妩主义和象征主义的先驱，以此而其狞然成恶魔主义的泰山北斗者"。换句话说，田汉将恶魔主义诗学视作波德莱尔最重要、最终极的诗学成就。他后来又将颓废主义和象征主义合并，自造并不存在的"醴卡妩象征主义"，亦将波德莱尔视作其始祖。上述文学史位置的判断与田汉自身的文艺观一脉相承。在文章的末尾，他表达了自己追求自由、反抗桎梏的思想倾向：

> 然而我之为此言者，非欲天下人皆舍基督而崇恶魔主义也。正欲天下人一返其本来面目，入自在无碍之境，可基督，可恶魔，同时又能非基督，非恶魔。……恶魔之可贵，贵在"反叛"。

实际上，恶魔主义的命名本身，太易于让人联想到那些阴暗、负面、罪恶的情绪和行动。因此，在相当长的时间内，这一诗学倾向缺乏它的中国知音。在这样的背景中，田汉对波德莱尔恶魔主义面向的推崇显得充满个性、卓尔不群。直到20世纪80年代中期，恶魔主义诗学才真正地在中国诗歌中开花结果：一批以追求自由与反抗为诉求的诗歌出现，在负面体验中汲取诗意的现代诗学也获得了认同。本书的第七章将对此进行论述。

关于波德莱尔专论还包括署名拙的《鲍多莱尔（Baudelaire）1821—1921》，这篇文章是为"颓废诗人鲍多莱尔的出生百年纪念"而作。作者称波德莱尔为恶魔的崇拜者、道德的诅咒者，认为波德莱尔堪称"颓废文学之祖"[①]。这篇文章对波德莱尔做出了相当精准的描述。此外还有滕固的《法国两个诗人的纪念祭——凡尔伦与鲍桃莱尔》[②]、宏徒的《鲍

---

① 拙：《鲍多莱尔（Baudelaire）1821—1921》，《时事新报·学灯》1921 年 8 月 7 日、9 日、13 日。13 日的文章后标注"未完"，但并未找到余下的部分。

② 滕固：《法国两个诗人的纪念祭——凡尔伦与鲍桃莱尔》，《时事新报·学灯》1921 年 11 月 14 日。

特莱尔的奇癖（文坛逸话）》①、署名沫的《鲍特莱尔的怪话》②，对波德莱尔的其人其文做出简单介绍。

　　除了个人编写的文论外，20世纪20年代重要的波德莱尔专论还包括译介文章。1922年8月，张闻天在上海译出《波特来耳研究》③，刊载于1924年《小说月报》第15卷号外上。该文的原作者"史笃姆"是何许人也，张闻天没有进行特别的介绍。经资料查阅，我们认为"史笃姆"为英国诗人和翻译家弗兰克·皮尔斯·斯特姆（Frank Pearce Sturm，1879—1942），他曾对波德莱尔的诗歌做出翻译和介绍，于1906年出版了《夏尔·波德莱尔的诗歌》（*The Poems of Charles Baudelaire*）④。张闻天的译文相当透彻地论析了波德莱尔的诗学，并辅之以对生平和主要作品的介绍，可谓波德莱尔早期接受中最具深度的译介文字。

　　在文章的开头部分，史笃姆说："人们要达到超度有二条路可走，一条是向上的路，一条是向下的路。波特来耳是走向下的路的人。"此处的观点直接取自波德莱尔对人之双重性的判断：

> 在每一个人身上时时刻刻都存在两种同时的要求，一个是向着上帝，一个是向着撒旦。恳求上帝或精神性，是一种上升的愿望；恳求撒旦或动物性，是一种下降的快乐。⑤

　　人的双重性也正是人的矛盾性之所在，波德莱尔诗歌中大量的矛盾修辞就是这种状态的表征。波德莱尔从表面上看是向下的，是朝向"恶魔"的，但实际上其中仍有向上的因素，精神性才是他的终极渴望。德国诗论家弗里德里希洞悉了波德莱尔在撒旦主义和理想状态之间的强劲

---

①　宏徒：《鲍特莱尔的奇癖（文坛逸话）》，《小说月报》第18卷第5号，1927年5月10日。

②　沫：《鲍特莱尔的怪话》（《文艺漫谈》之一则），《新文艺》第1卷第2号，1929年10月15日。

③　〔法〕史笃姆（Sturm）：《波特来耳研究》，闻天（张闻天）译，《小说月报》第15卷号外，1924年4月。

④　该书的版本信息为：*The Poems of Charles Baudelaire*，London：The W. Scott Pub. Co.，ltd.，1906。

⑤　〔法〕夏尔·波德莱尔：《敞开我的心扉》，郭宏安译，《巴黎的忧郁》，上海译文出版社2009年版，第304页。

张力及其背后基督教思想的遗存。他对波德莱尔精神世界的描述要比史笃姆更准确：“波德莱尔的撒旦主义就是以有智识思考的邪恶来战胜单纯的兽性邪恶（及平庸），其目的在于，从这种最高的邪恶中获得向理想状态的腾跃。”① 换句话说，波德莱尔虽然有鲜明的恶魔主义面向，甚至被称为“从地狱里来的诗人”，但是“恶”只是强力的反抗手段，而非目的本身。在波德莱尔的灵魂深处，浪漫主义式的理想世界仍然存在，他渴望精神的净化与上升，正如他在《高翔远举》中所表达的那样，“他的思想就像那百灵鸟一般，/在清晨自由自在地冲向苍穹，/——翱翔在生活之上，轻易地听懂/花儿以及无声的万物的语言”②。精神上升的终极追求与恶之花盛开的图景在波德莱尔的笔下呈螺旋状交织，二者共同构成了他具有强劲张力的内心世界。

张闻天的译文中还涉及对象征主义诗学的阐释。史笃姆认为，从波德莱尔作为先导的“应和”理论出发，再到兰波《醉舟》的诗学实践，可以梳理出一条象征诗学的路径，其核心的诗学观念就是通过幻想让现实变异，从而达到去现实化的效果：

> 我们所看到的世界是幻象底世界，不是实在底世界。颜色，音响，香味和一切物质的东西……都不过是实在东西底象征与反影。

在波德莱尔的诗学体系中，梦与幻想是至关重要的诗学生产力，它们能够如同魔术师一般“将人造的非现实置于现实之上”③。而这种去现实化，正是波德莱尔对丧失了隐秘性和可能性的技术世界的抵抗：“科学对世界的透彻研究在艺术头脑中被感受为对世界的压缩和对隐秘的剥夺，所以后者就以幻想暴力的极度扩张来回应。波德莱尔死亡二十年后，对于隐秘丧失的同一种回应被称为‘象征主义’。”④ 在 20 世纪 20 年代乃

---

① 〔德〕胡戈·弗里德里希：《现代诗歌的结构：19 世纪中期至 20 世纪中期的抒情诗》，李双志译，译林出版社 2010 年版，第 32 页。

② 〔法〕夏尔·波德莱尔：《恶之花》，郭宏安译，上海译文出版社 2009 年版，第 16 页。

③ 〔德〕胡戈·弗里德里希：《现代诗歌的结构：19 世纪中期至 20 世纪中期的抒情诗》，李双志译，译林出版社 2010 年版，第 40 页。

④ 〔德〕胡戈·弗里德里希：《现代诗歌的结构：19 世纪中期至 20 世纪中期的抒情诗》，李双志译，译林出版社 2010 年版，第 43 页。

至更长时间的中国，我们实际上并未在现实上遭遇技术发展所导致的现代性困境，相反，进步和革新的渴念才是主旋律，因此很难出现对波德莱尔象征诗学内核的真正回应，更多只是对表层技巧的学习。

张闻天的译文对波德莱尔美学观也做出了较为全面的介绍。波德莱尔的美学体系中最为独特之处就是对人造之物的推崇。在他看来，恶是前定的、不劳而成的，而美却要经由理智的思考和审慎的计算才能显露。正如史笃姆所言：

> 他开始就想证明"自然"在本性上是错误的，是恶毒的……一切美的与尊贵的东西是计算底结果。犯罪本是自然的，是天生的一种兴趣。道德却是人工的，超自然的。

这就背离了浪漫主义以自然为美的观念。从诗歌创作上看，波德莱尔的"人工论"充分强调了诗人的智识对诗歌的作用，诗歌诞生于精神的主动性和艰辛的艺术劳动，而非仰仗偶尔的、天赐的灵感。

因为翻译这篇文章，张闻天成为波德莱尔"现代性"概念在中国的最早引入者，他将其译作"近代性"。在《波特来耳研究》中，原作者史笃姆援引了波德莱尔关于"现代性"的著名论断："他是诗人中最是近代的，他说'近代性是艺术底一半'，其他一半是那些'永久的与不变的'东西。"这段话出自波德莱尔的《现代生活的画家》，更准确、流传更广的当代译文是："现代性就是过渡、短暂、偶然，就是艺术的一半，另一半是永恒和不变。"[①] 作为"发达资本主义时代的抒情诗人"，波德莱尔以"游荡者"的身份观察周遭，享受着"稠人广众中的孤独"。[②] 在他的诗歌中，我们既能够看到19世纪巴黎的都市面影，以及那些匆匆闪过的"当代"景观，也能捕捉到永恒的人性与无法消除的恶。换句话说，波德莱尔的现代性意味着在艺术中将当下性与永恒性结合起来。

波德莱尔的"现代性"概念是丰富的，如果从诗艺上看，它还意味着在诗歌中大量引入当代的、城市的景观，让那些被此前的艺术所排斥的丑陋之物和消极之物成为诗歌的素材："贫穷、堕落、邪恶、暗夜、人

---

① 〔法〕夏尔·波德莱尔：《美学珍玩》，郭宏安译，上海译文出版社2009年版，第369页。

② 〔德〕本雅明：《发达资本主义时代的抒情诗人》（修订译本），张旭东、魏文生译，张旭东校订，生活·读书·新知三联书店2014年版，第73页。

造物都提供了被当做诗来感受的刺激材料。这些材料包含着将诗歌创作引向新路的秘密。波德莱尔在大城市的废弃物中嗅到了一种神秘。他的抒情诗将这种神秘展示为磷火的闪光。"① 回到 20 世纪 20 年代的中国语境中看，波德莱尔的艺术"现代性"理论多少显得超前了，当时的社会发展阶段并不具备接受它的现实基础。

此外，血干译有《查理斯·鲍得来尔》②，该文连载于 1929 年《华严》的第 1 卷第 7 和第 8 期，原作者为 F. P. Sturm。这篇文章和前述的张闻天译文相近，都应是英国人弗兰克·皮尔斯·斯特姆所作。有论者③在著作中将该文的作者介绍为德国人，应是与德国作家施笃姆（Theodor Storm，1817—1888）混淆了。

2. 文学史著作

在这一时期，有不少法国文学史著作论及波德莱尔的诗学，这些著作有编著和翻译两类。耿济之译有托尔斯泰的《艺术论》，托尔斯泰对波德莱尔持有贬斥的态度，在他看来，波德莱尔的散文诗"形式笨拙，内容低陋"，其人生观上的"为己主义"更是令人生厌。④ 托尔斯泰从现实主义的艺术观出发，对波德莱尔持有相当负面的看法。这种看法在 20 世纪 40 年代至 70 年代末的波德莱尔接受中占据主导地位。

沈端先翻译了《欧洲近代文艺思潮论》，原作者本间久雄对波德莱尔持有较为正面的态度，他将波德莱尔称作"都市的儿子""巴黎叫喊地狱的诗人""陈诉胸奥间的悲哀而反叛人世的放浪者"⑤，充分肯定其对现代艺术的贡献。

王维克翻译的《法国文学史》⑥ 则较为特别。译者标注的原作者为

① 〔德〕胡戈·弗里德里希：《现代诗歌的结构：19 世纪中期至 20 世纪中期的抒情诗》，李双志译，译林出版社 2010 年版，第 29 页。

② F. P. Sturm：《查理斯·鲍得来尔》，血干译，《华严》第 1 卷第 7 期，1929 年 7 月 20 日；F. P. Sturm：《查理斯·鲍得来尔》（续），血干译，《华严》第 1 卷第 8 期，1929 年 8 月 20 日。

③ 张大明：《中国象征主义百年史》，河南大学出版社 2007 年版，第 153 页。

④ 〔俄〕托尔斯泰：《艺术论》，耿济之译，商务印书馆 1921 年版，第 130-131 页。

⑤ 〔日〕本间久雄：《欧洲近代文艺思潮论》，沈端先译，开明书店 1928 年版，第 298 页。

⑥ Het T. Pauthier：《法国文学史》，王维克译，泰东图书局 1924 年版。此处王维克标注的原作者有误。他翻译（更准确地说是译编）这部文学史所依据的底稿应是 H. Pauthier et J. Pauthier，*Notions d'histoire littéraire*，Paris：Colin，1928。

H et T. Pauthier，但据我们查找，实际上王维克所依据的底稿应该是 H. Pauthier et J. Pauthier 所编写的《文学史的概念》（*Notions d'histoire littéraire*）。比照原作，王维克的翻译与原文有不小差距。译文中关于波德莱尔的论述存在讹误，特别是在波德莱尔与象征主义的关系问题上存在较多的错误与前后不一致之处。这些误差并不能归咎于他所依据的底本，其成因是译者的理解与重写，即译文实际上是王维克本人融合了自身的知识背景和文学史判断的"编译"。

李璜编有《法国文学史》，该书介绍了法国 19 世纪下半叶的诗歌发展历程，在涉及象征主义和波德莱尔的论述时，他纠正了自己此前在《法兰西诗之格律及其解放》中的许多错误。[1]

黄忏华在《近代文学思潮》的第二编的第三章"颓废派底艺术和象征主义"中，认为波德莱尔和马拉美（文中称"马拉尔墨"）、魏尔伦（文中称"惠而连"）、莫雷亚斯（文中称"莫勒亚斯"）等诗人同归于"颓废派的象征派"[2]，这是一个典型误差，即将不同代际的诗人划入自行合并的、并不存在的流派。

郑振铎编写的《文学大纲》对波德莱尔做出了较为准确的评价。郑振铎看重波德莱尔诗歌的现代特质，他认为波德莱尔在"思想的颓废与诡异，他的完全表现出他自己，表现出自己的灵魂来的几点上，则又开了后来象征派的先声"[3]。

张资平编著有《欧洲文艺史纲》，他将波德莱尔视作最具有近代精神的诗人。在他看来，波德莱尔既如同浪漫主义者一样追求美之事物，又能从美中看到丑的潜伏，"他的诗是绝望了的不健全的作品，很强烈的把人世之丑恶歌唱出来。他用由求美及善而不可得的苦恼而生的自暴自弃的反语的（Ironical）调子而歌唱。……他的诗又为象征主义的先驱，把当时的情热的诗引导至神经的诗，情调的诗方面去"[4]。

通过梳理波德莱尔的早期译介文献我们可以看到，对这位法国诗人的早期接受是丰富而驳杂的。从作品上说，从他的主要作品《恶之花》

---

① 李璜编《法国文学史》，中华书局 1923 年版。
② 黄忏华编《近代文学思潮》，商务印书馆 1924 年版，第 100 页。
③ 郑振铎：《文学大纲》，商务印书馆 1927 年版，第 1670 页。
④ 张资平：《欧洲文艺史纲》，联合书店 1929 年版，第 173-174 页。

《巴黎的忧郁》到他写给母亲的书信，都已被译者所注意到，译介波德
莱尔作品的核心诉求是为新文学寻找可资借鉴的诗学、美学资源。从评
介上说，虽然这些早期的阐释在波德莱尔的文学史定位上有诸多偏误，
但是其主要的诗学面向已得到较为充分的介绍，包括审"丑"和审
"恶"的美学特征、对人造之物的推崇、现代性的概念、寻求恶中之美
的现代诗学手法等。一方面，这些早期的译介预示着其后百年间波德莱
尔中国接受的基本面向；另一方面，早期接受中那些或出于有意或出于
无意的误差影响了三四十年代乃至当下的学术研究，对这些错误认识之
成因的追索也成为有意义的话题。

二　《少年中国》与波德莱尔早期接受歧义的生成

在周作人于 1919 年的《小河》自序中初次提及"法国的波特莱
尔"① 之后，这位以《恶之花》和《巴黎的忧郁》对法国诗歌的内容与
形式均影响甚远的诗人便获得了持久译介，说他是国人最为熟知的 19 世
纪法国诗人也毫不为过。然而，一个奇特的现象是，在中国的接受语境
中，波德莱尔常被贴上与源语境不同的"标签"：在法国文学史的脉络
里，波德莱尔与象征主义的关系本无须赘言，② 他被在他去世后方才兴
起的象征主义运动追认为先驱，而他本人却不曾亦不可能成为象征主义
者。而在中国新文学的创作者和研究者那里，波德莱尔与象征主义者之
间的等号关系却几乎是"常识"，甚而形成了一种不可撼动的思维定式，
围绕着这一核心歧义，波德莱尔与浪漫派、颓废派、恶魔主义等诸多思
潮流派之间的关系亦含混不清，这就让人不能不追索歧义缘何而起。

在波德莱尔的早期接受中，《少年中国》杂志具有标志性意义，它

---

① 　周作人：《小河》，《新青年》第 6 卷第 2 号，1919 年 2 月 15 日。
② 　可参见四本著名文学词典中的"象征主义"词条：米歇尔·雅莱蒂主编的《文学术语小
　　词典》（*Lexique des termes littéraires*，Paris：Librairie Générale Française，2011）与《从波
　　德莱尔至今的诗学词典》（*Dictionnaire de Poésie de Baudelaire à nos jours*，Paris：Presses
　　Universitaires de France，2001）；保尔·阿隆、德尼·圣-雅克、阿兰·维亚拉主编的
　　《文学词典》（*Le dictionnaire du littéraire*，Paris：Presses Universitaires de France，2009）；
　　阿兰·维尔默与奥黛特·维尔默撰写的《1870—2010 年艺术与文学运动词典》（*Dic-
　　tionnaire des mouvements artistiques et littéraires 1870-2010. Groupes，courants，pôles，foyers*，
　　Paris：Éditions du Félin，2012）。相应翻译见本书附录。

是波德莱尔早期接受歧义的最集中体现。这一方面因其影响之大与介绍之早，另一方面则因它对法国诗歌关注之密切，正如金丝燕所言："当时没有任何一家期刊能如《少年中国》那样给予法国诗歌，法国象征主义诗歌以极大的重视。"① 而在这种"重视"中，波德莱尔这位曾以全新的美学眼光打开现代性世界的诗人无疑是"重中之重"。更为重要的是，如若以"后见之明"视之，则其后近百年间波德莱尔中国接受中的歧义样态均可在《少年中国》里找到最初的"样本"，因此，对它的剖析便成为一把索解的钥匙。我们试图从比较诗学的视野探寻《少年中国》与波德莱尔早期接受歧义之关系。

在《少年中国》中，与波德莱尔接受歧义相关的论述者首推周无。作为少年中国学会巴黎分社的书记，周无是《少年中国》杂志的高频撰稿人，虽后攻生物学，但在1919年留法的最初岁月里，他对法国诗歌颇有兴趣，介绍与翻译并举。在《法兰西近世文学的趋势》中，周无将法国文学之繁盛归因于情感、想象、思维的发达，学术的昌明与思想的自由。他意识到论述的困境：若以派别分述19世纪法国文学则过于笼统，不如以名家名作来勾勒多彩的文学画卷。然而介绍重要的特别是彼时国人所感兴趣的流派又不可或缺，因此他采取"两结合"的折中做法。

为完整展现文学流派的演进史，在介绍象征主义之前，周无详述了19世纪下半叶自然主义面临的挑战："但在他极盛时代，已有了甚多的劲敌。其中的代表便推布尔惹② Bourget。及到毛巴桑死后，法郎士随后的彩色，又渐倾向在象征主义 Symbolism③。后起的健者无人，于是自然主义遂不能支持抨击者的力量，因而至于崩坏。"④ 在他看来，自然主义崩坏的根源一是"内忧"，即擅长精确书写机械的人生，却对个体心灵状态关注不足；二是"外患"，即反对派的抨击。在这"内忧外患"导致的自然主义衰落后，法国文学萌生新趋势："因为一般人的信仰受了反动的趋迫，多半都逃在象征主义的中间。因此象征主义，便要想借自来

---

① 金丝燕：《文学接受与文化过滤：中国对法国象征主义诗歌的接受》，中国人民大学出版社1994年版，第127页。
② 即布尔杰。
③ 原文误，应为 Symbolisme。
④ 周无：《法兰西近世文学的趋势》，《少年中国》第2卷第4期，1920年10月15日。

巴尔那司 Parnasse 派①在法国的势力和外国文学的援助，要想继起称霸。但是完全没有成功。还惹起很多新派的讥评。"② 当论述的步伐走进 20 世纪初时，周无颇为推崇新古典主义运动，并介绍了其间一部以象征主义为研究对象的著作，这一评介也在客观上成为波德莱尔中国接受的早期文献：

> 亚弗野波萨君 Alfred Poizat 便是现在新古典主义运动者中的健将。他于今春出了一部书，名叫《象征主义》，他这部书是从波得乃尔 Baudelaire 一直论到古罗德尔 Glaudel③。他这书的目的，是要说明象征主义的变迁，归结到新古典主义。现在新古典主义还不成派别。在法兰西文学界上，尚无相当的敬礼。但波萨此书出后，便很引起人的注意。④

> 波萨因为他的主义与象征派有密切的关系。所以他论象征主义的地方，要算最详最切实了。他在这部书中，又说象征主义何以会在法国文学史上崛起？都因为自来有所谓定命论 fatalisme 苦行主义 Jansenisme⑤ 和必然论的哲学 Philosophie du des in⑥ 都是残破和漫衰了法兰西最优美高尚的灵魂；和文学中最美的作品。这一种束缚，一直传到了维嶷 Vigny 和波得乃尔方才真正的解放了⑦。这便是象征主义的崛起。⑧

周无介绍阿尔弗雷德·普瓦扎出版于 1919 年的著作《象征主义：从

---

① 即帕尔纳斯派。
② 周无：《法兰西近世文学的趋势》，《少年中国》第 2 卷第 4 期，1920 年 10 月 15 日。
③ 经我们查找，周无所引之书应为 Alfred Poizat, *Le symbolisme: de Baudelaire à Claudel*, Paris：La Renaissance du Livre, 1919。因此周无所称的"古罗德尔 Glaudel"均为"Claudel"的笔误，即克洛岱尔。
④ 周无：《法兰西近世文学的趋势》，《少年中国》第 2 卷第 4 期，1920 年 10 月 15 日。
⑤ 原文误，应为 Jansénisme。
⑥ 原文误，应为 Philosophie du destin。
⑦ 此处的论述不够确切。维尼是浪漫主义诗人，雨果的同时代人，而波德莱尔则属于后一辈诗人，与维尼之间有二十年左右的代际差别。而无论是维尼还是波德莱尔，在象征主义真正"崛起"之时都已去世，可以视作先驱，而与这一"崛起"本身并无直接联系。
⑧ 周无：《法兰西近世文学的趋势》，《少年中国》第 2 卷第 4 期，1920 年 10 月 15 日。

波德莱尔到克洛岱尔》，并说此书"是从波得乃尔一直论到古罗德尔"，这原本不错，但这一简要的论述却使当时的读者及后世的学人产生了一个误会，即以为波德莱尔是象征主义的开山祖师与代表人物。然而原书绪论的结尾处，普瓦扎其实非常明确地写道：

> 帕尔纳斯派自以为使诗固定了下来。这其实是暴露了他们打算止于对细节的关注以及他们的眼界绝不会超出他们的工作台。这种精神格局尤其表明了一种懈怠。事实上，他们私下里真正担心的问题是喜于他们自身的完美而为以后的诗人们感到绝望，以及迫使他们的后继者们把他们视为大师。事实上，在他们的道路上已经没有任何可以拾取的东西了。他们逼迫后继者们去以一种激烈的方式开启一条新的道路。一些人正是基于这样一种必要性通过不断的努力思索催生了象征主义，而我们现在作为开篇将首先谈论其强力而高傲的预言者波德莱尔。①

因此，在普瓦扎这本著作的构架中，波德莱尔并不是作为象征主义的代表人物而是作为其先驱者被加以介绍的。普瓦扎虽确如周无所说，从波德莱尔一直论述到克洛岱尔，中间还详述了马拉美和魏尔伦，但在普瓦扎那里，这些诗人在象征主义运动中的身份是有差异的。而对于这一点，周无在文章中却并未点明，只是将上述诗人毫无差序地罗列于"象征主义"词条之下，在客观上给读者造成了一种波德莱尔为"象征主义"运动之一员的错误印象。

诚然，周无的重点并非专论波德莱尔，因而一笔带过，未提普瓦扎在书中对波德莱尔作为象征主义预言者和先驱者地位的详述，至多只能算是不够明晰与严谨的无心之失，并不能称为学理"错误"。但后世学人在周无论述的基础上加以阐释和发挥，继而把波德莱尔理解成法国象征主义运动的代表人物，并认为周无的这篇文章以及其中提到的普瓦扎的著作可以作为佐证（而从未对普瓦扎的原书进行查阅），则完全是一种误解。

---

① Alfred Poizat, *Le symbolisme: de Baudelaire à Claudel*, Paris: La Renaissance du Livre, 1919, p. 41. 这与周无在法国阅读到的应为同一版本。

继周无之后，李璜的《法兰西诗之格律及其解放》亦涉及波德莱尔的接受问题。这篇标注了"巴黎少年中国学会星期谈话会稿"的文章似有讨论与意见汇总的性质，作者依照时间的演进，追索法国诗歌从自由诗走入格律，复又从格律中解放出来的历史。关于象征派，李璜说道：

> 我们知道巴那斯派全盛时代便发生了象征派（Symbolisme）。象征派的发起人波得乃尔（Bodelaire ①1821—1867）和威尔乃仑（Verlaine 1844—1896）起初都以巴那斯派知名于世。后因他两人的性情都狠奇僻，不能为一派范围所拘，才另创出象征派来，也就是因为他们两人的奇僻性情，法兰西诗的格律才大大解放。所以我们谭格律解放之先，略谭谭他们俩的性情。②

需要指出的是，虽然 1866 年《当代帕纳斯杂志》第 1 卷收录了波德莱尔和魏尔伦的诗，但与戈蒂耶、勒贡特·德·李勒等所不同的是，波德莱尔和魏尔伦从未自认是帕尔纳斯派，这段经历对他们而言，仅仅是诗歌创作的一个时期。而李璜所谓的他们"不能为一派范围所拘，才另创出象征派来"并不准确。

而更严重的错误则是将波德莱尔指认为"象征派的发起人"，意即最为重要的参与者。须知法国象征派的兴起是在 19 世纪 80 年代，确切的时间坐标是莫雷亚斯发表《象征主义宣言》的 1886 年，而此时距波德莱尔的离世（1867 年）已有近二十年的时光，波德莱尔不可能去开创"身后"的流派，他只是被象征派的发起者莫雷亚斯追认为精神导师。③波德莱尔与象征派的关系本是非常清晰的，在莫雷亚斯的宣言中早已得到清晰表述：

> 艺术的发展提供了一种极度复杂的发散性的周期循环特点，因

---

① 原文误，应为 Baudelaire。
② 李璜：《法兰西诗之格律及其解放》，《少年中国》第 2 卷第 12 期，1921 年 6 月 15 日。
③ 同样地，魏尔伦也并不是象征派的发起者，在莫雷亚斯的《象征主义宣言》中，魏尔伦也属于他所追溯的文学导师的行列，虽然魏尔伦无意在象征派中占据领导位置，但是确实又和象征派有很大的关联，将他作为象征派诗人是可以接受的。

此，要想追踪这个新流派确切的血统，就必须追溯到阿尔弗雷·德·维尼的某些诗作，追溯到莎士比亚，追溯到更远古的神秘主义。这类问题需要一整卷的篇幅去做注释。我们说夏尔·波德莱尔必须被看作当下这场运动真正的先驱（véritable précurseur），斯蒂凡·马拉美先生对神秘与不可言喻的感受进行了分类，保尔·魏尔伦先生以他的荣光打碎了韵诗残酷的枷锁，泰奥多尔·德·邦维尔先生那神奇的手指曾经让这枷锁软化过。但是那至高的魅惑尚未被饮用：一个顽强而满含渴望的苦役者正在煽动着新的来者。[①]

莫雷亚斯将已逝的波德莱尔奉为象征主义"真正的先驱"，依然健在的马拉美和魏尔伦则是现实中的导师。对于这些活跃于 19 世纪末的年轻诗人和作家来说，二十多年前便已经去世的波德莱尔虽然不似莎士比亚那般遥远，但早已成为记忆中的珍贵遗产，他们继承并发扬了波德莱尔诗学中的一部分内容，并因此将他尊奉为"先驱"。另一位象征主义运动的参与者恩内斯特·莱诺也形容莫雷亚斯"身处波德莱尔的帝国之中"[②]。可以说，在法国文学史学者的叙述中，波德莱尔与象征主义的关系是明确的。从 19 世纪末至 20 世纪初的研究开始，波德莱尔就被明确地表述为象征主义的先驱人物，这方面的论著汗牛充栋，我们在此仅列举一本在国内因片段转引而以讹传讹，被作为波德莱尔是象征主义者之证明的《象征主义：1885 年到 1990 年的法国诗歌运动历史随笔》为例，巴尔将"象征主义"明确界定为 1885 年前后开始的诗歌运动，并对其灵感来源做出剖析，关于波德莱尔，巴尔说道：

> 一道新的光线，从圣伯夫那里发出，经巴尔扎克加强，并由热拉尔·德·奈瓦尔汇聚，终于让这颗原创性的诗歌胚芽得以受孕。波德莱尔对前象征主义者们的倾向加以概括，并且在其中发现了一种全新的美学原则。从波德莱尔身上象征主义者得到的不再是一个

---

①　Jean Moréas, *Les premières armes du symbolisme*, texte présenté et annoté par Michael Pakenham, Exeter: University of Exeter, 1973, p. 31.

②　Ernest Raynaud, *Jean Moréas et les "Stances"*, Paris: Société française d'éditions littéraires et techniques, 1929, p. 60.

遥远的祖先，而是一位父亲。①

巴尔的这一说法与莫雷亚斯等象征主义诗歌运动参与者们的认识是一致的。类似的提法还有很多，不但被研究象征主义的专著普遍使用，而且从 20 世纪初直到当下的法国文学史也都与此口径一致。因此，波德莱尔作为象征主义之先驱而非象征主义者的文学史地位已为公论。

再回到李璜的论述中，如果说对波德莱尔"象征派的发起人"的错误指认形成了一个影响至今的接受错误的话，那么他对这位法国诗人形象、气质、喜好的描述则构建了一个虽不全面但十分鲜明的波德莱尔"中国肖像"：

> 波得乃尔面色怆白，眼眶甚深，貌恭而缓，随时显出留心的样子。少年时便想事事出奇，语语惊人：众人爱自然的美，他偏喜人工的美。众人以风和日暖为乐，他以暴风雷雨为快，众人好女子取其眉目身材。他好女子并不问眉目身材，随便一个肥丑妇人，只要大红大绿着一身，胭脂墨粉涂一脸，波得乃尔便称为极美。……有人说波得乃尔有神经病，但是看他的诗都有至理。不过所歌咏的特别与众不同：风雨之夜，死人之尸，苍蝇之声，肥丑之妇都常见于他的诗里。他有本名著叫《罪恶之花》（*Les Fleurs de mal*②）内中言他的心中的厌烦自私和死的悬想，令人读之不快。因此都称他叫危险诗人（poète malsain）。③

李璜笔下的波德莱尔苍白而多思虑，爱与常人唱反调，"风雨之夜，死人之尸，苍蝇之声，肥丑之妇"的十六字概括成为后世论波德莱尔作品时的经典性"定评"。在这一"定评"中，波德莱尔作品所具有的在"丑"和"恶"两个向度上的开掘，更多地被简化和集中在"丑"这个向度上，特别是"以丑为美"的原则被当成了波德莱尔的独创，而这其实是

---

① André Barre, *Le symbolisme: essai historique sur le mouvement poétique en France de 1885 à 1900*, Tome I, Genève：Slatkine, 1993, réimpression de l'édition de Paris, 1912, p. 58.

② 原文错误，应为 *Les fleurs du mal*。

③ 李璜：《法兰西诗之格律及其解放》，《少年中国》第 2 卷第 12 期，1921 年 6 月 15 日。

从浪漫派那里继承和改造的这一点却未能被注意：浪漫主义诗人认为诗歌能够且必须表达万事万物，包括"丑""缺陷"这类被古典主义认为不合适或不恰当的话题。正如雨果在《〈克伦威尔〉序言》中所宣称的那样，那种被人们称为"丑"的事物，实则"是被我们忽视的伟大整体的细部内容，它不与人和谐一致，而是与万事万物和谐一致"，因此"是时候让每一位有识之士来把握住这条频繁连接被我们任性地称为'缺陷'和我们视作'美'的东西之间的纽带了"。① 而从对波德莱尔的美学向度接受的片面性与断裂性中，我们可以看到，在雨果的译介早已开始的 20 世纪 20 年代，尽管李璜在理论上清楚法国 19 世纪诗歌史的流派更迭，但是在具体的论述上，他尚未全面考虑流派之间的连续性，或者是仅仅考虑后一种流派对前一种流派的反拨，而继承的那一面则被忽略了。

与此同时，在这一时期的法国诗歌译介中，人们更偏重的是作品翻译，思潮流派的介绍常常具有"译抄"的性质，缺乏对法国的文学研究及理论著作的直接翻译与辩证审视。正如黄仲苏所意识到的那样，对于外国诗歌之介绍，不仅要有译诗，还应该有对流派、主义、诗家、观念，以及其本国批评成果的全面研究，以"放大我们对于诗的眼光，提高我们对于诗的概念"②。也因为上述方法论缺陷与视野限制，波德莱尔的诗学常被描述为具有一种横空出世的决绝姿态，这种对具体时空中前后文学流派连贯性的忽略，也成为波德莱尔早期译介歧义产生的重要原因。

待到编纂《法国文学史》时，李璜意识到此前的错误，在对法国 19 世纪下半叶的诗歌的论述中，他将"容貌古怪，性情奇特""见美女便思及骷髅，心中时为厌恶所充满"的波德莱尔置于"写实主义的诗歌——巴尔那斯派③"一节中，并将其视作帕尔纳斯派的先觉者之一，认为波德莱

① Victor Hugo, *Théâtre complet* I , préface par Roland Purnal, édition établie et annotée par J. -J. Thierry et Josette Mélèze, bibliothèque de la pléiade, Paris：Gallimard, 1963, p.421.
② 黄仲苏：《一八二〇年以来法国抒情诗之一斑》，《少年中国》第 3 卷第 3 期，1921 年 10 月 1 日。黄仲苏准确地抓住了 1820 年这个法国诗歌变动的时间节点，其论述翔实严谨，并对法国研究者的文献做出了精到的梳理和辨析。遗憾的是，在介绍完浪漫派后，他并未将这篇注明"未完"的文章继续写下去，该文因而成为断章。
③ 即前文所述之帕尔纳斯派。

尔"能超乎罗曼主义之外,为 19 世纪下半期法国文学界另一条新路子"。[①]
在介绍象征派的代表人物时,也并未如此前的文章那样将波德莱尔强行
拉入:"除威尔乃仑[②]、马拉尔麦[③]、居斯达弗康[④]和尔朗博[⑤]诸首领外,
一时推为象征派的健将要算拉弗尔克[⑥]、沙曼(Samain)、罗登罢赤[⑦]
(Rodenbach)、威那尔汗[⑧](Verhaeren)和亨利得而乃业[⑨](Henri de
Régnier)。"[⑩] 可以说,李璜对于自己在《少年中国》上的论述错误做出
了适时修正。然而,就波德莱尔的中国接受而言,误读却仍在继续。

在波德莱尔的早期接受中,田汉的《恶魔诗人波陀雷尔的百年祭》
可谓用力最深的专论之一,这篇连载于《少年中国》第 3 卷第 4 和第 5
期的长文涉及"神与恶魔""波陀雷尔的生涯""波陀雷尔的特色""波
陀雷尔的主义""艺术家的宗教"五部分。与周无、李璜之文以译介为
目的的客观性写作不同,田汉对波德莱尔的关注源于内在的心灵困境,
因此行文呈现出强烈的个人性和情感性。他从自身的兴趣点出发,将
"恶魔的"作为描述波德莱尔人格与艺术的关键词,对波德莱尔在法国
19 世纪文学史上的位置做出如下界定:

> 论及波陀雷尔在文艺史上的位置者,莫不日他是法国十九世纪
> 罗曼主义的殿将,象征主义的先锋,实际上法国的魏尔论也,德国
> 的德美尔也,英国的斯永本易慈也,近代的象征诗人鲜有不汲波陀
> 雷尔之流者。象征诗者把自己的神经上所起的情调借朦胧的符号
> (文字)传之于人,使之起同一情调之诗之谓也。波陀雷尔之得为

---

① 李璜编《法国文学史》,中华书局 1923 年版,第 167-168 页。
② 今通译魏尔伦。
③ 今通译马拉美。
④ 今通译古斯塔夫·坎恩。
⑤ 今通译兰波。
⑥ 今通译拉弗格。
⑦ 今通译罗登巴赫。
⑧ 今通译维尔哈伦。
⑨ 今通译亨利·德·谢尼耶。
⑩ 李璜编《法国文学史》,中华书局 1923 年版,第 241 页。

象征诗人，固当盛谢他之为敏锐的神经之所有者。①

　　在此，田汉认为波德莱尔与后期浪漫派相关，鉴于少年波德莱尔所身处的时代，"罗曼主义的殿将"的评价是准确的。而在波德莱尔与象征派的关系上，田汉的说法有"象征主义的先锋""近代的象征诗人鲜有不汲波陀雷尔之流者""象征诗人"，然而，这三种说法其实是不同的，也就是说，波德莱尔究竟是象征主义的先驱还是象征派诗人，他究竟是给象征派以启迪还是身处流派之中并实际参与，在田汉的言辞中是不加区分的。在介绍《通感》（Correspondance）时，田汉"此诗便成了后来象征诗的推轮，很有历史的价值"②的断语透露的波德莱尔与象征派的关系，其实也是先驱和启示者。也就是说，田汉将不同时间关系的文学史"标签"同时粘贴在波德莱尔身上，杂糅成了一种波德莱尔既是象征主义的先驱又实际参与了象征派运动的歧义性表述。而这种杂糅乃至嫁接在"醴卡妕象征主义"的概念上表现得最为典型：

　　　　这一种情调，姑无论其为病的与否，总而言之为欲研究"近代主义"Mordernisme③的，尤以欲研究近代"醴卡妕象征主义"Decadent Symbolism④的所不可不知。盖此派文学或谓之神经质的文学，此派的文人太都神经敏锐，官能纤利的人。同一音也，在他们的耳中或异于常音。同一色也，在他们的眼中或幻为他色。⑤
　　　　波陀雷尔为法国罗曼主义的殿将，而其使命不终罗曼主义，进

---

①　田汉：《恶魔诗人波陀雷尔的百年祭》（续），《少年中国》第 3 卷第 5 期，1921 年 12 月 1 日。

②　田汉：《恶魔诗人波陀雷尔的百年祭》（续），《少年中国》第 3 卷第 5 期，1921 年 12 月 1 日。

③　原文错误，应为 Modernisme。

④　此处田汉使用了英文标注，法文为 Décadent Symbolisme。他的长文在涉及法国文学史名词的外语标注时，频繁地出现在同一段落或者同一个句子中，忽而使用法语名称，忽而使用英语名称的现象，数量上前者多于后者，且无论是哪种语言都出现较多错误。这本身并不重要，但是似乎可以推断田汉写作文章时的知识来源，以及文章可能具有某种译抄、拼贴的性质。事实上，在这一时期的介绍文章中，这是一种常见的现象。

⑤　田汉：《恶魔诗人波陀雷尔的百年祭》（续），《少年中国》第 3 卷第 5 期，1921 年 12 月 1 日。

而为醴卡妩主义和象征主义的先驱，以此而其狞然成恶魔主义的泰山北斗者亦以此。①

　　可以看到，除了前文已述的"罗曼主义的殿将"外，田汉又给波德莱尔贴上了"醴卡妩象征主义"的先驱、象征主义的先驱、恶魔主义的领袖这三重暗含时间递进关系的"标签"。那么何谓"醴卡妩象征主义"？田汉显然认为它并不等同于"象征主义"。然而，在法国文学史中，并不存在一个名叫"醴卡妩象征主义"的流派，它并非专有名词。从田汉的外文标注来看，他将"颓废的"一词与"象征派"合为一个新名词：颓废的象征主义。可事实上，也并不存在一个时间早于象征主义却又独立于象征主义的"颓废的象征主义"，田汉所指的其实是略早于象征派的颓废派。

　　"颓废派"一词来自批评家保尔·布尔德 1885 年 8 月 6 日发表于《时代》的《颓废派诗人》一文，用以评述 1884 年至 1885 年集中出现的"颓废"风格的作品，如于斯曼的《逆反》、埃莱米尔·布尔热的《诸神的黄昏》、约瑟夫·佩拉唐的《至高的罪恶》等，布尔德用讥讽的言辞勾勒出了他眼中的颓废派谱系：波德莱尔是这个派别的"直系父亲"（père direct），魏尔伦和马拉美是其"两大支柱"，莫雷亚斯、泰拉德等更年轻的一辈为枝叶。② 当布尔德的批判招致新锐诗人群体激烈围攻时，莫雷亚斯迅即于五日后（8 月 11 日）发表檄文《颓废派》展开论战，这两篇标志性文本最终被收入其 1889 年编纂的象征主义运动重要文献《象征主义的最初武器》中；而巴茹则以连续撰文参与论争，更在 1887 年推出专著《颓废诗派》，全面梳理该流派的师承谱系与创作突破。也正是通过这一场论战，"颓废派"的文学创作开始为大众所知。他们在文学上将波德莱尔视为祖师，遵循着波德莱尔所开创的"颓废"风格，有意无意地模仿波德莱尔的生活方式和创作手法。

　　而颓废派与象征派的关系则颇为错综复杂，莫雷亚斯在他的《颓废

① 田汉：《恶魔诗人波陀雷尔的百年祭》（续），《少年中国》第 3 卷第 5 期，1921 年 12 月 1 日。

② Paul Bourde, *Les Poète Décadent*, comp. Jean Moréas, *Les premières armes du symbolisme*, texte présenté et annoté par Michael Pakenham, Exeter: University of Exeter, 1973, p. 14.

派》中一方面毫无惧色地回应布尔德的讽刺，称自己正是那被讥讽的"颓废派"，另一方面提出了一个他认为更为合适的词语，"颓废派——既然批评家给人贴标签的癖好是不可救药的，可以更确切地把他们称为'象征派'"①。1886 年 9 月 18 日，"象征主义"作为正式术语被提出。若追溯这一线索，该流派似可视为"颓废派"诗学嬗变之产物。然而，就文学风格观之，二者实则存在显著分野："颓废派"擅长以讽刺、哀婉或暴烈的笔触描绘阴郁绝望的欲望世界，其间淫靡与精雅并存；"象征派"则致力于通过象征体系暗示不可言说的终极真实，纵然亦充斥病态意象与末世哀愁，其内核却是对内在宇宙奥秘与形上理念的传达。两派虽互有交集，美学诉求却泾渭分明。亲历者古斯塔夫·凯恩曾指出，在 1885 年间，颓废派声势浩大，象征派尚处潜流。"我们谈论象征，却未铸就'象征主义'之名，二者本质迥异。"② 正如让-尼古拉·伊鲁兹所言，象征主义恰是通过与颓废派的美学对抗，方确立自身作为文艺"先锋派"的独立品格。

从上述"颓废派"的界定及其与"象征派"的关系考察上可以看出，田汉的"醴卡妩象征主义"实际上是他自己的一种概念再造，尽管无论是"颓废派"还是"象征派"在将波德莱尔奉为先驱这一点上是一致的，但两个派别之间实际是大相径庭的，并不能合二为一。

而田汉在最后所提到的恶魔主义则是一个在浪漫主义的大背景下与波德莱尔有关的小风潮，波德莱尔本人将其称为"浪漫主义的分支"③。相比浪漫主义，恶魔主义在文学史中并不指向某个特定的文学流派，而是指一批作家对一个共同主题——"撒旦"以及由此引申出的诸多话题产生的特殊关注和书写，由于其主题的特殊性形成了一种独特的文学类型。在恶魔主义文学中，撒旦被视为反抗英雄加以褒扬，他对不公正的社会、虚伪的道德与堕落的宗教所进行的英勇抗争得到了全方位的歌颂，撒旦所代表的"恶"在文学中被重新追问和定义。雨果在《〈克伦威尔〉

---

①　Jean Moréas, *Les premières armes du symbolisme*, texte présenté et annoté par Michael Pakenham, Exeter: University of Exeter, 1973, p.30.

②　Gustave Kahn, *Symbolistes et décadents*, Genève: Slatkine, 1993, réimpression de l'édition de Paris, 1902, pp.33-34.

③　Charles Baudelaire, *Œuvres complètes* Ⅱ, texte établi, présenté et annoté par Claude Pichois, bibliothèque de la pléiade, Paris: Gallimard, 1976, p.531.

序言》中聚焦"审丑"的美学重构，恶魔主义则致力于"审恶"的价值重估，二者共同构筑了《恶之花》的核心思想谱系。这一文学思潮既深度参与了法国浪漫主义对自由精神的追寻，更直接滋养了波德莱尔的美学革命。曾有法国学者如此评论道，"恶魔主义在法国是浪漫主义的重要战利品之一，不仅因为它对充满反抗性或者追求独特性的有识之士有所助益，而且因为它在想象力的领域中维护了一种对夜的好奇以及奥秘和深渊的魅力。维尼、雨果、巴尔扎克、乔治·桑、缪塞等，从夏多布里昂到波德莱尔的一切人都被撒旦所缠绕"①。因此，对于波德莱尔而言，这四重标签的先后顺序并非田汉所描述的那样，恶魔主义反而应该是与浪漫主义同时期的，它们共同构成了波德莱尔的复杂面向，进而成为后来的颓废派和象征派的先声。及今观之，田汉的概念杂糅与再造流传甚远，常被研究者所认可并不加辨析地使用，却甚少得到基于法国文学史事实的反思。在不少研究论述中，上述诸种概念边界模糊、互相重叠，由此也可见出波德莱尔早期接受歧义延续至今的影响。

　　在波德莱尔的早期接受中也并不缺乏正确的声音，如《小说月报》上刘延陵的《十九世纪法国文学概观》描述了法国 19 世纪下半叶的诗歌从浪漫派到帕尔纳斯派再到象征派萌发的过程，他将波德莱尔、魏尔伦、马拉美并置为"象征主义底始祖"②，其论述的准确性和严谨性远远高出周无、李璜、田汉的文章。君彦的《法国近代诗概观》认为波德莱尔的《通感》"把象征派的理论说出了一部分"，"但是和范冷③比较起来，波特来耳对于象征派的影响是很小的"④。这一时期关于波德莱尔较为准确的介绍还包括郑振铎的《文学大纲》（商务印书馆 1927 年版）、张资平的《欧洲文艺史纲》（联合书店 1929 年版）等。

　　然而，肇始于《少年中国》的歧义在其后的波德莱尔接受中延续了下来，其声势和影响都远远超过正确的声音。且为数不多的正确声音主要集中在专门的法国文学研究领域，这部分接受者与中国新文学的创作者、批评者互动甚少。而在新文学的创作者和批评者那里，"象征主义

①　René Jasinski, *Les années romantiques de Théophile Gautier*, Paris：Vuibert, 1929, p. 102.

②　刘延陵：《十九世纪法国文学概观》，《小说月报》第 15 卷号外，1924 年 4 月。

③　今通译魏尔伦。

④　君彦：《法国近代诗概观》，《小说月报》第 15 卷号外，1924 年 4 月。

者"波德莱尔的定位从 20 年代起始至 40 年代末已发展成"无可置疑"的公论，并对新文学的创作、发展以及时至今日该领域的研究都产生了深远的影响。这一方面可以见出《少年中国》中的早期接受在其后的误读"叠加"中起了作用，另一方面似也说明了某种接受心理和思维类型上的同一性。法国汉学家米歇尔·鲁瓦曾指责在 20 世纪上半叶的中国，许多诗人和学者"乐于将一些毫不相干的诗人称作象征主义者，例如魏尔伦，甚至波德莱尔"，他因此将中国诗歌的西化运动贬斥为"一种几乎从头到尾伪造的标签"。① 诚然，站在中国新文学主体性的立场上来看，中国文学在对法国文学的接受过程中，包含自身的特殊目的，即通过对"他山之石"的借鉴而"成为自己"，这一接受中不可避免地存在种种有意或无意的扭曲与误读，因此我们可以不接受米歇尔·鲁瓦对中国新诗的否定性判断，但她所指出的波德莱尔接受歧义，以及对这一衍生至今的误读不加甄别地进行使用，甚而构成新文学研究者们在接受波德莱尔、接受象征主义时的知识来源，这却是亟待澄清与纠正的。

三　徐志摩：音乐性的执迷及其悖论

卞之琳在《徐志摩选集·序》中评价说："徐志摩，严格说，不是学者。他涉猎很广，但是对哪个'面'或哪一个'点'也缺少钻研。他讲西方诗，特别是英国诗，应说是当行，讲起来也时有精彩的体会，却率多借题发挥，跑野马，有时候引了大段以至整篇原文，有时候加上译文，作为课堂讲义也不合规格。他讲法国象征派先驱波德莱尔固然有些隔靴搔痒，他讲英国浪漫派大家拜伦也废话太多，就是到后来讲哈代，也既不能成其为有分量的学术性论作，也不是有创见的印象式论评。"② 在《徐志摩诗重读志感》中又说："徐志摩是才气横溢的一路诗人。他给我们在课堂上讲英国浪漫派诗，特别是讲雪莱，眼睛朝着窗外，或者对着天花板，实在是自己在作诗，天马行空，天花乱坠，大概雪莱就是化在这

---

① Michelle Loi, *Roseaux sur le mur, les poètes occidentalistes chinois 1919–1949*, Paris: Galli-mard, 1971, pp. 181–182.

② 卞之琳：《徐志摩选集·序》，《卞之琳文集》（中卷），安徽教育出版社 2002 年版，第 316 页。

一片空气里了。"卞之琳的评价虽尖锐，确也道出了徐志摩解读西方现代诗时"诗人论诗"的特点。这一特点决定了徐志摩的很多判断绝非严谨、客观的文学史论或研究，而是根据自身的诗歌偏好率性而谈，有些时候与其说是在评论他人，不如说是在表达自己的诗学理念。因此，当我们面对徐志摩对波德莱尔的译介时，重要的不是判定其言辞是否准确，而是观察波德莱尔的哪些特质引起了徐志摩的兴趣，进而把握这种兴趣与其自身诗歌偏好的契合点，由此获得一个反观徐志摩诗歌世界的新角度。

作为在中西诗学世界中自由穿行的现代诗人，徐志摩对波德莱尔的诗歌不乏阅读与思考，他也是《恶之花》的早期中译者之一。徐志摩在1924年翻译了波德莱尔的诗歌《死尸》，并特别附有译前序，表达自己对波德莱尔诗歌的理解。在他看来，这首诗是《恶之花》中"最恶亦最奇艳的一朵不朽的花"[1]，他用显得有些浮夸的辞藻和语调评述波德莱尔的创作：

> 他诗的音调与色彩像是夕阳余烬里反射出来的青芒——辽远的，惨淡的，往下沉的。他不是夜鸮；更不是云雀；他的像是一只受伤的子规鲜血呕尽后的余音。他的栖息处却不是青林，更不是幽谷，他像是奇居在希腊古淫后克利内姆推司德拉圻裂的墓窟里，坟边长着一株尖刺的青蒲，从这叶镙里他望见梅圣里古狮子门上的落照。他又像是赤带上的一种毒草，长条的叶瓣像鳄鱼的尾巴，大朵的花像满开着的绸伞，他的臭味是奇毒的，但也是奇香的，你便让他醉死了也忘不了他那异味。[2]

徐志摩的评价充满切身感受，他对波德莱尔诗歌的听觉、视觉与嗅觉效果均有领略，并非如同卞之琳说的那般"隔靴搔痒"，他对波德莱尔诗歌如夕阳余烬之青芒、如子规啼血之余音的特点的敏锐把握，与波德莱尔试图捕捉夕阳之中垂死美感的诗学追求相当贴近。在诸多感觉之中，徐志摩最为看重的是波德莱尔诗歌的音乐性。他谦虚而幽默地给自己贴上"乡下人"的标签，说自己对波德莱尔的原诗能诵读却不解其意，但

---

① 徐志摩：《死尸》（附：菩特莱尔原诗译文），《语丝》1924年第3期，1924年12月1日。
② 徐志摩：《死尸》（附：菩特莱尔原诗译文），《语丝》1924年第3期，1924年12月1日。

即便如此，也不影响他领略其中的丰富声音："水边的虫叫，梁间的燕语，山壑里的水响，松林里的涛声——都只要你有耳朵听，你真能听时，这'听'便是'懂'。"他进而得出结论：

> 所以诗的真妙处不在他的字义里，却在他的不可捉摸的音节里；他刺戟著也不是你的皮肤（那本来就太粗太厚！）却是你自己一样不可捉摸的魂灵——像恋爱似的，两对唇皮的接触只是一个象征；真相接触的，真相结合的，是你们的魂灵。我虽则是乡下人，我可爱音乐，"真"的音乐……我不仅会听有音的乐，我也会听无音的乐（其实也有音就是你听不见）。我直认我是一个甘脆的 Mystic。为什么不？我深信宇宙的底质，人生的底质，一切有形的事物与无形的思想的底质——只是音乐，绝妙的音乐。天上的星，水里泅的乳白鸭，树林里冒的烟，朋友的信，战场上的炮，坟堆里的鬼磷，巷口那只石狮子，我昨夜的梦……无一不是音乐做成的，无一不是音乐。你就把我送进疯人院去，我还是咬定牙龈认账的。是的，都是音乐——庄周说的天籁地籁人籁；全是的。你听不着就该怨你自己的耳轮太笨，或是皮粗，别怨我。[1]

仔细体味这段话，我们可以提炼出以下三点。首先，徐志摩极其推崇诗歌的音乐性，甚至将其视为诗歌的"真妙处"，意即诗歌最重要的特质。其次，他区分了"有音的乐"与"无音的乐"。前者容易理解，即那些具有声音效果的押韵、重复等表达方式，那么"无音的乐"具体指什么？是否为郭沫若所言的用非格律的方式表现情绪的自然消长的"内在的韵律"（interinsic rhythm）[2]？最后，徐志摩认为"音乐"是宇宙、人生、一切有形与无形之物的"底质"，这就将诗歌的音乐性推到了本体论的高度。

对上述第二层意思，我们可以做进一步的探究。在《死尸》的译者

---

[1] 徐志摩：《死尸》（附：菩特莱尔原诗译文），《语丝》1924 年第 3 期，1924 年 12 月 1 日。

[2] 郭沫若认为"诗之精神在其内在的韵律，内在的韵律（或曰无形律）并不是什么平上去入，高下抑扬，强弱长短，宫商徵羽；也并不是什么双声叠韵，什么押在句中的韵文！这些都是外在的韵律或有形律。内在的韵律便是'情绪的自然消长'"。参见《论诗三札》，《时事新报·学灯》1921 年 1 月 15 日。

序中，徐志摩并未清晰地阐释究竟什么是"无音的乐"，只是提及了这个概念。在另一篇文章中，他对此做出了更清晰的描述：

> 明白了诗的生命是在它的内在的音节（internal rhythm）的道理，我们才能领会到诗的真的趣味；不论思想怎样高尚，情绪怎样热烈，你得拿来彻底的"音节化"（那就是诗化）才可以取得诗的认识，要不然思想自思想，情绪自情绪，却不能说是诗。①

如果比照更为人所熟知的郭沫若的"内在的韵律"，我们会发现徐志摩与郭沫若的定义是不同的。徐志摩的"内在的音节"仍然是格律化的，具有鲜明的声音特征。徐志摩对诗歌的音乐性的热烈推崇引起鲁迅的强烈反感，于是写《音乐?》一文加以调侃，这实际上涉及对现代诗歌本质特征判定的分歧。既然徐志摩将诗歌的音乐性提到了本体论的位置，我们不妨来看看他是如何理解波德莱尔《死尸》的音乐性的，又是如何将其在汉语译文中体现出来的。

　　法语原诗在音韵上的特点是鲜明而齐整的，波德莱尔使用了 ABAB 式的押韵，即每节的第 1 行和第 3 行押韵，第 2 行与第 4 行押韵。以第 1 节和第 2 节为例：

> Rappelez-vous l'objet que nous vîmes, mon âme,
>
> Ce beau matin d'été si doux：
>
> Au détour d'un sentier une charogne infâme
>
> Sur un lit semé de cailloux,
>
> Le jambes en l'air, comme une femme lubrique,
>
> Brûlante et suant les poisons,
>
> Ouvrait d'une façon nonchalante et cynique
>
> Son ventre plein d'exhalaisons. ②

---

① 徐志摩：《诗刊放假》，《晨报副刊·诗镌》第 11 号，1926 年 6 月 10 日。

② Charles Baudelaire, *Œuvres complètes* Ⅰ, texte établie, présenté et annoté par Claude Pichois, bibliothèque de la pléiade, Paris：Gallimard, 1975, p. 31.

上面的两节中 âme 与 infâme、doux 与 cailloux、lubrique 与 cynique、poisons 与 exhalaisons 押韵。同时在音步上，亚历山大体的 12 个音步（第 1 行与第 3 行）与 10 个音步（第 2 行与第 4 行）交错。这些音韵特征共同营造了一种规律的、回环的美感，也就是徐志摩所感觉到的那种不需理解含义，只需通过法语的规则拼读便能体会到的音乐性的来源。

　　徐志摩的译诗没有完全遵循原诗的音韵特点，而是做出了自己的解读，就如同他将诗歌的音乐性泛化为诗歌的全部属性，他的译诗也对押韵做出了比较夸张的处理。仍以第 1 节的译诗为例，徐志摩并不像戴望舒那样考究音步与汉字的对应，他在押韵的处理上显得简单粗暴：

<blockquote>
我爱，记得那一天好天气
你我在路旁见着那东西；
横躺在乱石与蔓草里，有
一具溃烂的尸体 。①
</blockquote>

而在其他的诗节的处理上，徐志摩要么一押到底，要么就干脆不押韵，因此形成了一种局部打油诗的滑稽感。由此，徐志摩对诗歌音乐性的理解与阐释同他的翻译实践之间形成了反差。一方面，他在理念上将诗歌的音乐性强调得无以复加；另一方面，他在译诗实践中并不能很好地处理声音的精微美感，而是做出了比较简单、笼统的处理，其声音效果类似于鲁迅《我的失恋》那样的戏仿之作。

　　从意象、内容与情感表达上来看，徐志摩的译诗与原诗有较大的出入，这可能与他从英语转译有关，而更直接的原因则是他有意识地选择了一些他所偏爱的词语与表达方式，从而达成了某种程度上的改写。我们可以将一节诗的法文原文、原文直译、徐志摩的翻译进行比照：

<blockquote>
Et le ciel regardait la carcasse superbe
Comme une fleur s'épanouir.
</blockquote>

---

① 徐志摩：《死尸》（附：菩特莱尔原诗译文），《语丝》1924 年第 3 期，1924 年 12 月 1 日。

La puanteur était si forte，que sur l'herbe

　　Vous crûtes vous évanouir. ①（原文）

天空看着绝妙的骨骼

如同一朵花盛开着。

恶臭是如此强烈

你觉得要昏厥在草地上。（直译）

青天微粲的俯看着这变态，

　　仿佛是眷注一茎向阳的朝卉；

那空气里却满是秽息，难堪，

　　多亏你不曾昏醉。②（徐译）

原诗中，腐尸被冠以"绝妙"这样令人意想不到的形容词，它如同盛开的花朵。极富美感与生命力的意象同极恶心衰朽之物联结，嗅觉上的刺激强烈到让人的意识险些丧失，这种写法既达成了各种感觉之间的联通，又体现了那种在恶与腐朽之中挖掘极致美感的意图。徐志摩在译诗中尽量地去降低意象之间的对比度，以减少死亡的残酷、腐败的冲击。一方面，他增加了原诗中所没有的温柔乐观，如"微粲""眷注""向阳的"这几个温情脉脉的词语；另一方面，他减轻了原诗中极致的恶感，熏天的尸臭减为难堪的"秽息"，感官受刺激下的昏厥感变为"昏醉"，而且还是"多亏你不曾"。《死尸》堪称波德莱尔"恶之花"美学的极致体现，在徐志摩的翻译中却被蒙上了浪漫主义的温情面纱。王佐良曾论及"诗人译诗"的特殊性："译诗是一种双向交流，译者既把自己写诗经验用于译诗，又从译诗中得到启发。"③ 从这种意义上说，对译诗的考察将有助于认识徐志摩自身的语言追求。

---

① Charles Baudelaire, *Œuvres complètes* Ⅰ, texte établie, présenté et annoté par Claude Pichois, bibliothèque de la pléiade, Paris：Gallimard, 1975, p. 31.

② 徐志摩：《死尸》（附：菩特莱尔原诗译文），《语丝》1924 年第 3 期，1924 年 12 月 1 日。

③ 王佐良：《译诗与写诗之间——读〈戴望舒译诗集〉》，《王佐良全集》第 8 卷，外语教学与研究出版社 2016 年版，第 487 页。

如果我们仔细检视徐志摩的全部诗歌创作，会发现在《再别康桥》这类为我们耳熟能详的柔美温情之作外，还有不少与波德莱尔《死尸》类似的阴暗、魔怪乃至怨毒之作。正如台湾学者刘正忠所揭示的那样："总括徐志摩诗歌创作的进程，可以说是，在华兹华斯的诗意基础上，加入从拜伦到波德莱尔的撒旦诗人精神。"[1] 换句话说，徐志摩对从负面经验中汲取诗意的现代诗学手段深有领会，他绝非仅有温情的浪漫歌者这一个面向，而"另一个徐志摩"尚未引起学界的足够关注。

徐志摩对波德莱尔的阅读和译介数量上并不算太多，但是从"质"上看却是相当全面而深入的。上文所分析的《女尸》是《恶之花》诗集中的篇目，在法语原文的形式上是较为严格的格律诗，因此声音特征明显。因此，徐志摩强调其中由格律规则产生的音乐性，带着"以声音为象征"[2] 的倾向。徐志摩还为波德莱尔的散文诗集《巴黎的忧郁》写下过评论。在发表于 1929 年《新月》杂志上的《波特莱的散文诗》中，徐志摩翻译、引用了《巴黎的忧郁》的序篇《给阿尔塞纳·胡赛》：

> 我们谁不曾，在志愿奢大的期间，梦想过一种诗的散文的奇迹，音乐的却没有节奏与韵，敏锐而脆响，正足以迹象性灵的抒情的动荡，沉思的纤细的轮廓，以及天良的俄然的激发？[3]

实际上，徐志摩在翻译的时候，做出了有意识的改变，我们不妨直译原文对照：

> 在那些野心勃勃的日子里，谁不曾梦想过一种诗意的散文的奇迹呢？没有节奏和韵律的音乐性，足够灵活、足够对比强烈，能够去适应灵魂的抒情的运动、梦幻的起伏和意识的战栗。[4]

---

① 刘正忠：《现代汉诗的魔怪书写》，台湾学生书局 2010 年版，第 116 页。

② 刘正忠：《现代汉诗的魔怪书写》，台湾学生书局 2010 年版，第 98 页。

③ 徐志摩：《波特莱的散文诗》，《新月》第 2 卷第 10 号，1929 年 12 月 10 日。

④ Charles Baudelaire, *Œuvres complètes* I, texte établie, présenté et annoté par Claude Pichois, bibliothèque de la pléiade, Paris：Gallimard, 1975, p. 276.

这段引文位于《巴黎的忧郁》的开篇，堪称波德莱尔的散文诗宣言。他所说的"音乐性"针对的是散文诗，而非《恶之花》那样的分行诗，因此才说是"诗意的散文的奇迹"（le miracle d'une prose poétique）。从这个角度看，此处所言的"音乐性"概念与我们此前分析的《死尸》完全不同。《巴黎的忧郁》在完全解放了格律的前提下呈现出内在的韵律，所以才会说是"没有节奏和韵律的音乐性"。而《恶之花》中的音乐性，在很大程度上还是格律的，虽然不如古典主义诗歌那般严谨，但对波德莱尔本人而言，在格律上却并没有寻求多大的突破，亚历山大体（Alexandrin）、十音节诗（Décasyllabe）、八音节诗（Octosyllabe）的规则仍被遵守，十四行诗（Sonnet）的体式仍在继续。而徐志摩并未意识到这之中的区别，他的诗歌作品中所呈现的"音乐性"是格律化的、声音化的，并不包括郭沫若所提出的非声音化的"内在的韵律"，也不是波德莱尔针对散文诗所说的"诗意的散文的奇迹"。或许正是因为对诗歌音乐性这种过于统一的理解，他在创作中对韵律的处理也显得比较简单。虽有优美的诗句，如"不去那冷寞的幽谷，／不去那凄清的山麓，／也不上荒街去惆怅——／飞扬，飞扬，飞扬——／你看，我有我的方向"[1]，但是，他的作品中也不乏为了音乐性而强行押韵的诗句，如"恋爱他到底是什么一回事？——／他来的时候我还不曾出世；／太阳为我照了二十几个年头，／我只是个孩子，认不识半点愁"[2]，甚至有如打油诗一般的失败之作："南方新年里有一天下大雪，／我到灵峰去探春梅的消息；／残落的梅萼瓣瓣在雪里腌，／我笑说这颜色还欠三分艳！"[3] 那些谈不上成功的作品，确实如鲁迅所嘲讽的那样流于空洞，呈现出为押韵而押韵的缺陷。

有趣的是，徐志摩在对波德莱尔的接受中，对他独特的现代性体验并不那么感兴趣。在对《给阿尔塞纳·胡赛》的那段引用中，有一处有意味的改变，波德莱尔"意识的战栗"（soubresauts de la conscience）被

---

[1] 徐志摩：《雪花的快乐》，梁实秋、蒋复璁编《徐志摩全集》第 2 卷，中央编译出版社 2014 年版，第 2 页。

[2] 徐志摩：《恋爱到底是什么一回事》，梁实秋、蒋复璁编《徐志摩全集》第 2 卷，中央编译出版社 2014 年版，第 62 页。

[3] 徐志摩：《梅雪争春》，梁实秋、蒋复璁编《徐志摩全集》第 2 卷，中央编译出版社 2014 年版，第 114 页。

徐志摩改译为"天良的俄然的激发"。也正是基于这种带有浪漫主义和人道主义意味的理解，徐志摩在解读波德莱尔的《寡妇》《穷人的眼》《穷人的玩具》时，看出了"莹澈的同情"，并将波德莱尔视作卢梭的继承者，称他为"19世纪的忏悔者"。在《波特莱的散文诗》中，徐志摩提到穆雷和普鲁斯特所代表的"20世纪的新感性"，也就是现代人的情感诗学，而他对波德莱尔所书写的发达资本主义时代的"新感性"却并不看重。弗里德里希对波德莱尔诗歌的现代性特质有精准的概述："波德莱尔独有的问题即在于，在商业化和技术化的文明中，诗歌如何成为可能？"① 徐志摩对此没有明确的认知，而是从浪漫主义的视角去解读波德莱尔："他还不是捕得了星磷的清辉，采得了兰蕙的异息？更可奇的是他给我们的是一种几于有实质的香与光。"②

当然，这种态度并非铁板一块。当代诗人张枣在《现代性的追寻》中指出了徐志摩后期诗歌的转变："不能被置若罔闻的一个事实是，维多利亚时代的诗人其实就'消极主体性'的表现而言已经相当现代了——正是他们当中的成员赋予过'新月派'诗歌创作的灵感，也正是他们创造了那个时代普适性的唯美主义。因此，这一派中国诗人已然开启了新诗现代性的发展之路，特别是当徐志摩后期转向波德莱尔式的'新的战栗'，也不必特别惊讶为什么会有人为之喝彩，并称他是真正的中国的象征主义者。"③ 换句话说，虽然徐志摩对波德莱尔的诗学现代性在理论和思维层面并没有特别鲜明的认知，但是他以诗人的感性在创作中对此有实际上的、迂回的接通：在后期的徐志摩那里，浪漫主义式的"消极感受力"与波德莱尔开创的"恶之花"式的美学结合，激发了诗人新的灵感，诞生了如《毒药》《白旗》那样寻求"恶"中之美的作品。相比于其早期作品，这类从大面积的负面经验中汲取诗意的写作无疑更具现代性。

---

① 〔德〕胡戈·弗里德里希：《现代诗歌的结构：19世纪中期至20世纪中期的抒情诗》，李双志译，译林出版社2010年版，第21页。

② 徐志摩：《波特莱的散文诗》，《新月》第2卷第10号，1929年12月10日。

③ 张枣：《现代性的追寻》，颜炼军编《张枣诗文集·诗论卷1》，亚思明译，四川文艺出版社2021年版，第22页。

第三章　波德莱尔与新文学的现代主义选择

相较于前一时期，20 世纪 30 年代中国文坛对波德莱尔的接受更为繁盛，译介的重心和偏好也有所转变。从诗歌翻译上看，20 年代偏重《巴黎的忧郁》，30 年代关于《恶之花》的翻译更多。批评和阐释方面也显示出多样面向：茅盾、张资平、穆木天等编著的文学史论著中对波德莱尔的定位正误夹杂；王维克、沈宝基等对波德莱尔的生平和作品做出更多面的介绍；张若茗长篇论文中的无意之失将"中国化"的波德莱尔与象征派的代表诗人进一步绑定。本章的第一节将梳理有关波德莱尔的翻译与评介情况，考察其中国接受之得失。

在文学家的实际接受方面，鲁迅的《野草》与波德莱尔的关联是一个已被关注的话题。相比于文本上的"像"或"不像"，鲁迅对波德莱尔的态度更值得研究。面对波德莱尔的文学资源，技巧层面的借鉴并非鲁迅的主要兴趣点，他更关注波德莱尔的诗学能带给汉语表达和文学思维以何种刺激。因此，本章的第二节将分析鲁迅对波德莱尔的态度转变及其原因。

本章的第三节尝试从全新的角度去考察李金发对波德莱尔的接受。对于李金发与波德莱尔的相似处，学界已有较多的关注。我们试图跳出比较"像"与"不像"、模仿之高下等常见思路，转而考察李金发——这一法国象征派的引入者、中国象征派的开创者，如何通过阐释将自己抬升为法国象征主义的"中国代理人"，进而说清楚他是怎样将自己与"东方之鲍特莱"画上等号的。这个过程虽是"诗外功夫"，却有着不可忽视的重要性，它在事实上构成了波德莱尔在中国接受中"成为"法国象征派代表作家的关键一环。在文学内部，我们将分析李金发如何举起波德莱尔的大旗，大胆地引入欧化的句法和意象，推动新诗语言的更新。

一　20 世纪 30 年代的波德莱尔译介盛况

在诗歌翻译方面，1930 年邢鹏举译有《波多莱尔散文诗》①。20 世纪 20 年代波德莱尔诗歌的重要译者石民也发表了新的翻译作品《孤独及其他——波特莱尔"散文小诗"选译之三》②，包括《孤独》（*La Solitude*）、《诱惑：色情，黄金，荣誉》（*Les Tentations ou Eros*，*Plutus et la gloire*）、《黄昏》（*Le Crépuscule du soir*）、《射手》（*Le Galant tireur*）、《镜子》（*Le Miroir*）五首诗，并在 1935 年出版了波德莱尔的散文诗集翻译《巴黎之烦恼》（*Le Spleen de Paris*）③。

1931 年候佩尹的译诗结集为《淞沨集》④，收入波德莱尔的《幽思》（*Recueillement*，《恶之花》1868 年第 3 版增补）和《薄暮的调和》（*Harmonie du soir*，《恶之花》第 47 首）两首诗。

1933 年诗人卞之琳翻译、梁宗岱校阅的《恶之花零拾》⑤刊载于《新月》杂志，包括 10 首诗。现列出如下：《应和》（*Correspondances*，《恶之花》第 4 首）、《人与海》（*L'Homme et la mer*，《恶之花》第 14 首）、《音乐》（*La Musique*，《恶之花》第 69 首）、《异国的芳香》（*Parfum exotique*，《恶之花》第 22 首）、《商籁》（*Sonnet d'automne*，《恶之花》第 56 首）、《破钟》（*La Cloche fêlée*，《恶之花》第 74 首）、《忧郁》（*Spleen*，《恶之花》第 75 首）、《瞎子》（*Les Aveugles*，《恶之花》第 92 首）、《流浪的波希米人》（*Bohémiens en voyage*，《恶之花》第 13 首）和《入定》（*Recueillement*，《恶之花》1868 年第 3 版增补）。这一年卞之琳还发表了《穷人之死》（*La Mort des pauvres*，《恶之花》第 122 首）⑥ 和《喷泉》

---

① 〔法〕波多莱尔：《波多莱尔散文诗》，邢鹏举译，中华书局 1930 年版。
② 〔法〕波特莱尔：《孤独及其他——波特莱尔"散文小诗"选译之三》，石民译，《现代文学》第 1 卷第 2 期，1930 年 8 月 16 日。
③ 〔法〕波德莱尔：《巴黎之烦恼》，石民译，生活书店 1935 年版。
④ 〔法〕龙沙等：《淞沨集》，侯佩尹译，南京书店 1931 年版。
⑤ 〔法〕波特莱：《恶之花零拾》，卞之琳译，《新月》第 4 卷第 6 期，1933 年 3 月 1 日。
⑥ 〔法〕波特莱：《穷人之死》，卞之琳译，《文艺月刊》第 3 卷第 12 号，1933 年 6 月 1 日。

（*Le Jet d'eau*，《恶之花》之《风流集》① 第 8 首）② 两首译诗。

　　诸侯选译了《法国象征诗选》③，将波德莱尔的诗歌置于象征诗的整体中推介。诗选收入波德莱尔的 3 首诗：《交响共感》（*Correspondances*，《恶之花》第 4 首）、《生生的炬火》（*Le Flambeau vivant*，《恶之花》第 43 首）、《贫民的死》（*La Mort des pauvres*，《恶之花》第 122 首）。

　　1934 年，梁宗岱在上海的《文学》杂志上发表了 2 首波德莱尔的译诗④，包括《露台》（*Le Balcon*，《恶之花》第 36 首）和《秋歌》（*Sonnet d'automne*，《恶之花》第 56 首）。其中，《露台》这首译诗对以柏桦为代表的第三代诗人产生了影响，本书的第六章将对此做出考察，此处不展开论述。

　　在批评和阐释方面，20 世纪 30 年代的情况较为复杂，我们将从文学史描述、专论、争论三个方面进行梳理。首先是文学史定位。徐霞村的《法国文学史》将波德莱尔放在 19 世纪末"过渡时代的诗歌"中介绍，没有作为名家单独列出，他评价道：

> 　　波得莱尔是法国文学史上的一个奇人。他有一副古怪的容貌和一副奇特的性情；世人称为美的，他以为丑，世人以为丑的他反以为美；并且常爱作惊人的举动以惊倒缙绅先生们。他的作品并不多，只有一卷《恶之华》（*Les Fleurs du Mal*），一卷《散文小诗》（*Petits Poèmes en Prose*），和几卷杂文。在这些作品里，我们可以看出他对于色，香，味，声都有一种特别的感觉，以声形色，以色形声，所以他可以说开了象征主义的先声。⑤。

徐霞村的介绍虽然简短，但相当准确。他清楚波德莱尔不属于象征派，

---

① 在伽利玛出版社的《波德莱尔全集》中，《恶之花》诗集中的《忧郁和理想》《巴黎风貌》《酒》《恶之花》《死亡》连续编号，1868 年第 3 版增补不编号，之后的《残诗集》《风流集》《题词集》《诙谐集》重新连续编号。

② 〔法〕波特莱尔：《喷泉》，卞之琳译，《文艺月刊》第 4 卷第 1 号，1933 年 7 月 1 日。

③ 〔法〕波德莱尔等：《法国象征诗选》，诸侯译，《文学》第 2 卷第 3 期"翻译专号"，1934 年 3 月 1 日。

④ 〔法〕波特莱尔：《露台》《秋歌》，梁宗岱译，《文学》第 3 卷第 6 号，1934 年 12 月 1 日。

⑤ 徐霞村编《法国文学史》，北新书局 1930 年版，第 198 页。

但以诗学主张被象征派奉为先锋。徐霞村注意到了波德莱尔对爱伦·坡的翻译："他对于这个美国作家的爱好很可以表现出他们的性格的相似，因为他们的脑子都是时时被幽郁的幻觉所侵袭，整天与'死'的观念作伴。"①

至此，我们可以看到贴在波德莱尔身上的几个常见标签，它们从20年代开始出现，到30年代基本确定下来，如容貌古怪、性情奇特、爱作惊人语、以丑为美、忧郁、与死为邻等。这些标签也成为沿用至今的套语（cliché）。但是波德莱尔对浪漫派的继承性却被忽略。譬如"以丑为美"并非波德莱尔的独创，这一原则浪漫派早已有之。在波德莱尔与各种文学派别的互动中，国人最为看重的是他与象征派的关系，这与文学家试图寻找新的表现方法有关：象征派是新的、进步的；浪漫主义则谈不上多新奇。

金石声的《欧洲文学史纲》将高蹈派和象征派合并论述。对于前者，他说"高蹈派以戈替耶②（Gautier）为先锋，而以台李斯尔③（Leconte de Lisle）为中坚"④，他列出的其他高蹈派的人物还有普鲁东⑤、台赫莱特亚⑥、柯贝⑦。他对于后者的描述为："当高蹈派全盛时，象征派就已经出现。什么是象征派呢？以一物代表他物，以此观念象征其他观念，求在诗的表面下，有双重的意义。这样的诗，叫作象征主义的，而一班专做这种诗的人，就叫作象征派。"⑧ 他列出的象征派诗人包括华伦⑨、麦拉尔梅⑩、林波的⑪、拉福格（Jules Laforgue）。金石声没有将波德莱尔拉入某个派别，而是单独描述，将其定位为最后的浪漫主义者、颓废派的先锋和象征派的先驱：

① 徐霞村编《法国文学史》，北新书局1930年版，第199页。
② 今通译戈蒂耶。
③ 今通译勒贡特·德·李勒。
④ 金石声编《欧洲文学史纲》，神州国光社1931年版，第85页。
⑤ 今通译普吕多姆。
⑥ 今通译埃雷迪亚。
⑦ 今通译科佩。
⑧ 金石声编《欧洲文学史纲》，神州国光社1931年版，第88页。
⑨ 今通译魏尔伦。
⑩ 今通译马拉美。
⑪ 今通译兰波。

为浪漫主义者的最后一人，为狄卡登（Decadent①）派的先锋，恶魔诗人鲍特来尔（Charles Baudelaire）以其艺术表现近代的精神。他有可惊的敏锐的神经，有特殊的感觉。他以为人生根本是矛盾的，求善而得恶，求神而得恶魔，求生之欢乐而得死之恐怖。在他的诗集《恶之花》（Fleurs du Mal），就把自己完全表现出来。有人以为"但丁向地狱去，他从地狱来"，遂以为他是但丁。嚣俄称他为"新的战栗的创造者"，鲍特来尔虽被称为恶魔派，但他确是象征派的先驱。②

张资平在给这部文学史作的序中表示不满意自己编纂的文学史，也提到自己想译本间久雄的文学史未遂，被沈端先抢先译出。在双重不满意下，他慧眼识中金石声的《欧洲文学史纲》，并乐于当文坛伯乐，帮助其修订出版，遂成一段佳话。

吕天石撰述、郑振铎校阅的《欧洲近代文艺思潮》出版于1931年，这本书是王云五主编的"万有文库"中的一册。吕天石将象征主义视为"新浪漫主义"来论述："上面说现代文学有神秘的倾向，就是因为日常现实生活里面，潜隐着一种差不多以经验和观察所不能揣测，要凭直觉方能寻着的神秘，而这种神秘，是不可以日常言语来记载叙述，非借象征的手段暗示不可，因之晚近有一派新文学出来，就是象征主义。"③ 在论述象征派之后，吕天石说，"与象征派相同的有颓废派"，这显然颠倒了两者的时间先后，象征派是从颓废派中脱离出来的，与颓废派有所关联，但是并不能将二者等同。因为这一错误，吕天石做出了如下的结论："如蒲特雷魏伦（Verlaine）④、马勒姆（Mallarme）⑤ 等，都可以说是颓废的象征派。这个颓废派文学是起于19世纪末叶，先发生于法国。"⑥关于颓废派、象征派的兴起时间、过程以及与波德莱尔的关系在本书的第一章中已有详述，此不赘言，在吕天石的论述中，各种流派的先后明显是错误的。

①　原文误，应为 Décadent。
②　金石声编《欧洲文学史纲》，神州国光社1931年版，第88页。
③　吕天石：《欧洲近代文艺思潮》，商务印书馆1931年版，第153页。
④　此处有误，应为蒲特雷（今通译波德莱尔）和魏伦（今通译魏尔伦）两位诗人。
⑤　今通译马拉美。
⑥　吕天石：《欧洲近代文艺思潮》，商务印书馆1931年版，第158页。

高滔的《近代欧洲文艺思潮史纲》在第四部"自然主义的反动期"的第三章"'世纪末'的作家之群"中分述了颓废派、象征派和唯美派。他说:"颓废派的一般的特点和象征派极为近似,并且颓废派的领袖人物如波多莱尔(Charles Baudelaire,1821—1868),凡尔伦,马拉梅,却算是象征派的若祖若父,所以两派极易被人视为混同:其实在发生的年代和内容都有着区别的。颓废派是发生于十九世纪中叶之后,最初起于法国,有人说波多莱尔是浪漫主义的殿军,也就是因为他的时代和浪漫主义相距不远的意思。颓废派文艺团体的正式成立,是在一八八二或三年,青年文学者之群在巴黎拉丁街一家咖啡店的地下室里集会而成,这时叫做'希斯鲁巴斯',颓废派的名称是后来才改订的。象征派起于一八八五年以后,这是颓废之群里的一部分人觉得原名的不雅,又改正了的;然而在内质上也确是有着变易了。"[①] 他的论述是基本准确的,可以视为对吕天石的观点的回应和纠正,特别是"若祖若父"的说法,非常形象地概括了波德莱尔与象征派的代际关系。他对波德莱尔与浪漫派的关系及其诗歌史定位也有清晰的论述:

> 波多莱尔与其说是浪漫主义最后的人物,不如说是复兴了的非物质主义文艺的开山人物。因为他的精神是和已往的浪漫主义有着显著差异的。第一,他有明亮的智力和可惊的锐敏的神经,不似一般浪漫主义者的那样沉醉。他虽则也寻求美和浪漫主义者一样,都看到了美之中潜伏着可怕的魂。他因为求美而得丑,求善而得恶,求神而得魔,于是他乃恐怖,他乃悲哀,因而感得人生根本的矛盾。但是他的悲哀并不似浪漫主义憧憬的悲哀,乃是由于神经烦闷而成;浪漫派多半是理想社会的追怀者,他则是物质社会的牺牲者。[②]

穆木天在他所译编的《法国文学史》的卷首语中说,自己求学时,

---

① 高滔:《近代欧洲文艺思潮史纲》,著者书店1932年版,第333页。高滔在这一时期还有单篇文论《十九世纪末欧洲文艺主潮——从"世纪末"思潮到新浪漫主义》(《中山文化教育馆季刊》第2卷第4期,1935年10月)、《"世纪末"文学的三大流派》(《中山文化教育馆季刊》第4卷第1期,1937年1月)。

② 高滔:《近代欧洲文艺思潮史纲》,著者书店1932年版,第337页。

辰野隆先生曾将法国文学归结为"拉丁精神"（L'esprit latin）和"高尔精神"（L'esprit gaulois①）之间不调和的结果。而今他接受了新的文学研究方法，即"要把作品同社会环境、社会关系联系到一起作一个考察"，当他用这种方法来重新考察法国文学史时，对辰野隆的观点有新解释："所谓拉丁精神与高尔精神之不调和即是封建阶级与资产阶级的不调和。一部法国文学史就是资产阶级与封建阶级的不调和的历史。"② 该书第七章有"象征主义的文艺"一节，穆木天用阶级分析的观点解读象征主义：

> 同自然主义，印象主义同样，象征主义是资本主义熟烂期的产物。然而，自然主义主要地是小布尔乔亚的文学，印象主义主要地是安定的，寄生的，富裕的中流布尔乔亚的文学，象征主义则主要地是营贵族式的生活的流浪人的文学。在法国象征派的诗歌中，退化的贵族阶级的流浪者的倾向特别地显露地暴露出来。被推崇为象征主义的先驱者的维里叶·得·李尔阿当伯爵（Comte Auguste Villiers de L'Isle-Adam 1838—1889）是典型的退化的贵族阶级的流浪者，是典型的乞丐。象征派的祖师波多莱尔以及其三大中心物马拉尔梅③（Stéphane Mallarmé 1842—1898），魏尔林诺④（Paul Verlaine 1844—1896），乐豹⑤（Arthur Rimbaud 1854—1891）都过着贵族的流浪人的生活。这些的贵族的流浪者同时是反社会的孤独者。对于他们，一切的政治问题社会问题都是完全无缘的。⑥

在这段依据阶级划分而做出判断的叙述中，穆木天区分了波德莱尔与马拉美等人在代际上的不同，并将前者称为象征派的"先驱"。在穆木天看来，象征派诗歌是抒情的点金术，其首要特征是对"交响"的追求："波多莱尔（Ch. Baudelaire）在小曲《交响》（Correspondances）中，指示出来在大自然的象征之林中，声，色，薰香在互相地交响。象征诗人

---

① gaulois 今通译为高卢，L'esprit gaulois 即高卢精神。
② 穆木天译编《法国文学史》，世界书局 1935 年版，第 1 页。
③ 今通译马拉美。
④ 今通译魏尔伦。
⑤ 今通译兰波。
⑥ 穆木天译编《法国文学史》，世界书局 1935 年版，第 368-369 页。

集成了波多莱尔的这种主张。"① 第二个特征则是追求新的诗歌音乐性，打破旧有的格律，到朦胧的音乐性中寻找诗歌暗示的魔力。

在这本文学史中，穆木天对波德莱尔与象征派关系的判断是准确而统一的。到了同年出版的《文学百题》所收录的《什么是象征主义?》中，他的观点虽未出现大的改变，但是细部论述上却出现矛盾。穆木天开篇说："象征主义是19世纪末期在欧洲诸国所产生的一种文艺运动。这一个运动最初是起于法兰西，而渐渐弥漫到比利时，英，法，俄，以及其他诸国的。就年代上说，它是从一八七五年左近起而达到二十世纪的初年的。"② 他将象征派的兴起从1886年提前到了1875年，但即便是这样，波德莱尔也已经去世。可他在列举象征派诗人时又将波德莱尔列入其中："象征派的诗人们不是典型的退化的贵族的流浪者……就是过着贵族的流浪人的生活（如波多莱尔 Ch. Baudelaire，马拉尔美 S. Mallarmé，魏尔林诺 Paul Verlaine，乐豹 A. Rimbaud 等等），自然还有一些人，是一方面在体验着日趋崩颓的世界，而憧憬着新的国土的爆发性的破坏性的小市民［如魏尔哈仑 E. Verhaeree③，如乐豹等］。"④ 而在论述象征主义"轻蔑律动（Rhythme⑤）和追求旋律（Melodie⑥）"的特点时，波德莱尔又从之前的"象征派诗人"变成了"象征主义的先驱者"⑦。可见在穆木天那里，19世纪下半叶的法国文学史脉络是基本清晰的，但是对于波德莱尔的文学史定位，或者说对于"象征主义者"与"象征主义的先驱"这两个词的差别，他并不敏感。

方璧（茅盾）的《西洋文学通论》概述了从神话和传说时代一直到20世纪的西欧和俄国文学变迁，他的论述方法是抓住每个时代的主潮，忽略相对较小的流派。茅盾的论述具有强烈的时间意识和历史感，清晰

---

① 穆木天译编《法国文学史》，世界书局1935年版，第370页。

② 穆木天：《什么是象征主义?》，傅东华编《文学百题》，生活书店1935年版，第110页。《文学百题》这本文学普及型读物既有对中世纪骑士文学的介绍，也有对浪漫主义、自然主义、写实主义的介绍，还有对同时代的外国文学思潮比如1934年兴起的超现实主义的介绍。

③ 原文误，应为 Verhaeren，今通译维尔哈伦。

④ 穆木天：《什么是象征主义?》，傅东华编《文学百题》，生活书店1935年版，第111页。

⑤ 原文误，应为 Rythme。

⑥ 原文误，应为 Mélodie。

⑦ 穆木天：《什么是象征主义?》，傅东华编《文学百题》，生活书店1935年版，第115页。

厘定了文艺思潮的起止年代。他在第七章"浪漫主义"的结尾处提到了戈蒂耶的"为艺术而艺术",并接着说道:"圣维克托(Paul de Sainte-Victor①)和李斯尔②(Leconte de Lisle)的高蹈派(Les Parnassiens),鲍特莱尔(Baudelaire)的'恶魔派',就可以说是传下了戈底叶的衣钵,尤其是'高蹈派'。"③ 在第十章"自然主义以后"中,他论述了象征派:"在文艺的新'主义'上,象征主义(Symbolism)和神秘主义(Mysticism)是颓废派的孪生子。两者都是排斥客观的丑恶的描写,而回到主观的梦幻,因此有人称之为'新浪漫主义'。然而它们之不是'新'浪漫主义,却又是很显然的。除了反对客观描写而外,浪漫主义所有的鲜明的主张,坚强的意志,毫不含糊的意识,活泼泼地勇往直前的气概,在神秘主义和象征主义的文艺中,都是没有的。我们所见于象征主义和神秘主义的,只是要逃避现实的苦闷惶惑的脸相。"④

高明所译的宫岛新三郎的《现代欧洲文艺思潮》,包括欧洲最近文艺思潮的源流、浪漫主义的消长、现实主义(自然主义)运动、新浪漫主义诸相、改造期的文艺思潮这五部分。书前附有著者译序和译者序。这本书在谈到象征派时说:"象征主义的运动,直接是一种反对波德雷尔(Pierre Charles Baudelaire 1821—1867)等开始的高踏派(Parnannians⑤)的诗底运动。高踏派一些人的主张,打头便是为艺术的艺术。他们很嫌恶十九世纪的恶俗的社会,所以躲在象牙之塔里面,把自己看得高高的而创造了美的艺术的世界。他们在实生活上,无视了一切道德宗教……波德雷尔,要算是此派最好的例。"⑥ 这段话一方面将波德莱尔作为帕尔纳斯派的始发者,另一方面又将波德莱尔作为象征派的杰出代表,这两种定位都是不准确的。

重要的单篇文章如王维克的《法兰西诗话》,由分散穿插在同一期杂志中的 12 篇短文和译诗组成,包括如下篇目:《拉马丁初出茅庐》《一个梦》《七盏灯》《大作家是多方面的》《恶魔诗人波特莱尔》《诗人

---

① 原文误,应为 Saint-Victor。
② 今通译勒贡特·德·李勒。
③ 茅盾:《西洋文学通论》,江苏文艺出版社 2010 年版,第 92 页。
④ 茅盾:《西洋文学通论》,江苏文艺出版社 2010 年版,第 124 页。
⑤ 原文误,若为法语,应是 Parnassiens;若是英语,应是 Parnassians。
⑥ 〔日〕宫岛新三郎:《现代欧洲文艺思潮》,高明译,上海现代书局 1931 年版,第 116 页。

的坟墓》《唯美派的标语和口号》《诗人气概》《诗人的谦逊》《海滨独坐》《有此母有此子》《伏尔太自比于蛇》。波德莱尔是王维克给予最高评价的诗人："说到这位诗人，我昏睡的眼睛里也发出亮光了。我读其他诗人的诗，每每觉得：'为什么诗人也如此平庸！'惟有对于他我的感觉就不同了，正如嚣俄批评他说：'你创造了一个新的战栗。'（Vous avez créé un frisson nouveau）"王维克描述了波德莱尔的《恶之花》诗集以及他本人在法国的地位变化："波氏于一八五七年出版一本诗集，名叫《恶之花》；奇香怪味，随风四散，法官闻得不耐烦了，把他捉到官里，定了一个'有伤风化'的罪名，罚金二百法郎，集中须削去六篇，这是法官以为不堪入目的几篇了。然而到现在此诗集已成了人人可读的'名著'，而'恶魔诗人'被人称为'象征派先驱'，甚至称为'道德家'（Moraliste 此字又译为批评世风之著作家），甚至《恶之花》与但德的《神曲》相比。"① 此处对波德莱尔与象征派的关系的介绍是准确的，即波德莱尔在去世后才被认定为象征派的先驱。王维克还比较了波德莱尔与浪漫派诗人的不同：自卢梭以后的浪漫派诗人多乐观，与拉马丁善于发现天使、雨果提倡善的胜利、缪塞的天真热情不同，波德莱尔是彻头彻尾的悲观者，对世界和人性抱持彻底绝望的态度。

沈宝基的《鲍特莱尔的爱情生活》是传记文章，他从波德莱尔的原生家庭一直讲到"我们可怜的诗人终于抛弃了人间地狱"②。在作者看来："要真正了解鲍特莱尔的恋爱感情，还是先从他的父母讲起。"③ 他特别强调波德莱尔和继父之间的矛盾对波德莱尔的人格产生的影响，并将《恶之花》第一首（Bénédiction，沈译为《天惠》）中"恶魔似的讥讽"作为证明。在分述波德莱尔的每一段感情经历时，沈宝基都引用了《恶之花》中同时期的诗作，其目的不是分析作品，而是用诗歌中的情绪和心态来印证个人生活，带有文本和生平的考据性质。但是实际上，波德莱尔的诗歌有强烈的"非个人化"特征，将诗人的经验自我与诗歌的抒情主体画上等号的做法，归根结底是失效的。

宗临的长文《查理波得莱尔（Charles Baudelaire）》也是传记性文

① 王维克：《法兰西诗话》，《小说月报》第 22 卷第 1 号，1931 年 1 月 10 日。
② 沈宝基：《鲍特莱尔的爱情生活》（续），《中法大学月刊》第 3 卷第 4、5 期合刊。
③ 沈宝基：《鲍特莱尔的爱情生活》，《中法大学月刊》第 3 卷第 2、3 期合刊。

章。与沈宝基大量引用波德莱尔的诗作不同，宗临用编年的形式来结构
文章，按照时间顺序分为 27 个小节。在他看来，波德莱尔的生活如同一
个实验室，爱情、疾病、贫穷所带来的各种苦痛诗人都悉数经历过，宗
临因此呼吁读者对波德莱尔的生活保持理解和宽容：“我们不要错认了波
得莱尔，我们亦不当苛责他浪漫的生活，一个人有他自己的环境，时代
与本质，同时他生活形式的反映自亦不同。世间绝没有一个公约的表尺，
去绳准那些不同的，丰富的灵魂，只要站在忠实诚恳之上，一切都是伟
大的。所以波得莱尔不是一个圣人，也不是一个皈依者，他是一个在罪恶
中落魄的完人。他倒下，他奋斗，他站起来；他又倒下，竭其希望，他去
痛苦，他去祈祷。‘恶之华’即是如此而形成的。”①

张若茗的《法国象征派三大诗人鲍德莱尔，魏尔莱诺与蓝苞》② 是
一篇学术性的长文。作者从“象征主义的时代背影”说起，首先谈到 1870
年前后法国对实证主义的怀疑在哲学、音乐、绘画上各有表现。其中特别
重要的是音乐对文学的影响：“在音乐方面，华葛那③（Wagner，1813—
1833）的作品亦渐次战胜阻力，而他的音乐原理，影响于当代文学的遂
因而增加。盖彼时一般诗人见华葛那以应用‘合奏’（l'orchestration）擅
长，致使他的音乐势力特别雄厚，他们乃想采用‘合奏’的方法”，“华
葛那评论（*La revue wagnérienne*）是象征派的刊物，从 1887 年开始替华
葛那大事宣传。而华葛那本人亦发表文章，极力提倡将音乐的势力扩张
于诗词的范围之内”。④

瓦格纳的“整体艺术”思想对象征派的影响，以及《瓦格纳杂志》
作为象征派最初的阵地的作用，这在法语文学史著作中是绕不过的背景
知识。在中国，张若茗的这篇文章首次对此进行了详细介绍。她接着论
述颓废派的出现，以及它被象征派所取代的过程：

　　　　至 1888 年拉服尔葛⑤死去以后，“颓废”一词以及其所包括的

---

① 宗临：《查理波得莱尔（Charles Baudelaire）》，《中法大学月刊》第 4 卷第 2 期。

② 这篇文章后又刊载于《文艺先锋》第 9 卷第 1、2 期，1946 年 7 月，署名为张若名。

③ 今通译瓦格纳。

④ 张若茗：《法国象征派三大诗人鲍德莱尔，魏尔莱诺与蓝苞》，《中法大学月刊》第 11
卷第 4、5 期合刊。

⑤ 今通译拉弗格。

意义，已不足以表示诗的新趋势。从此后，象征主义一词乃代替了颓废派，并指示出一个伟大的新的时代之开展。象征派之取得诗界的领导地位与划时代的荣誉，并能独树一帜，正式成功为一个文艺的派别者，固然是在 1888 年，然而象征派的艺术观之形成，却远在 1888 年之前。原来象征派的名著如鲍德莱尔的《恶之花》，系于 1870 年出版，早已惊醒文艺界的睡梦，打破诗坛的沉寂。魏尔莱诺①的《无语歌》（*Les Romances sɘns Paroles*）系于 1874 年发出灰色而凄楚的歌声。马拉尔梅的《一个田野神的午后》②（*L'après-midi d'un Faune*）可说是作者诗中之最深奥的一首，系于 1875 年放出秋景般的光华。芭蓝③的《地狱中的一季》（*Une saison en enfer*）是一种独创的散文诗集，于 1873 年喷射出愤慨之音。这四位大诗人，对于他们个人的艺术，各有特殊的见地，但他们的共同点乃是增加音韵的感动性，浓厚字义的暗示性，使最完美的诗能与音乐相比拟。④

象征派从颓废派中脱离出来的时间应该是在 1885 年，而非张若茗说的 1888 年，也就是在这一年，象征派取代了颓废派，后经莫雷亚斯 1886 年的《象征主义宣言》，象征派获得了独立的地位。张若茗非常清楚波德莱尔和象征派之间的代际划分和时间间隔，她将波德莱尔作为象征派的先驱，将波德莱尔的《恶之花》作为"象征派的名著"来看。鉴于波德莱尔的作品确实被后起的、缺乏杰作的象征派用来阐发他们的诗学主张，所以张若茗的说法倒也没有太大的问题。问题在于，她的标题将她在行文中明确放在象征派先驱位置的波德莱尔作为"象征派三大诗人"之一，很容易引起读者的误解。

二　"欧化"还是"为人生"：鲁迅对波德莱尔的态度转变

鲁迅的《野草》与波德莱尔可能存在的关联已被论者所注意，如有

---

① 今通译魏尔伦。
② 今通译马拉美、《牧神午后》。
③ 原文如此，今通译兰波。
④ 张若茗：《法国象征派三大诗人鲍德莱尔，魏尔莱诺与蓝苞》，《中法大学月刊》第 11 卷第 4、5 期合刊。

人指出"波德莱尔的散文诗是鲁迅拓展散文诗这种新形式的重要灵感来源，甚至鲁迅的'散文诗'概念都可能是借自波德莱尔"①，《过客》与《陌生人》（L'Etranger）、《颓败线的颤动》与《老妇的绝望》（Le Désespoir de la vielle）以及《死尸》，或是语言、结构，或是意向、氛围上都存在某种相似性。② 有论者在论述《墓碣文》时分析道，"这种'以丑为美'的审美追求与创造显然受到了法国象征主义散文诗创始者波德莱尔的某种启示"③，虽然"以丑为美""象征主义""散文诗""创始者"这样的连贯组合略显随意，但从阅读感受上而言，二者之间文本上的相似性的确会引起研究者的阐释欲望。

　　相比于艺术技巧上存在的可能影响，鲁迅对于波德莱尔的态度是更为确凿可辨的。对中国新文学而言，鲁迅所带来的新的创造，其重要性毫不亚于波德莱尔之于现代法语文学，他同样创造了一种雨果在评价波德莱尔时所说的那种"新的战栗"。面对外国文学资源，鲁迅绝不仅仅是技巧层面的借用者，他在意的更可能是这种资源给汉语自身以及依存于语言的思维方式所带来的冲击与改变。因此在面对波德莱尔时，鲁迅的关注点可能有：思想倾向、语体创新、技法层面。如果历时性地梳理鲁迅对波德莱尔的好恶，会看到他对波德莱尔的接受存在至少两个层面，一是他对于波德莱尔其人以及附着在波德莱尔身上的标签的态度，二是当他面对波德莱尔作品时的态度，这二者并非完全一致。

　　鲁迅对波德莱尔的接受开始于 20 年代。在 1924 年鲁迅译厨川白村《苦闷的象征》时，波德莱尔就被多次提及。在引言中，鲁迅用作者自己的话来概括全书的主旨："'生命力受了压抑而生的苦闷懊恼乃是文艺的根柢，而其表现法乃是广义的象征主义。'但是'所谓象征主义者，决非单是前世纪末法兰西诗坛的一派所曾经标榜的主义。'凡有一切文艺，古往今来，是无不在这样的意义上，用着象征主义的表现法的。"④可以看到，厨川白村在这部书里所定义的"象征主义"其实是广义的

---

① 〔美〕李欧梵：《上海摩登：一种新都市文化在中国 1930—1945》，毛尖译，上海三联书店 2008 年版，第 240 页。

② 详见〔美〕李欧梵《上海摩登：一种新都市文化在中国 1930—1945》，毛尖译，上海三联书店 2008 年版，第 240-244 页。

③ 孙玉石：《荒野过客：鲁迅精神世界探论》，安徽大学出版社 2013 年版，第 102 页。

④ 〔日〕厨川白村：《苦闷的象征》，鲁迅译，北新书局 1935 年版，第 2 页。

"象征手法"，而非具有特定含义和历史背景的法国象征主义。在理论方法上，"作者据伯格森①一流的哲学，以进行不息的生命力为人类生活的根本，又从弗罗特②一流的科学，寻出生命力的根柢来，即用以解释文艺，——尤其是文学。然与旧说又小有不同，伯格森以未来为不可测，作者则以诗人为先知，弗罗特归生命力的根柢于性欲，作者则云即其力的突进和跳跃"③。对于翻译目的，鲁迅说道："非有天马行空似的大精神即无大艺术的产生。但中国现在的精神又何其萎靡锢蔽呢？这译文虽然拙涩，幸而实质本好，倘读者能够坚忍地反覆过两三回，当可以看见许多很有意义的处所罢。"④鲁迅坦言了自己的"直译"偏好，即保留原作的行文逻辑和语言习惯，其用意正如论者所分析的那样："在鲁迅那里，翻译并不仅仅是一种手段，而且本身便是目的。把外国语译成汉语，不仅仅是把外国人的思想、情感介绍给中国人，同时本身便是汉语自身的一种实验。"⑤

　　在"人间苦与文艺"一节中，作者说道："如果是站在文化生活的最高位的人间活动，那么，我以为除了还将那根柢放在生命力的跃进上，来作解释之外，没有别的路。读但丁（A. Dante）、弥耳敦⑥（J. Milton）、裴伦⑦（G. G. Byron），或者对勃朗宁（R. Browning），托尔斯泰，伊孛生⑧（H. Ibsen），左拉（E. Zola），波特来尔（C. Baudelaire），陀思妥夫斯奇（F. M. Dostojevski）等的作品的时候，谁还有能容那样呆风流的迂缓万分的消闲心的余地呢？我对于说什么文艺上只有美呀，有趣呀之类的快乐主义底艺术观，要竭力地排斥他。"⑨

　　厨川白村在"自己发见的欢喜"一节中阐述了对于文艺鉴赏的看法，即读者在阅读中发现了自己曾经体验过的事物，因此能够感受到与作家同样的心境，而"至于作这体验的内容者，则也必和作家相同，是

①　今通译柏格森。

②　今通译弗洛伊德。

③　〔日〕厨川白村：《苦闷的象征》，鲁迅译，北新书局1935年版，第2页。

④　〔日〕厨川白村：《苦闷的象征》，鲁迅译，北新书局1935年版，第3页。

⑤　王彬彬：《鲁迅内外》，南京大学出版社2013年版，第206页。

⑥　今通译弥尔顿。

⑦　今通译拜伦。

⑧　今通译易卜生。

⑨　〔日〕厨川白村：《苦闷的象征》，鲁迅译，北新书局1935年版，第28页。

人间苦，是社会苦"①。厨川白村全文引用了波德莱尔的散文诗《窗户》
（*Les Fenêtres*）做例子来解释这种鉴赏时读者"在他之中发现我，我之中
看见他"② 的关系，那么对于鲁迅来说，《窗户》也成为他通过转译所阅
读到的波德莱尔的诗歌。这是一篇关于艺术创作的距离与想象的散文诗，
译文如下：

> 从一个开着的窗户外面看进去的人，决不如那看一个关着的窗
> 户的见得事情多。再没有东西更深邃，更神秘，更丰富，更阴晦，
> 更眩惑，胜于一支蜡烛所照的窗户了。日光底下所能看见的总是比
> 玻璃窗户后面所映出的趣味少。在这黑暗或光明的隙孔里，生命活
> 着，生命梦着，生命苦着。
>
> 在波浪似的房顶那边，我望见一个已有皱纹的，穷苦的，中年
> 的妇人，常常低头做些什么，并且永不出门。从她的面貌，从她的
> 服装，从她的动作，从几乎无一，我纂出这个妇人的历史，或者说
> 是她的故事，还有时我哭着给我自己述说它。
>
> 倘若这是个穷苦的老头子，我也能一样容易地纂出他的故事来。
>
> 于是我躺下，满足于我自己已经在旁人的生命里活过了，苦过了。
>
> 恐怕你要对我说："你确信这故事是真的么？"在我以外的事
> 实，无论如何又有什么关系呢，只要它帮助了我生活，感到我存在
> 和我是怎样？③

厨川白村认为在诸种感觉之中，听觉和视觉是最为多见的，而其他
的"也有像那称为英诗中最是官能底（sensuous）的吉兹（John Keats）
的作品一样，想要刺激味觉和嗅觉的。又如神经的感性异常锐敏了的近
代的颓唐（Decadence④）的诗人，即和波特来尔等属于同一系的诸诗人，
则尚以单是视觉、听觉——色和音——为不足，至有想要诉于不快的嗅
觉的作品。然而这不如说是异常的例。在古今东西的文学中，最主要的感

---

① 〔日〕厨川白村：《苦闷的象征》，鲁迅译，北新书局 1935 年版，第 62 页。
② 〔日〕厨川白村：《苦闷的象征》，鲁迅译，北新书局 1935 年版，第 64 页。
③ 〔日〕厨川白村：《苦闷的象征》，鲁迅译，北新书局 1935 年版，第 63 页。
④ 原文误，应为 Décadence。

觉底要素，那不待言，是诉于耳的音乐底要素"①。此处鲁迅为 Décadence 在汉语中找到的对应词是"颓唐"，有衰颓败落之意。在这一页论述之后还附有波德莱尔描绘自己吸食大麻状态时的自画像，以印证"颓唐"之意。

在阐释文艺与道德的关系时，作者说道："人类这东西，具有神性，一起也具有兽性和恶魔性，因此就不能否定在我们的生活上，有美的一面，而一起也有丑的一面的存在。在文艺的世界里，也如对于丑特使美增重，对于恶特将善高呼的作家之贵重一样，近代的文学上特见其多的恶魔主义的诗人——例如波特来尔那样的《恶之华》的赞美者，自然派者流那样的兽欲描写的作家，也各有其十足的存在的意义。"② 这段评述直接取自波德莱尔对人性之复杂性的判断："在每个人身上，时刻存在两种诉求，一种朝向上帝，另一种朝向撒旦。祈求上帝或精神性，是一种上升的欲望；祈求撒旦或动物性，是一种下降的快乐。"③

同样是鲁迅翻译的厨川白村的《出了象牙之塔》，与《苦闷的象征》都被编入"未名丛刊"，其中也散见对波德莱尔的论述。厨川白村在"题卷端"中解释了题目的用意：在浪漫主义中就已经有了艺术至上的倾向，即艺术只为自身而存在，诗人对悲惨丑恶的现实世界采取超然的态度而隐居在自己的艺术之宫——也就是圣伯夫评价维尼时所说的"象牙之塔"（tour d'ivoire）里。"但是，现今则时势急变，成了物质文明旺盛的生存竞争剧烈的世界；在人心中，即使一时一刻，也没有离开实人生而悠游的余裕了。人们愈加痛切地感到了现实生活的压迫。人生当面的问题，行住坐卧，常往来于脑里，而烦恼其心。于是文艺也就不能独是始终说着悠然自得的话，势必至与现在生存的问题生出密接的关系来。"④

厨川白村如此总结"近代的文艺"的特点："心醉之后看人，虽痘疤也是笑靥。将痘疤单看作痘疤的时候，就是还没有彻骨地心醉着的证据。在真爱人生，要彻到人间味的底里去的近代人，则就在这丑秽的黑

---

① 〔日〕厨川白村：《苦闷的象征》，鲁迅译，北新书局 1935 年版，第 74 页。

② 〔日〕厨川白村：《苦闷的象征》，鲁迅译，北新书局 1935 年版，第 113 页。

③ Charles Baudelaire, *Œuvres complètes* I, texte établi, présenté et annoté par Claude Pichois, bibliothèque de la pléiade, Paris: Gallimard, 1975, pp. 682-683.

④ 〔日〕厨川白村：《出了象牙之塔》，鲁迅译，北新书局 1937 年版，"题卷端"第 II 页。

暗面和罪恶里，也有美，看见诗。因为在较之先前的古典派的人们，专以美呀善呀这些一部分的东西为理想，而不与丑和恶对面者尤其深远的意义上，就被人生的缺陷这东西惹动了心的缘故。以生命感，以现实感为根柢的前世纪后半以后的近代文艺，倘不竟至于此，是不满足的。所以，自然派就将丑猥的性欲的事实，毫无顾忌地写了出来，赞美那罪和恶和丑，在文艺上创始了新的战栗的《恶之华》之诗人波特来尔（C. Baudelaire），被奉为恶魔派的头领了。"①

在"观照云者"一节中，厨川白村说："历来的许多天才想看人生的全圆的时候，在那极底里，希腊的悲剧作家看出了'运命'，沙士比亚看出了'性格'，伊孛生看出了'社会'的缺陷，前世纪的 romanticist 看出了'情热'，自然主义的作家看出了'性欲'；一面既有看出了'神'的弥耳敦，别一面又有看出了'恶魔'的裴伦；雪俄②看出了'爱'，而波特来尔却赞美'恶之华'。这是因了作家的个性和时代思潮的差异，而个个的作家，就看出样样的东西来。"③ 在"为诗人的摩理思④"一节中，厨川白村在评价诗集《捍卫桂尼维尔和其他诗歌》（*The Defence of Guenevere and Other Poems*）时认为："再说这诗集里的另外的诗篇，则除了取材于英国古史或中世故事的作品外，在歌咏摩理思所独创的诗题的东西里面，的确多有不可言语形容的幽婉的，神秘底梦幻底之作。而且一到这些地方，还分明地显现着美国的坡（Edgar Allan Poe）的感化，使人觉得也和法国的波特来尔（C. Baudelaire）及以后的神秘派象征派诗人等，是出于同一的根源的。"⑤

在这样的回溯后，不妨来总结厨川白村的文艺观和他对波德莱尔的评价，即鲁迅通过翻译可能接受，或者至少说是能够留下一定印象的部分。首先，厨川白村在文艺倾向上无疑是偏重于"为人生"的，他反感"为艺术而艺术"的态度；其次，厨川白村认为波德莱尔的《窗户》一诗可以用来阐释他所赞同的那种读者与作者彼此发现的鉴赏态度；最后，

---

① 〔日〕厨川白村：《出了象牙之塔》，鲁迅译，北新书局 1937 年版，第 26-27 页。
② 今通译雨果。
③ 〔日〕厨川白村：《出了象牙之塔》，鲁迅译，北新书局 1937 年版，第 81 页。
④ William Morris，今通译威廉·莫里斯。
⑤ 〔日〕厨川白村：《出了象牙之塔》，鲁迅译，北新书局 1937 年版，第 218 页。

厨川白村所描绘的波德莱尔的形象是，感官敏锐而至于神经质，思想倾向上是颓废的，具有恶魔性的。而将这三点联系起来看，波德莱尔的写作倾向其实并不符合厨川白村的文艺观，他对波德莱尔进行介绍，却并不推崇，波德莱尔所具有的颓废和并不"为人生"的美学原则甚至是令他反感的。这种倾向与鲁迅对波德莱尔的态度构成了某种呼应。

1924 年鲁迅曾对徐志摩进行过一番调侃："夜里睡不着，又计画着明天吃辣子鸡，又怕和前回吃过的那一碟做得不一样，愈加睡不着了。坐起来点灯看语丝，不幸就看见了徐志摩先生的神秘谈，——不，'都是音乐'，是听到了音乐先生的音乐：'……我不仅会听有音的乐，我也会听无音的乐（其实也有音就是你听不见）。我直认我是一个甘脆的 mystic。我深信……'"① 鲁迅反感于徐志摩翻译波德莱尔的《死尸》时所写的序言中对于诗歌音乐性的过分强调，尤其是徐志摩神乎其神的浮夸文风，这一批评实际上并不针对波德莱尔及其诗作。

20 世纪 20 年代鲁迅还选译了岛崎藤村的《从浅草来》，发表于 1925年的《国民新报副刊》。在其中的一篇短文《秋之歌》中，岛崎藤村回忆某年十月的心绪："对着向晚的窗子，姑且口吟那近来所爱读的 Baudelaire 的诗。将自己的心，譬作赤热而冻透的北极的太阳的'秋'之歌的一节，很浮到我的心上。波特莱尔所达到的心境，是不单是冷，也不单是热的。这几乎是无可辨别。我以为在这里，就洋溢着无限的深味。"他认为波德莱尔的诗歌"是劲如勇健的战士的双肩，又如病的女人的皮肤一般 delicate 的"②。

到了 30 年代，鲁迅对波德莱尔其人有颇多指责。1930 年的《萌芽月刊》第 3 期（该刊物也是从这一期起成为左联的机关刊物）刊有鲁迅驳斥梁实秋，并将与新月派的笔仗继续进行下去的《论"硬译"与"文学的阶级性"》。在"社会杂观"栏目中有《习惯与改革》，顺便又提了提梁实秋。这一栏目中还有鲁迅的《非革命的急进革命论者》，将批评的矛头对准"'申报'的批评家"。在列举"貌似彻底的革命者，而其实是极不革命或有害革命的个人主义的论客"时，他说道：

---

① 鲁迅：《"音乐"？》，《语丝》第 5 期，1924 年 12 月 15 日。

② 〔日〕岛崎藤村：《从浅草来》，杜斐（鲁迅）选译，《国民新报副刊》第 1 号，1925年 12 月 5 日。

其一是颓废者，因为自己的没有一定的理想和无力，便流落而求刹那的享乐，一定的享乐，又使他发生厌倦，则时时寻求新刺戟，而这刺戟又须厉害，这才感到畅快。革命便也是那颓废者的新的刺戟之一，正如饕餮者餍足了肥甘，味厌了，胃弱了，便要吃胡椒和辣椒之类，使额上出一点小汗，才能送下半碗饭去一般。他于革命文艺，就要彻底的，完全的革命文艺，一有时代的缺陷的反映，就使他皱眉，以为不值一哂。和事实离开是不妨的，只要一个爽快。法国的波特莱尔，谁都知道是颓废的诗人，然而他欢迎革命，待到革命要妨害他的颓废生活的时候，他才憎恶革命了。所以革命前夜的纸张上的革命家，而且是极彻底，极激烈的革命家，临革命时，便能够撕掉他先前的假面，——不自觉的假面。这种史例，是也应该献给一碰小钉子，一有小地位（或小款子），便东窜东京，西走巴黎的成仿吾那样"革命文学家"的。①

此外，为了答复沙汀和艾芜关于短篇小说创作的疑问，鲁迅在自己主编的左联刊物《十字街头》第 3 期上给出答复，来信和回信合并为《关于小说题材的通信》②刊发出来。提问者称他们已写了些短篇小说，其题材一是讽刺小资产阶级青年在当下所表现出来的弱点，二是下层人物在生活重压下强烈的求生欲望与朦胧的反抗冲动。他们疑惑自己的写作究竟对时代有没有贡献，希望自己不要走错道路白费时间，能够将精力贡献在有意义的文艺上，与此同时，他们也不愿意去写自己所完全不熟悉的生活："虽然也会看见过好些普罗作家的创作，但总不愿把一些虚构的人物使其翻一个身就革命起来，却喜欢捉几个熟悉的模特儿，真真实实地刻划出来。"③在鲁迅看来，无产者只要所写的东西具有艺术性，就自然是有意义的，因为他们自身就是战斗者。而来信的两位站在小资产阶级的立场上，如果并不认同无产阶级的价值观而要故意做出一副讽刺同阶级的样子，从无产者的立场看来就如同聪明能干的公子鄙视家里无能的子弟一般无关痛痒。他举了两个例子：

① 鲁迅：《非革命的急进革命论者》，《萌芽月刊》第 1 卷第 3 期，1930 年 3 月 1 日。
② LS（鲁迅）：《关于小说题材的通信》，《十字街头》第 3 期，1932 年 1 月 5 日。
③ LS（鲁迅）：《关于小说题材的通信》，《十字街头》第 3 期，1932 年 1 月 5 日。

例如法国的戈兼①，痛恨资产阶级，而他本身还是一个道道地地资产阶级的作家。倘写下层人物（我以为他们是不会"在现时代大潮流冲击圈外"的）罢，所谓客观其实是楼上的冷眼，所谓同情也不过空虚的布施，于无产者并无补助。而且后来也很难言。例如也是法国人的波特莱尔，当巴黎公社初起时，他还很感激赞助，待到势力一大，觉得于自己的生活将要有害，就变成反动了。②

波德莱尔去世于 1867 年，与从 1871 年 3 月开始的巴黎公社并无关联。根据传记作者的说法，波德莱尔与政治产生关联性的时间段在 1847 年和 1848 年，其中的原因非常复杂："这两年一直都是很神秘的，有关方面的资料非常少。尤其对我们来说，很难去重现一位受到各种哲学和政治社会思想影响的年轻人的思维结构。这些政治社会思想可能是社会主义的，或者是倾向于社会主义的，波德莱尔对它们感兴趣，并非为了完全地加入其中，而是为了将它们转化为诗的原料。"③ 传记作者提醒读者忘记"社会主义"这个词的含义在今天的缩小，而去注意到它（尤其是早期的空想社会主义）与浪漫主义的关联："浪漫主义具有两张面孔，一张是怀旧的，朝向过去，另一张则是具有热力的，朝向未来，甚至追求乌托邦，并延续了启蒙时代追求进步的趋势。这两张面孔属于同一种性质，也就是要致力于重新创造世界的整一性。"④ 他们正是在浪漫主义这一层上阐释波德莱尔在 1847 年作为艺术家和社会主义者的形象的。波德莱尔的朋友班图记录下了他在 1848 年"二月革命"中的形象。2 月 22 日波德莱尔得知警察镇压反抗者，发生流血事件。2 月 23 日波德莱尔表现出异常的兴奋：

我们回到左岸的时候，大约是晚上 9 时……波德莱尔按他喜欢的说法，说要陪我吃晚餐。他被这两天来见到的事情鼓舞：事件的

---

① 今通译戈蒂耶。
② LS（鲁迅）：《关于小说题材的通信》，《十字街头》第 3 期，1932 年 1 月 5 日。
③ 〔法〕克洛德·皮舒瓦、让·齐格勒：《波德莱尔传》，董强译，上海人民出版社 2007 年版，第 290 页。
④ 〔法〕克洛德·皮舒瓦、让·齐格勒：《波德莱尔传》，董强译，上海人民出版社 2007 年版，第 290–291 页。

开端让他非常感兴趣，只是结尾让他不太喜欢，他认为幕布落得太快了一些。我从未见过他如此开心，如此轻快，如此不知疲倦，因为他其实没有走路的习惯。①

从家庭方面说，波德莱尔一直厌恶的继父欧比克将军从 1847 年底起就负责主管综合工科学校（Ecole Polytechnique），在"二月革命"期间也是这所巴黎首屈一指的工科学校的主管。他起先负责维持秩序，后来看风头不对便转向临时政府，职位也因此得到保留。在传记作者看来，"他的继子在这一次民众怒火的爆发中，看到了改变世界、实现和谐，并解决家庭问题的良好时机"②。除了看热闹外，波德莱尔和朋友们一起办了一份只有两期的短命期刊。对于"二月革命"，波德莱尔虽然投入了不小的热情，但也远远谈不上参与，他和这场革命之间的关系如他后来所写的《我心赤裸》（Mon cœur mis à nu）中说的那样：

> 我在 1848 年的沉醉。
>
> 这沉醉是怎样的性质？
>
> 对报复的喜好。一种本性中破坏的欢乐。
>
> 文学性的沉醉，对于阅读的回忆。③

> 1848 年是有趣的，仅仅因为每个人都构建了如西班牙城堡般的乌托邦。
>
> 1848 年是迷人的，仅仅因为可笑过了头。④

所以说波德莱尔与巴黎公社没有关系是显而易见的，即便是略有关

---

① 〔法〕克洛德·皮舒瓦、让·齐格勒：《波德莱尔传》，董强译，上海人民出版社 2007 年版，第 314 页。

② 〔法〕克洛德·皮舒瓦、让·齐格勒：《波德莱尔传》，董强译，上海人民出版社 2007 年版，第 318 页。

③ Charles Baudelaire, *Œuvres complètes* Ⅰ, texte établie, présenté et annoté par Claude Pichois, bibliothèque de la pléiade, Paris：Gallimard, 1975, p. 679.

④ Charles Baudelaire, *Œuvres complètes* Ⅰ, texte établie, présenté et annoté par Claude Pichois bibliothèque de la pléiade, Paris：Gallimard, 1975, p. 680.

系的"二月革命",他也基本上属于有点激情、看看热闹但并没有实际参与的人,更谈不上因为革命妨碍颓废生活转而憎恶革命。鲁迅的误记大概与20年代就已经从厨川白村那里接受来的波德莱尔和颓废的紧密结合有关,可能也与在1930年他主编的《萌芽月刊》第3期"三月纪念号"上刊发的《纪念论文三篇》有关。三篇纪念文章包括恩格斯的《在马克斯葬式上的演说》(致平译)、亚力山大·特拉克廷巴克的《巴黎公社论》(侍桁译)和茀理契的《巴黎公社底艺术政策》(雪峰译),其中后两篇文章对巴黎公社的兴起时间和过程有详细的介绍。鲁迅作为主编者虽然未必仔细看过,但可能对此有一些印象,说到19世纪的法国革命,可能自然就联想起了最为著名的巴黎公社,顺便以此举例了。

1935年,在《中国新文学大系》的《〈小说二集〉导言》中,鲁迅在评论"为艺术而艺术"的浅草-沉钟社时说道:"但那时觉醒起来的智识青年的心情,是大抵热烈,然而悲凉的。即使寻到一点光明,'径一周三',却分明的看见了周围的无涯际的黑暗。摄取来的异域的营养又是'世纪末'的果汁:王尔德(Oscar Wilde),尼采(Fr. Nietzsche),波特莱尔(Ch. Baudelaire),安特莱夫(L. Andrev)们所安排的。"①

由此而观,对于波德莱尔的作品,鲁迅并无恶感,甚至二者之间存在某种接通之处,波德莱尔对于散文诗的创见对鲁迅也不无启发;而对于波德莱尔的思想倾向,或者说是在中国接受中所呈现出来的思想倾向,鲁迅无疑是非常反感的。如果说作为文学家的鲁迅在创作时抱定了"为人生"并改良这人生的启蒙主义目标,那么作为翻译家的鲁迅则怀有借助一定程度的欧化促进汉语自身更新的意图,而波德莱尔恰好以其自身的复杂性向鲁迅展现了不同的甚至是矛盾的面向。这或许也成为鲁迅对波德莱尔其人与其作品持有不同态度的原因所在。

三　诗行内外:"东方之鲍特莱"李金发的语言更新与文学运作

在研究者那里,李金发的名字与中国的象征派、与波德莱尔均紧密

---

① 鲁迅:《〈小说二集〉导言》,刘运峰编《1917—1927中国新文学大系导言集》,天津人民出版社2009年版,第83页。

相连。如果从研究逻辑上进行梳理的话，现有的研究成果主要体现为两个方面。首先是认为李金发谙熟法国象征主义诗学，并以自己的才能加以改造创新，以新奇的、欧化的语言和意象冲击着人们的审美习惯，进而向世人展现了中国的象征诗。谢冕先生评论道："《弃妇》展现了中国新诗所未曾有的颓废和没落的氛围。沉睡的枯骨，急流的鲜血，衰老的裙裾的哀吟，这一切与那种殷切的期待，新生的喜悦形成极大的反差。把死亡和绝望引进此刻的中国诗中要有足够的勇气，何况，它从语言到意象，都全然是欧化的。"① 在论及李金发的诗歌师承和贡献时，如下评价非常具有代表性的意义：

　　　　李金发以及中国象征诗的先行者们从巴黎那里得到启示，并在中国的环境中诞生了中国最早的象征诗派。《微雨》以及其他的中国象征诗直接继承了波特莱尔《恶之花》的传统。它们冲击了中国诗的传统规范，破坏了温润、平和、优美、典雅的审美风范，并使那些丑陋、阴晦、奇艳和绝望的魔影骚扰这平静和秩序的诗坛。由此，开始了明显的西方情调侵入，并造成以这种情调为基本特色的一类诗。欧化的诗风无遮拦的长驱直入，它比任何时候都更为直率和大胆。②

在谢冕的论述中，中国象征诗的出现，李金发向波德莱尔的直接学习功不可没，简而言之就是学得像、学得好，同时他对李金发的学习的方式做出了如下论述：

　　　　和那一批盗火者（笔者按：指的是五四前后向西方学习的人）不同的是，李金发的工作不是追踪西方诗潮而弥补中国诗界落伍的缺憾，他对象征主义的引进几乎是与西方同步进行的。李金发于1919年来到枫丹白露，与林风眠一道学习法文。李金发留学的法国，是象征派诗歌的故乡。他自述是由于波德莱尔和魏尔伦的影响而做诗。他认魏尔

---

① 谢冕：《中国现代象征诗第一人——论李金发兼及他的诗歌影响》，《新文学史料》2001年第2期。
② 谢冕：《中国现代象征诗第一人——论李金发兼及他的诗歌影响》，《新文学史料》2001年第2期。

伦为他的"名誉老师"。在法留学期间，《恶之花》是他经常阅读的著作，他还翻译介绍象征派领袖马拉美的诗。他刻苦学就的法文，以及他对艺术特别是雕刻的深刻了解，加上巴黎那个十分合适的环境与气氛，使他能够把握到当日风靡世界的象征主义的氛围。①

如果说上一段论述中对于李金发的文学资源——波德莱尔、《恶之花》、法国象征派的论述因为相对宽泛和模糊而无法去细究正误的话，此处说李金发对象征主义的介绍与西方同步则是不准确的。法国的象征主义作为一种文学运动在 19 世纪末已经宣告终结，1891 年，以《象征主义宣言》给这一流派命名的莫雷亚斯宣布脱离此派，重新成立"罗曼派"；兰波、马拉美、魏尔伦在 19 世纪 90 年代相继过世，其他的许多曾经聚集在这一旗帜下的诗人也纷纷重新选择方向。到了 20 世纪 20 年代，象征主义虽然在世界范围内得到扩张，但在法国本土风头已过，虽有瓦莱里试图重新恢复象征主义，但在当时也属于具有复古和保守倾向的主张，完全谈不上"风靡"，当时正风靡的，是新兴的超现实主义、达达主义。更何况，20 世纪 20 年代的法国如果说象征主义尚存，可以称为后期象征派的话，那也不是李金发拿来建构中国象征派的那些诗人，后期象征派代表人物瓦莱里在中国的主要介绍者和阐释者是梁宗岱。在李金发与瓦莱里，或者说是后期象征派之间，我们找不到实际的交往证据。从李金发对他自己的阐释中，也看不到对瓦莱里究竟有多深入的学习。李金发所介绍和使用的文学资源是 19 世纪下半叶的，相较于他在法国逗留的 1919—1925 年来说，实在谈不上"同步"。虽然在谢冕先生看来，巴黎的艺术氛围具有某种神奇的感染力，"就在李金发生活过的巴黎，每星期二夜晚罗马街上的住宅里马拉美的周围正积聚着一批未来的艺术挑战者"②，但需要指出的是，马拉美那个曾接待过魏尔伦、兰波的"星期二沙龙"开始于 19 世纪 70 年代，马拉美本人在 20 世纪到来前已经去世。研究者不能忽略这些文学流派和文学事件存在的具体时空，而去空泛地

---

① 谢冕：《中国现代象征诗第一人——论李金发兼及他的诗歌影响》，《新文学史料》2001 年第 2 期。

② 谢冕：《中国现代象征诗第一人——论李金发兼及他的诗歌影响》，《新文学史料》2001 年第 2 期。

谈论同一空间中"共同的艺术空气"。如果非要如此的话，这是马拉美生活过的巴黎，可也同样是雨果生活过的巴黎、左拉生活过的巴黎。

孙玉石的《论李金发诗歌的意象构建》对李金发的诗歌艺术进行了细致的解读，他将李金发的诗歌意象总结为三种类型：有深层意义的象征意象；无深层含义的一般象征意象；并无象征的意义，仅仅是抒情比喻的需要。尽管对每一种类型的分析很精彩，但是如果脱离了具体的文本，仅仅看这三种类型划分，其实可以放在很多诗人身上。而且他的论述的逻辑和价值指向也是学得像、学得好："李金发诗中情景相生的意象，就超越中国魏晋诗歌以来常常使用的'拟人法'，进入了 19 世纪西方象征主义诗中'移情'的审美追求。"①

这一类持肯定态度的研究论文为数众多，尽管在对李金发及其作品的研究上取得了不少有益的成果，但易于让人产生千篇一律的观感。而另一类数量较少的研究成果则使用了相反的逻辑，即认为李金发学习法国诗歌学得不像、学得不好。最有代表性的是卞之琳那广为后辈研究者所引用的观点：

> 李金发应该说不是没有诗才的，对于法国象征派诗的特殊风味也不是全不能领略，只是对于本国语言几乎没有一点感觉力，对于白话如此，对于文言也如此，而对于法文连一些基本语法都不懂，偏要译些法国象征派诗，写许多所谓法国式的象征派诗，结果有过一个时期，国内读者竟以为象征派诗就是如此，法国象征派诗就是如此。也有过一些人竟学写这样的糊涂体。（孙席珍插话：李金发我认识。要说引进象征派，李金发是第一个，后来还有穆木天、冯乃超、戴望舒。李金发原来学美术，在德国学的，法文不大行。他是广东人，是华侨，在南洋群岛生活，中国话不大会说，不大会表达。文言书也读了一点。杂七杂八，语言的纯洁性就没有了。20 年代我到北大读书，他来找孙伏园，我也认得他。引进象征派，他有功，败坏语言，他是罪魁祸首。）幸而跟他学的时髦在我国早成陈迹，虽然外边一些华人和洋人还很推崇他，那是因为他们对中国语言太缺

---

① 孙玉石：《论李金发诗歌的意象构建》，《新文学史料》2001 年第 2 期。

少感觉力（也没有对过他译诗的原文）。①

　　按照传记②作者陈厚诚提供的信息，李金发出身于广东梅县的华侨之家，父亲在毛里求斯经商。从接受的教育上来说，1917 年的李金发高小毕业便退学在家，喜欢阅读鸳蝴派小说和《牡丹亭》之类的古典戏曲。1918 年赴香港接受了短暂的英语教育，1919 年春天回家结婚，夏天到上海闯荡，并于 1919 年 11 月在没有任何法语基础的情况下去往法国。李金发抵法后的最初一年间断断续续地学习法语，1921 年开始先后在第戎、巴黎学习美术。《微雨》中较早的诗歌《下午》写于 1920 年，更多的篇目写于 1921 年到巴黎后。

　　如果从接受教育的时间和程度上来看，卞之琳对李金发语言能力的尖刻评价并非没有道理。尽管李金发对自己的外语能力有着诸多标榜，但至少他的法语学习时长和方式让他难以达到傅雷、罗大冈、梁宗岱那样的精通，他对波德莱尔、法国象征派的作品是否能够顺畅、准确阅读都是值得怀疑的。正如孙席珍那番更尖刻的"插话"中所说的那样，如果将李金发用来证明"法国象征派就是看不懂"的译诗来和原文做一番对照的话，确实会让人对译者的基本语法掌握程度产生怀疑。

　　但是，我们不应该仅仅将关注的目光放在李金发的母语或是外语能力如何，他学法国诗歌有没有领会到其精髓，究竟学得像不像、好不好这样的问题上，而是应该跳出像与不像、好与不好的思维框架去重新发现问题。至少，就结果而论，法国象征派的引入、中国象征派的兴起确实与李金发有紧密的联系。李金发将自己的诗歌阐释为法国象征派最为"正宗"的中国化杰作，又强调他对波德莱尔的推崇和取法，让他在事实上成了波德莱尔在中国接受中"成为"法国象征派代表作家的重要一环。

　　如果根据第一章中对法国文学史的梳理，我们已经很清楚地知道波德莱尔不是象征主义者，那么我们就要思考李金发将自己和波德莱尔建立起相关性的目的是什么，其中是否有某种可能是刻意为之的文学运作。李金发的文学史地位与其说是通过其作品奠定的，不如说是通过围绕其作

---

①　卞之琳：《人与诗：忆旧说新》，安徽教育出版社 2007 年版，第 334-335 页。

②　参见陈厚诚《死神唇边的笑——李金发传》，上海文艺出版社 1996 年版。

品的批评奠定的，若围绕李金发做批评史的考察，可以发现有趣的现象。

根据李金发的说法，他的第一部诗集《微雨》中有少量 1920 年和 1921 年的诗歌，其余的大多写于 1922 年和 1923 年。这部诗集于 1923 年 2 月编定，之后他用三个月的时间很快完成了他的第二部诗集《食客与凶年》。这两本诗集的正式出版与周作人的帮助密不可分：

> 我与周作人无"一面之缘"，但与他通过好几次的信，且可以说是他鼓励我对于象征派诗的信心，记得是一九二三年春天，我初到柏林不满两个月，写完了《食客与凶年》，和以前写好的《微雨》两诗稿，冒昧地（那时他是全国景仰的北大教授，而我是一个名不见经传二十余岁的青年，岂不是冒昧点吗？）挂号寄给他，望他"一经品题声价百倍"，那时创作欲好名心，是莫可形容的，那时在巴黎的李璜，也是能赏识我的诗，给我增加信心的一人。
>
> 两个多月果然得到周的复信，给我许多赞美的话，称这种诗是国内所无，别开生面的作品（那时人家还不会称为象征派），即编入为新潮社丛书，交北新书局出版，我这半路出家的小伙子（十九岁就离开中国学校，以后便没有机会读中国书籍），得到这个收获，当时高兴得很。
>
> 到一九二五年，我回国来，"微雨"已经出版，果然在中国"文坛"引起一种微动，好事之徒，多以"不可解"谶（疑作讥——笔者注）之，但一般青年读了都"甚感兴趣"，而发生效果，象征派诗从此也在中国风行了。①

除了李金发的转述外，周作人并没有专篇的文章评价李金发的诗歌。但从他对李金发的帮助来看，至少他不反感这样新鲜的作品出现，这与他的诗学偏好有关，正如他在给刘半农的《扬鞭集》作序时说的那样：

> 新诗的手法我不很佩服白描，也不喜欢唠叨的叙事，不必说唠叨的说理，我只认抒情是诗的本分，而写法则觉得所谓"兴"最有

---

① 中国现代文学馆编《李金发代表作》，华夏出版社 1999 年版，第 270—271 页。

意思，用新名词来讲或可以说是象征。让我说一句陈腐话，象征是诗的最新的写法，但也是最旧，在中国也"古以有之"……中国的文学革命是古典主义（不是拟古主义）的影响，一切作品都像是一个玻璃球，晶莹透澈得太厉害了，没有一点儿朦胧，因此也似乎缺少了一种余香与回味。正当的道路恐怕还是浪漫主义，——凡诗差不多无不是浪漫主义的，而象征实在是其精意。这是外国的新潮流，同时也是中国的旧手法；新诗如往这一路去，融合便可成功，真正的中国新诗也就可以产生出来了。①

很显然，周作人是在最为广泛的意义上理解象征的，于古今中外皆存在，而跟李金发所试图带来的法国象征派并没有什么关系。同样地，周作人也并不是从特定文学运动的意义上去理解浪漫主义的，他所说的"浪漫主义"近乎抒情性——那种在他看来乃是诗歌的本分的东西。然而，他所提到的"外国的新潮流"实际上并不是在他所理解的宽泛的定义上展开的，而是拥有具体时空、具体语境的文学运动，无论是浪漫主义还是象征主义，都不是周作人所说的万古恒新的东西。在这里，周作人的理解产生了一种错位，他的诗学资源与其说是来自西方的，不如说是来自中国传统诗歌中的。虽然他所需要的象征与法国的象征主义全然不同，但李金发的诗歌不流于直露的白描、不会如同透明的玻璃球般一览无余的特点符合周作人的诗歌审美期待，在他看来可以构成对于胡适所提倡的那种作诗如作文、以明白清楚为要义的诗学主张的鲜明的反对，因而他对李金发的帮助也就顺理成章。

　　1925 年 11 月《微雨》出版后，在文坛上其实并未如李金发所描述的那样引起争论，虽不能说是无人理睬，但在公开的出版物上可以说是应者寥寥。目前已知的第一篇评论文章是钟敬文发表于 1926 年《一般》杂志"书报评林"栏目中的《李金发底诗》，他说自己第一次接触李金发的诗歌源于周作人在 1925 年寄给自己的《语丝》②，并感慨道：

---

① 周作人：《〈扬鞭集〉·序》，《语丝》第 82 期，1926 年 6 月 7 日。
② 1925 年李金发先以"李淑良"为名在《语丝》第 14 期发表《弃妇》，在第 15 期发表《给蜂鸣》，在第 35 期发表《心愿》，后以"李金发"的名字在同年的《语丝》第 41 期发表《时之表现》，在第 50 期发表《故事》。

的确的，像这样新奇怪丽的歌声，在冷寞到了零度的文艺界里，怎不教人顿起很深的注意呢——虽然我于李先生的诗，起初就已是那样觉得它的不大好懂了。记得那时候，李先生用的不是现在的大名，而是那有点女性化的"淑良"两个字儿。自是以后，我和朋友们谈起现代的诗人，便不免举列出他的大名来。在浏览刊物时，也很留心寻着李淑良这名字的作品。后来陆续在《文学周报》①、《黎明周刊》②、《小说月报》等上面，常常读到李先生的文字——这些时③，他已改用现在的"尊名"了——觉得虽每一篇作品，重读过两三次，还是不能大懂，可也不知为何的，只是愿意拜读，绝不生出一点憎恶来。而且每度读后，脑子里，总有一股凝重的情味，在那里悠然的浮动着，浮动着，经时而始消失。数月前，得到他的《微雨》，饱读一过，这种情况，更加深深的感受到了。④

在《微雨》正式出版前后的 1925—1926 年，也就是钟敬文的批评文章出现前后，李金发已经在期刊上发表了不少诗歌作品，此外，这一时间段内他还在《新女性》上连载了翻译的《古希腊恋歌》⑤。在 1925 年的《学艺杂志》上，李金发发表《少年艺术家的态度》⑥，可以看作他回国后试图在艺术界崭露头角的宣言。由此而观，相比于 1925—1926 年他在期刊上出现的频率，关于他的评论实在是寥寥，并没有引起"很深的注意"，更谈不上"发生效果"。钟敬文是李金发的广东同乡，他虽然没有透露他与李金发是否有私交，但从文字中的信息推断，他们至少有共

① 1925 年李金发在《文学周报》第 192 期上发表《红鞋人——在 café 所见》，第 193 期上发表《高原夜语》，第 194 期上发表《诗二首》（《海浴》《春》），第 198 期上发表《诗人凝视》；1926 年他在《文学周报》第 207 期上发表《工愁的诗人》，第 208 期上发表《北方》，第 211 期上发表《遗嘱》，第 216 期上发表《给母亲》，第 225 期上发表《印象》，第 241 期上发表《爱之神》。

② 1925 年李金发在《黎明》第 12 期发表《小病》。1926 年李金发在《黎明》第 14 期发表《圣玛丽之哀吟》，在第 17 期发表《晨间不定的想象》，在第 43 期发表《在罗马》，在第 44 期发表《重逢》。

③ 原刊为"这些时"，作者后来的文集中为"这些诗"，见钟敬文《兰窗诗论集》，中华书局 2013 年版，第 270 页。

④ 钟敬文：《李金发底诗》，《一般》第 1 卷第 4 号，1926 年 12 月 5 日。

⑤ 连载于《新女性》1926 年第 1 卷第 8 期、第 9 期和第 10 期。

⑥ 李金发：《少年艺术家的态度》，《学艺杂志》第 7 卷第 3 号，1925 年 10 月。

同的朋友，他对于李金发的个人生活也有相当的了解。钟敬文评论中
"新奇怪丽的歌声"为后来的评论者频繁引用，他所提供的关于李金发诗歌的主要印象是褒义的难懂，以及与魏尔伦的师承关系："李先生尝自承认是魏尔伦的徒弟。魏氏为法国前世著名的象征派诗人，他的诗的特征——也可说是这一派的——不在于明白的语言的宣告，而在于浑然的情调的传染，在这一点上，李先生的诗确有些和他相像之处。"①

可以说，至 1926 年底，作为诗人的李金发尚未成为引人注目的诗坛新星，所谓的中国象征派也还没有踪迹。但是也就是这一年，作为雕塑家的李金发开始崭露头角。《良友画报》1926 年第 7 期也曾经刊载过一张 40 人的大合照，照片下面是一行密密麻麻的小字："东亚艺术协会中华艺术大学上海新闻学会欢迎留英画家张道藩君留法画家高乐谊君雕刻家李金发君演讲人体美纪念之影"。但这还不足以令李金发引起多少关注，真正让他获得知名度的是获得给孙中山塑像的机会。1926 年《良友画报》"孙中山纪念特刊"的开头最醒目处就是孙中山半身雕塑的照片，标有"李金发君作"（Bust by Mr. Kingfar Lee）。雕塑家李金发其实比作为诗人的李金发更早获得关注，前者是否对后者有着某种助推作用不得而知，但到了 1927 年，文坛对李金发开始有了进一步的回应，尽管是批评的调子。在博董（赵景深）看来，文学的目的在于取得读者的同情，那么"作者却不想自己的作品使别人了解，将情感尽量的留给自己，这真是希奇极了"②。他反感李金发诗歌中的文白夹杂和文法不通，认为《微雨》中他能够读懂并欣赏的只有《下午》《屈原》《柏林初雪》《给行人》《假如我死了》《憾》《春城》《不幸》这八首作品。

而让李金发获得更大的关注的是黄参岛的批评文章《微雨及其作者》，其中的很多说法被后来的评论者频繁引用。黄参岛在"作者附志"中自述此文作于三年前，而今李金发已经为人所熟知，在文坛占据着重要的位置。他评价道：

在白话诗流行了七八年的当儿，忽然有一个唯丑的少年李金发

---

① 钟敬文：《李金发底诗》，《一般》第 1 卷第 4 号，1926 年 12 月 5 日。
② 博董（赵景深）：《李金发的〈微雨〉》，《北新》第 22 期，1927 年 1 月 22 日。

先生，做了一本《微雨》给我们看，并在我们的心坎里，种下一种
对于生命欲揶揄的神秘，及悲哀的美丽。但是赏鉴的自赏鉴（有眼
光学识的人），却并没有人作些批评或介绍的文字，去指示那叹
"太神秘，太欧化"的人们，这一层实文艺界批评界的惭愧及放弃。
虽然，批评不批评，作品的价值将一样存在，而鲜艳，但由此可见
国人灵感性太薄弱了。①

　　他给予李金发的诗歌一连串带着强烈欣赏之意的形容：流动的，多
元的，变易的，神秘化、个性化、天才化的，因此读不懂的国人都感慨
太神秘、太欧化。而事实上，在黄参岛的这篇批评文章出现之前，对李
金发为数不多的评论中，除了钟敬文点明李金发和魏尔伦的关联外，其
余的评论都可以归结为带着贬义的难懂——句式怪异，文法不通。而到
了黄参岛那里，他找出了一个巧妙的转换方法，即将这种引人诟病的难
懂解释为天才的神秘——"不是如普通的诗，可以一目了然的"②，看不
懂，那是读者的问题。

　　黄参岛对李金发的诗歌做出拔高的比附："他们有的比之嚣俄③早年
的作品，（他的诗第一次与国人相见，是在《语丝》），范仑纳④的声调，
有的叹为国中诗界的晨星，有的称之为东方之鲍特莱。"⑤"他们"究竟
是谁已不可考，也许仅在小圈子中存在，也许只是书写者的评价。但有
趣的是，黄参岛所列出的这几位法国作家，似乎并不完全是从作品的关
联上去看的。特别是他在文末又再次强调："我敢断言他三本诗集出版
后，就会在中国成一个 Prince de Poete⑥ 中国之嚣俄的。"如果单从作品
上而言，李金发与雨果并无文学影响与接受的关系，雨果可以说是横跨
大半个世纪的文坛领袖，而且也是在中国得到较早译介、知名度较高的
法国作家，"中国之嚣俄"的展望背后其实有着对于文坛领袖地位的
期许。

---

①　黄参岛：《微雨及其作者》，《美育杂志》第 2 期，1928 年 12 月。
②　黄参岛：《微雨及其作者》，《美育杂志》第 2 期，1928 年 12 月。
③　今通译雨果。
④　今通译魏尔伦。
⑤　黄参岛：《微雨及其作者》，《美育杂志》第 2 期，1928 年 12 月。
⑥　原文误，应为 Poète。

在黄参岛文章里出现的诸多比附中,李金发与魏尔伦的关系较少得到关注,这也与魏尔伦在中国的译诗较少有关。而"东方之鲍特莱"的说法虽然被冠以"有人说",但实际上也是通过黄参岛的这篇文章第一次被人知晓,由此成为李金发的一个重要标签。

关于这篇文章的另外一个问题是,黄参岛是谁?尽管《微雨及其作者》一文自面世起便被频繁征引,但对黄参岛其人,我们却近乎一无所知。查找上海图书馆晚清、民国全文数据库及《中国现代文学期刊目录新编》①,《微雨及其作者》是署名黄参岛的唯一文章。在李金发的文论、传记与研究资料中,亦无黄参岛的身份信息或与同侪的互动。可以说,对于新诗的批评史来说,这是一篇"熟悉"的孤悬之作。一位写出了高质量文学评论的作者,为何如此昙花一现,此后再无任何文章面世,甚至从此彻底销声匿迹?这一"孤悬"状态本身,使我们有理由怀疑黄参岛的真实身份。最可能的解释,一是黄参岛确实只写过此文,并从此远离文坛;二是黄参岛其文是李金发请托授意下的应时之作,黄参岛本非文坛中人,因此文章发表后便销声匿迹。实际情况究竟为何?

在开篇的"作者附志"中,黄参岛交代了写作的时间和背景:"此文作于三年前,不知为什么没有把他正式发表过,现在李先生的作品,(三集均行世了,且四集亦快要完成),已为国人所认识,在文坛上坐着一把交椅,此本已成明日黄花!因一时不忍割爱,特借《美育》来发表,李先生其许我乎?"照此说法,《微雨及其作者》应作于1925年底,即1925年11月《微雨》问世稍后。作为写作客观性的强调,黄参岛补充道:"我没有直接的认识过李先生的荆②,但我一个同学是他的同乡,故我间接知道他的人品,学问,历史,故敢冒昧来弄墨。"同乡是谁无从考证,但从全文看,黄参岛的补充显然是此地无银三百两:他洞悉诗人的私人生活,连李金发"被一个他所不愿爱的女同学(法国的少女啊),纠缠贪恋"都了如指掌;他对李金发尚未出版的诗集极其熟稔,并代述李金发的文学资源与写作意图,替诗人表达了成为"中国抒情诗的第一

---

①　吴俊、李今、刘晓丽、王彬彬主编《中国现代文学期刊目录新编》,上海人民出版社2010年版。

②　"生不用封万户侯,但愿一识韩荆州"(李白《与韩荆州书》),因此有"识荆"一词,作者在此生硬拆开使用。

人"的宏愿。凡此种种，在一个以书信和口耳为主要信息传播途径的时代，已然超出了一个同乡之同学正常情况下能够掌握的信息程度。对客观性的强调与叙述的溢出让人生疑，而文本之中的裂隙恰好让丛生的疑窦有所指向。

首先，是法国诗人 Verlaine 的译名问题。在《微雨及其作者》中，前后共三次提及 Verlaine，所用的中译名却有两种。Verlaine 的第一次出现，是在写作缘起的阐述之后，黄参岛援引他人之语为《微雨》作"腰封"式激赞：

> 《微雨》作好之后，最先看见的是李璜，周作人，宗白华等，他们有的比之罢俄早年的作品，（他的诗第一次与国人相见，是在《语丝》），范崙纳①的声调，有的叹为国中诗界的晨星，有的称之为东方之鲍特莱（Ch. Baudelaire），这话我并不觉得过奖，尤其出于不喜说奖话的人之口。

"范崙纳"是黄参岛对 Verlaine 的第一种译法。但是，在后文再次提到 Verlaine 时，黄参岛却使用了不同的译名：第一次是"范崙纳"，第二次是"范尔侖"；第一次并未做出标注，第二次却像初次提及般标注法语名：

> 迨后他受了范尔侖（Verlaine）的及最近法国大诗人瓦拉利（P. Valary②）涟尼野（Regnier）等作品的影响，诗风又为之一变……

在第三次提到 Verlaine 时，黄参岛延续了第二次的译名"范尔侖"：

> ……其实外国诗人至低限度的浅白亦要如此。（不信且看……至于范尔侖鲍特莱瓦拉利等的作品更不消说了。）

----

① 为清晰起见，在论述魏尔伦的译名问题时个别处使用繁体字，以区分简化后为同一字的"崙"与"侖"。译名处着重号为我们所加。

② 原文误，应为 P. Valéry，即保尔·瓦莱里。

在《微雨及其作者》的体例中，所有其他对外国诗人进行的外语标注都是在文中首次提及时方才存在。一篇文章中三次引述同一位诗人，却出现两种不同译名，这既不符合常规做法，也不符合《微雨及其作者》中涉及其他法国诗人时的习惯。因此，从"范崙纳"—"范尔侖（Verlaine）"—"范尔侖"这一连串异质性的用法至少可以看出：在黄参岛心中，法国诗人 Verlaine 的中译名是"范尔侖"，故而当"范尔侖"出现时他在其后标注"（Verlaine）"，并在后文再次提及时继续使用"范尔侖"这一译名。

那么，"范崙纳"这一名称又来自何处呢？按照黄参岛的行文逻辑，"范崙纳"是他对于李璜、周作人、宗白华等人评述的转引，这些转引内容包括："嚣俄早年的作品""范崙纳的声调""诗界的晨星""东方之鲍特莱"。那么，有一种合理的解释便是：黄参岛在此只是客观引用李璜、周作人、宗白华等人已有的评述，他并非不知道"范崙纳"就是"范尔侖"，只是出于引用的需要而对此加以保留。这一推测是否合理呢？

通过对 Verlaine 的常用译名进行考察，可以发现"范崙纳的声调"与李璜、周作人、宗白华均无关联。李璜将 Verlaine 译作"威尔乃伦"[①]，周作人则使用"威耳伦"的译名[②]。至于宗白华，基于同少年中国学会的关联，他对 Verlaine 不会没有耳闻，但从著作与讲稿中看，宗白华对这位诗人并没有特别的兴趣，也未曾翻译过其作品。因此，"范崙纳"这一译法也不应出自宗白华。

事实上，对于"范崙纳"这一在 Verlaine 的中译里既不常见又在读音上与原文出入较大的译名，在汉语世界中唯一的使用者竟是李金发。现将李金发不同时期对 Verlaine 所使用的译名梳理如表 3-1 所示。

表 3-1 李金发不同时期对 Verlaine 所使用的译名

译名	期刊名及卷、期	时间
范倫纳《诗两首》	《文学周报》第 226 期	1926 年 5 月 23 日

---

① 李璜：《法兰西诗之格律及其解放》，《少年中国》第 2 卷第 12 期，1921 年 6 月 15 日。

② 周作人著，止庵校订《周作人自编文集·瓜豆集》，河北教育出版社 2002 年版，第 166 页。

译名	期刊名及卷、期	时间
魏崙《巴黎之夜景》	《小说月报》第 17 卷第 2 期	1926 年 12 月 2 日
《魏尔侖诗抄》	《世界杂志》第 1 卷第 4 期	1931 年
魏崙《各家诗抄》	《文艺月刊》第 7 卷第 2 期	1935 年

　　在新文学的初生时期，外国诗人的中文译名往往多有变动，一开始由每位译者提出各自独创的译法，然后逐渐朝一方向加以固定，并最终产生一个或少数几个公认的通行用法。在这一连串 Verlaine 的中文译法中，"魏崙""魏尔侖"便是逐渐稳定下来的通行用法，而"范倫纳"则是李金发在早期提出的独创译法。根据前文分析，《微雨及其作者》的成文时间应在 1925 年底，这也恰好是李金发使用"范倫纳"这一译名的时间，在 1926 年底之后，李金发则多用"魏崙""魏尔侖"等当时更常用的译名。至于"范倫纳"和"范崙纳"之间存在"崙"与"倫"的细微差别，考虑到相同的读音，以及在这一音节组合下李金发对 Verlaine 独一无二的译法，可以肯定"范崙纳"这一译名必然来自"范倫纳"。因此，《微雨及其作者》中第一次提到 Verlaine 时所用的译名"范崙纳"绝非来自李璜、周作人、宗白华，而是来自李金发。这一现象产生的原因如下：第一，黄参岛与李金发的关系并非他口中"同乡的同学"的关系，而是与李金发相识之人，"范崙纳的声调"并非李璜、周作人、宗白华的评述，而是李金发的自我认定。黄参岛在此借助他人之口，将李金发的自我认定以第三方评价的方式反加于李金发身上，而且在这一转引过程中没有意识到李金发口中的"范倫纳"就是他自己心中的法国诗人 Verlaine"范尔侖"，于是在此记为"范崙纳"，"崙""倫"字的差异则是黄参岛听到李金发"范倫纳"这一译名之后的转写。第二，"范崙纳的声调"这一表述是作为《美育杂志》主编的李金发在发表《微雨及其作者》之前额外增补的内容，因此没有注意到后文黄参岛"范尔侖"的译法，而李金发本人对"崙""侖""倫"三字的使用一贯相当随意，故而记作"范崙纳"。在第一种情况中，黄参岛接受了李金发的影响甚至授意，在第二种情况中，李金发已然亲自执笔。鉴于"崙""倫"的差别，第一种情况的可能性应该更高。而无论真相为何，我们从这一译名错乱的状况中已经可以清楚地看到李金发本人在《微雨及其作者》中

的现身和在场，《微雨及其作者》的成文与李金发本人有着莫大关联。这也就解释了本节开头的问题，黄参岛在文坛昙花一现的根本原因便是他写作此文时蕴含着李金发的要求，而在完成任务之后便自行退场。

除去 Verlaine 中文译名这一细节之外，《微雨及其作者》的另一个文本裂隙则来自论述方法上的悖论。黄参岛在这篇文章中对李金发的判断均基于其诗与法国诗歌的近似比较，如"句读上化人所不敢化的欧化，说中国人所欲言而不能找到的法国化的诗句，所以他的诗，像法国诗，因之读者骇倒了"，"他的诗体风格，可以说全是法兰西化，故大家骤看去，似很难懂，其实外国诗人至低限度的浅白亦要如此"，"他的诗才是上了西洋轨道的诗，至于时下的诗，是不敢给外国人读的"等，可以说，"欧化""法国化""法兰西化"是黄参岛在评价李金发诗歌时的高频关键词。那么，做出此类断言的作者，至少应知"欧"懂"法"，对法国诗歌相当熟悉，否则他就无从比较。然而，综观《微雨及其作者》，法语引文错误率极高，特别是诗歌与艺术方面的引用，近乎全错，列举见表 3-2。

表 3-2　《微雨及其作者》辨误

原文	辨误
作者一向是精研国学，及雕刻图章及古木的，故造成他 Plastigue 的诗及人生	应为 plastique，造型艺术、雕塑艺术
法国大诗人瓦拉利（P. Valary）	应为 P. Valéry，保尔·瓦莱里
充满着寻不到永远（Eteruite）的悲哀	应为 éternité
不信且看 Vigny，Leconte，de Lisle，Samain，Verharen，诸大作家的作品	第一个应为 Leconte de Lisle，勒贡特·德·李勒；第二个应为 Verhaeren，维尔哈伦
由唯丑一变而为唯美，爱 esthe'tigue，运动，跳舞，喝咖啡……	应为 esthétique，审美的
是他一瞬间脑海中的崇奉者（Adoartrice）之留影	应为 Adoratrice，崇拜者
我敢断言他三本诗集出版后，就会在中国成一个 Prince de Poete 中国之嚣俄的	应为 Prince de Poète，诗歌王子
Sansouci 的故宫，孤寂得要哭出来了	应为 Sanssouci，德国的无忧宫，从法语的 sans souci（无忧）一词而来

上述错误中少量或与排版印刷有关，但据我们查阅，《美育杂志》的第 1 至 4 期，特别是《微雨及其作者》所在的第 2 期，并不存在诸如

q/g、n/u 之类的统一印刷错误，也不存在 e 的开音符、闭音符错用或打不出的现象。细查之下，同期其他文章涉及法语引用之处，均相对严谨准确。而《微雨及其作者》在涉及法语时近乎全错的引文在《美育杂志》中可谓绝无仅有。因此，可能的原因唯有作者本人对所引述的内容缺乏真正的了解，特别是上述第四处错误，将勒贡特·德·李勒的法语名从中间用逗号隔开，变成了 Leconte 和 de Lisle 两位诗人。这一系列密集的错误足以说明作者对法语诗歌远非熟稔、精通，他借助"欧化""法化"而对李金发诗歌做出的价值判断，并非经过深度的中法文学比较研究后做出的客观学术判断，而是出于完全不同的理由。此举最有可能的理由便是改变李金发初登文坛时的窘境。

黄参岛在文章的起始处便摆出论战的姿态："赏鉴的自赏鉴（有眼光学识的人），却并没有人作些批评或介绍的文字，去指示那叹'太神秘，太欧化'的人们，这一层实文艺界批评界的惭愧及放弃。"这一段开篇之言直指文坛上将李金发诗歌归于"难懂"的言论，把他们视为缺少眼光与学识之辈，并以"惭愧及放弃"两词暗讽沉默噤声者，火药味儿可谓十足。紧接着，黄参岛便提出，李金发诗歌的妙处，恰恰在于它"是流动的，多元的，变易的，神秘化，个性化，天才化的，不是如普通的诗，可以一目了然的，需先知道作者环境影响到思想的变迁"。在这一段话中，黄参岛对"难懂"进行了细化，之所以难懂，一是不懂李金发的生平经历，二是根本不懂什么是好诗，"不是如普通的诗，可以一目了然的"。在此，黄参岛暗示了一种价值联结：好懂—普通—劣诗，难懂—精妙—好诗。"难懂"，恰恰成为李金发诗歌的价值所在，不但不需要为之辩解，反而应该高扬和推崇。所以黄参岛此处的潜台词是：将李金发诗歌斥为"难懂"的人，其实根本不知道诗为何物，又有何资格做出评论？这一套逻辑的提出，可以说直接切断了后人继续以"难懂"斥责李金发的通路，因为这就等于变相承认自己在诗学上的无知，除非有人能够证明好懂的诗才是好诗，但对于 20 世纪 20 年代末的中国文坛，《尝试集》给诗坛造成的困扰恰恰让当时的批评界无法以此立论。而对于这一"难懂"，黄参岛进一步阐释：

　　句读上化人所不敢化的欧化，说中国人所欲言而不能找到的法国化的诗句，所以他的诗，像法国诗，因之读者骇倒了。

　　他的诗体风格，可以说全是法兰西化，故大家骤看去，似很难懂，其实外国诗人至低限度的浅白亦要如此。

将李金发引人诟病的难懂词语和怪异句法解释为天才的神秘和创造的胆识，黄参岛由此进行了一次彻底的逻辑反转：李金发诗歌的魅力恰恰在于其大胆欧化的勇气，读者感到的"难懂"不是迷茫，而是恐惧、惊骇，是既有诗歌经验被彻底摧毁时的虚脱和震颤，而这恰恰是其诗精华所在，恰恰证明了李金发的开创性意义：他从异域找到了中国人欲言却不能言的诗句，他的力度是颠覆性的。这一系列判断彻底夯实了李金发诗歌的价值，而黄参岛借助的资源却恰恰来自李金发的批评者——"欧化"。但黄参岛对"欧化"进行了改造：这不是普通的对西人亦步亦趋的模仿，不是死板的邯郸学步，而是"化人所不敢化的欧化"，正是这一点让李金发走出了中国诗坛前所未有的一步，开创了一种全新的写作局面。这一逻辑反转将再次使其论战对手哑口无言，因为李金发的"欧化"早已是共识，"欧化"的前无古人也是共识，在其批评者眼中这本是其致命弱点，却被黄参岛直接认定为最大优势，这是一种巧妙的论战思路。黄参岛对价值的重新立法，赋予李金发诗歌以正当性，使他在论战中立于不败之地。黄参岛称"外国诗人至低限度的浅白亦要如此"，也同样是一种论辩之策，虽与李金发本人的说法如出一辙，却与法国诗歌史的实际状况并不相符。事实上，在法国诗歌中同样有类似胡适《尝试集》式的作品，李璜1921年在《法兰西诗之格律及其解放》中便已提及：在法国近世的自由诗中也有通俗易懂、走向大众的一脉，"纯用通俗语，好与平民的情感相通"①。而这一类诗作被黄参岛选择性忽视了，或如上文所述，黄参岛对于法国诗歌所知有限，他的这一提法本就是投李金发所好。所以，黄参岛对李金发诗歌的判断并非基于客观的学术考察，而是一种有意为之的辩护：他的目的即在于将"难懂"上升为一种价值，从而为李金发"欧化"的诗歌正名，他的诸多判断也无一不是基于这一论战语境所做出的辩护之词。

---

① 李璜：《法兰西诗之格律及其解放》，《少年中国》第2卷第12期，1921年6月15日。

　　那么，另一个值得细究的问题便是，"句读上化人所不敢化的欧化"具体到李金发的诗歌中，究竟是什么？黄参岛这一明显的论战之言为何能够被后世批评界所接受，并进而成为进入李金发诗歌的重要指标与路径？这个问题在黄参岛那里止于无例证的印象式断言，而其后的李金发研究中也多进行意象上的比较与解释。"句读"也称"句逗"，意即文言的断句，而如果联系上下文，黄参岛此处说的"句读"实指"句法"/"文法"（syntaxe），同时也可以包容广义上的"词法"（lexique）。如果说在法国诗中国化之正宗上，李金发的"独生子"与"第一人"是黄参岛的论战修辞的话，那么，在新诗词法、句法的革新问题上，李金发可以说是当之无愧的极具先锋性的开创者与实验者。在词法方面，李金发在诗歌中频繁进行大跨度的创造性构词，通过一些不寻常的表述将各类意象直接加以并联，构成了李金发对隐喻的使用方式（即朱自清在论李金发及象征诗人时所言的"'远取譬'而不是'近取譬'"①的特征），例如，"我的哀戚惟游蜂之脑能深印着"②，"我为黄金的静寂之王"③，这些在中国新诗后世发展中渐趋寻常的词法此刻却是全新的。而这种将各类意象直接加以连缀的表达方式恰恰是一种极度"法兰西化"的方式："游蜂之脑"（Le cerveau de l'abeille errante）、"黄金的静寂之王"（Le roi du silence d'or）若直译成法语不会显得有任何突兀，但在汉语中却显得陌生，甚至可以说，李金发的这类诗歌表述近似于对法语的某种硬译，并通过这一"硬译"给中国新诗带来了一些遣词上的新的机遇。而在句法方面，李金发的"欧化"也是明显的。一方面，他借鉴了法语诗歌中被波德莱尔推广开的刻意跨行（enjambement），例如"如残叶溅/血在我们/脚上"④，如用正常分行，此句应该写作"如残叶/溅血在/我们脚上"，但李金发通过对跨行位置的刻意调整制造出一种陌生感和奇异感，并由此将原本作为宾语的"血"置于一个类似于主语的位置，从而加强了"血"这一意象。另一方面，李金发借助法语本身特有的句法结构对汉语诗歌的柔韧性加以扩展，例如，"我抚慰我的心灵安坐在油腻之

---

①　朱自清：《新诗的进步》，《新诗杂话》，作家书屋 1947 年版，第 10 页。

②　李金发：《弃妇》，《李金发诗集》，四川文艺出版社 1987 年版，第 5 页。

③　李金发：《巴黎之吃语》，《李金发诗集》，四川文艺出版社 1987 年版，第 58 页。

④　李金发：《有感》，《李金发诗集》，四川文艺出版社 1987 年版，第 535 页。

草地上，/静听黑夜之哀吟，与战栗之微星，/张其淡白之倦眼，/细数人类之疲乏，与牢不可破之傲气"①。心灵安坐并静听"黑夜之哀吟"与"战栗之微星"，如果从意义与诗句的对称上来说，此处应为"黑夜之哀吟"与"微星之战栗"，李金发将"微星"置后，其目的一方面是韵律的齐整——"吟"对应"星"，另一方面则是与下句构成从句，我静听微星（它）"张其淡白之倦眼"细数人类之疲乏与傲气。不止如此，李金发在此其实构造了一个相当复杂的大型句法结构，拆为分句则是：我抚慰我的心灵/心灵安坐并静听黑夜之哀吟与战栗之微星/微星张其倦眼细数人类之疲乏与傲气。在原诗中，李金发将各分句中的主语和宾语（"心灵""微星"）进行了多次堆叠置换——这种在句中多次变更主语的句法结构不符合当时的汉语习惯，却正是法语复句的典型特征（法语中可以在简单句的各成分后连接修饰性分句的语意成分，并近乎无限地加以延长），是一个典型的"欧化"句法。而通过这种方式，李金发构造出一波三折的长句，传递出一种对于命运的长久咏叹，并且通过主语和宾语之间的内部转换，在一个完整句中打造了心灵仰视宇宙而星空俯察众生的一组对应性表述，并由此激发出此长句所独有的恢宏与苍茫。这些词法、句法上的创新也正是当时文坛将其讥为"难懂"的真正原因，因为这类陌生的词句完全脱离了当时接受者的阅读范式与经验，所以必然让人迷茫甚至恼怒。然而，借助"欧化"这一外部资源以及这类"欧化"的汉语词法及句法，李金发在新诗领域切实地对汉语词法及句法的延展性进行了大量探索，虽不乏失败案例，却在事实上推进了汉语诗歌表达本身的丰富性与多样性，并使后世诗人和读者开始接受汉语诗歌中"欧化"的一面，后人则将这一面向更彻底而有机地与汉语加以融合。这条借"欧化"资源对汉语诗歌既有表达加以扩充与发展的道路自李金发而始，新诗语言的革新也由此"难懂"的写作逐渐被接受直至不再"难懂"而得以推进，这也正是黄参岛在论战中无意间点出却一直未被阐明的李金发的先锋性所在。

　　到了 30 年代，李金发此前的文学运作收到了明显的效果，文坛对他的肯定开始多了起来，从评价者的身份来看，李金发获得了他此前所希

---

① 　李金发：《希望与怜悯》，《李金发诗集》，四川文艺出版社 1987 年版，第 62 页。

望的文坛地位，尽管不是"第一"那么高。1930 年沈从文《我们怎么样去读新诗》总结了新诗的来源及其变化，在他看来，从 1917 年开始到 1921 年或 1922 年为新诗的"尝试时期"，从 1922 年到 1926 年为新诗成果最为丰富的"创作时期"，从 1926 年到 1930 年为新诗的"沉默时期"。在"创作时期"中，沈从文将徐志摩、闻一多、朱湘、饶子离（饶孟侃）等"韵律分行""文字奢侈""与平民文学要求却完全远极了"① 的诗人归为一类，将于赓虞、李金发、冯至、韦丛芜等具有"忧郁气氛""颓废气氛"的诗人归为时间稍后的另一类。对于后者，沈从文评价道：

> 于赓虞作品表现的是从生存中发生厌倦与幻灭情调，与冯玉常、丛芜以女性的柔和忧郁，对爱作低诉，自剖，梦呓，又是完全不同了。同是常常借用了古典文字使词藻夸张与富丽，李金发，则仿佛是有时因为对于语体文字的生疏，对于表示惊讶，如郭沫若王独清所最习惯用过的"哟"字或"啊"字，在李金发却用了"吁"或"嗟乎"字样。或整句的采用，作自己对于所欲说明的帮助，是李金发的作品可注意的一点。但到于赓虞，却在诗中充满了过去的诗人所习用表示灵魂苦闷的种种名词，丝毫不遗，与第一期受旧诗形式拘束做努力摆脱的勇敢行为的完全相反，与李金发情调也仍然不能相提并论。不过在第一期新诗，努力摆脱旧诗仍然失败了的，第二期的李于，大量的容纳了一些旧的文字，却很从容的写成了完全不是旧诗的作品，这一点，是当从刘大白等诗找出对照的比较，始可了然明白的。②

相比于之前钟敬文、黄参岛的评论，沈从文并不关注李金发"西化"的那一面，而是注意到他诗歌中"旧"的一面，这与李金发试图塑造的法国象征诗中国化之正宗的形象截然不同。而陈子展的《最近三十年中国文学史》则开始用史论的形式给象征派以定位：

---

① 此处原刊为"远极了"，《沈从文全集》第 16 卷（北岳文艺出版社 2002 年版，第 460 页）为"远离了"。

② 沈从文：《我们怎么样去读新诗》，《现代学生》第 1 卷第 1 期，1930 年 10 月。

　　李金发在很早作《微雨》时，即已仿法国范尔伦（Verlaine）作诗，后来又续出《为幸福而歌》，《食客与凶年》等。胡也频的《也频诗选》，即是专摹拟金发的。这一派的诗修辞极佳，惟用字似夹杂文言，为世所诟病。有人说他们是只有诗料，而无组织的。但也频诗似较金发为易解。此后冯乃超作《红纱灯》，诗中多用朦胧字眼，如"氤氲""轻绡"之类。穆木天作《旅心》，则直接声明他的诗是学法国象征派拉佛格（Jules Zaforgue[①]）的。戴望舒的《我的记忆》是学法国象征派耶麦（Francois Jammes[②]）的。蓬子的《银铃》所用的暗喻也极多。此外如后期的梁宗岱喜爱哇莱荔（Paul Valery），石民喜爱波特来耳（Baudelaire），都可以属于这一派，虽然其中有难懂的，有易解的，而师承又各有不同，但总之都是喜爱法国象征派的诗人的，所以又可以称为"拟法国象征诗派"。[③]

　　在陈子展的归纳中，各位师承不同的诗人统一被归纳到"拟法国象征诗派"的名目下，而这诸位导师却又并不都属于真正的法国象征派。甚至可以说，由于李金发的影响，这些旗帜鲜明地学习法国诗歌（未必是象征主义诗歌）的诗人，其实都被强行聚集在了一起。陈子展所理解的象征是"朦胧字眼""暗喻"，他的理解近似于周作人，也就是那些不直白明示，善于营造某种朦胧氛围的诗歌都可以叫作"象征"。此外，在陈子展所列举出来的这些诗人中，李金发与梁宗岱、戴望舒均具有法国生活背景，但他们之间并没有多少文学上的互动，梁宗岱、戴望舒也并没有对李金发做出评价。事实上，除了在东京大学学习法国文学的穆木天明确表达过对李金发的厌恶外，那些有可能通过法语直接接触到法国象征主义诗歌的诗人，对他都保持着沉默。

　　在苏雪林的《论李金发的诗》里，"中国象征派"的命名开始出现："虽然翻开那些诗集只看见单调的字句，雷同的体裁，似乎产量虽多并没有什么稀罕，但近代中国象征派的诗至李氏而始有，在新诗界中不能说

---

① 原文误，应为 Jules Laforgue。
② 原文误，应为 François Jammes。
③ 陈炳堃（陈子展）：《最近三十年中国文学史》，上海太平洋书店 1930 年版，第 3—4 页。

他没有相当的贡献。"① 她对李金发的诗歌特点做出了总结："行文朦胧恍惚骤难了解""表现神经艺术的本色""有感伤与颓废的色彩"。她特别在文末列举古典诗歌与所谓中国象征派诗歌的暗合之处：将本无关系的观念联系在一起，拟人法、省略法，认为"这就是做象征诗的秘密"。有趣的是，尽管李金发特别强调自己写作的西方血统，他所进行的文学运作也都将自己的诗歌指向国人所不懂的"西洋"，但他在文坛获得的切实回应却常常来自那些有较深古典文学背景的人：作《诗经直解》《楚辞直解》的陈子展、虽然有过短暂的法国留学经历但专攻古典文学研究的苏雪林，在学者身份上以《诗言志辨》一书而闻名的朱自清也是一例。

到了1935年，李金发再次展开了自己的文学运作，他和杜格灵的《诗问答》同样带有某种自我包装的性质。在前记中，杜格灵将李金发捧到了新的高度："李金发先生是五四以后，勇敢地以身作则地把自由诗创作起来的先驱者之一。"② 两人的问答之间有着一种默契，杜格灵的问题毫无诘问或者质疑的性质，而是仿佛为了更好地让李金发来进行自我阐释。杜格灵向李金发提出了关于诗歌和诗人是什么的问题，李金发的回答可谓又一次为自己诗歌的"难解"而辩解："有时，诗人之所想像超人一等而为普通人不能追踪，于是诗人遂为人所不谅解，以为他是故弄虚玄。"③ 在"你自己知道你的诗受了甚么人的影响过么"和"你向来最爱读的是那一些外国诗人的诗呢"这两个问题上，李金发做出了如下回答："以前受鲍特莱影响，很有这趋向，但还不能用美丽的笔调。以后所写"，"我虽然是受鲍特莱与魏仑的影响而作诗，但我还是喜欢读拉马丁，缪塞，沙庞（Aebert Samain④）等的诗，这也许因为与我的性格合适些。我不喜欢读魏仑的诗咧"。此处李金发在谈到文学导师时，又做出了一些改变，他的"名誉老师"的作品变成了他所不喜欢阅读的，而他喜欢的则是浪漫派的拉马丁和缪塞，以及深受波德莱尔和魏尔伦影响的阿尔贝·萨曼，这很可能是因为象征派诗人的作品对李金发来说过于难解，

---

① 苏雪林：《论李金发的诗》，《现代》第 3 卷第 3 期，1933 年 7 月 1 日。
② 杜格灵、李金发：《诗问答》，《文艺画报》第 1 卷第 3 期，1935 年 2 月 15 日。
③ 杜格灵、李金发：《诗问答》，《文艺画报》第 1 卷第 3 期，1935 年 2 月 15 日。
④ 原文误，应为 Albert Samain，今通译阿尔贝·萨曼。

而浪漫派的诗歌相对不那么晦涩。从这样前后不一的描述中，我们很难真正去认定李金发究竟取法于哪些法国诗人，这就如同很难从李金发的诗作中去分析哪些取法于旧体诗，哪些是舶来品。而对与法国诗歌相似性的强调，则更多的是李金发本人的叙述，是他用于鼓吹或者捍卫自己写作合法性的一种手段。就如同他在《巴黎之夜景》译诗的末尾附加的"译者识"说的那样：

> 有极多的朋友和读者说：我的诗之美中不足，是太多难解之处，这事我不同意。我的名誉老师是魏仑，好，现在就请他出来。这诗是其集中最易读者之一，看诸君作何感想。现正选译其全集，先发表这一首。①

可问题是，魏尔伦的诗歌并不难懂，这点和以晦涩著称的马拉美非常不同。特别是李金发选译的这首 *Nocture Parisien*，原诗可以说是非常平实和明白的，在李金发的翻译中却显出了别扭的样子：

> 滚滚你潋滟的波涛呀，悲戚的赛纳河——
> 在你所有桥下围绕着龌龊之雾气
> 多少身躯从那里流过，恐怖，死，腐朽，
> 他们的灵魂都全是巴黎杀死的。
> 但你冰冷波浪中之所载，
> 不能如你外体之所能感我的思想！②

李金发将"毒雾"（une vapeur malsaine）译为"龌龊之雾气"，可以说是为了增强语言的隐喻性和解读的难度而大胆改译。再看"但你冰冷波浪中之所载"与"不能如你外体之所能感我的思想"，这两处的原文语言层级虽多，但词语简单、语义清晰，译文呈现出的佶屈聱牙正是李金发在汉语中进行的重写，其现实目的在于用译诗呼应写诗，营造"象征资

---

①　李金发：《巴黎之夜景》，《小说月报》第 17 卷第 2 号，1926 年 10 月 22 日。
②　李金发：《巴黎之夜景》，《小说月报》第 17 卷第 2 号，1926 年 10 月 22 日。

本"，为自己新奇怪异的诗歌正名。

与一唱一和的《诗问答》同年发表的还有蒲风的《五四到现在的中国诗坛鸟瞰》和孙作云的《论"现代派"诗》。此时的李金发在"法国化"这一点上再也不能说是"国内的独生子"①。早在 1932 年《现代》创刊后，李金发就应施蛰存的邀约陆续在该刊上发表诗歌，实际上也就加入了"现代派"的行列。因此到 1935 年，蒲风和孙作云的评论文章均在"现代派"的整体框架中来谈论李金发。蒲风仅在括号中提及李金发："在他们的作品里，多神秘的不可懂的思想，并且正因为朦胧难懂而被认为是他们（特别是李金发）的长处。"② 孙作云则将新诗分为"郭沫若时代""闻一多时代""戴望舒时代"，在"戴望舒时代"中，李金发处于从属的位置，"第三派诗以戴望舒先生为代表。和戴先生同派的有施蛰存、李金发先生"，"李金发的诗是近似于象征派的，但我也把他算在现代派诗人中"，其理由一是"他的诗多是自由诗，与现代派诗形式上相似"，二是"思想上也表示着悲观的虚无思想，在意境上也多有相似处"。孙作云列举的其他现代派诗人还有峨珈（艾青）③、何其芳、金克木、陈江帆、李心若、玲君："这派诗是现在国内诗坛上最风行的诗式，特别从一九三二年以后，新诗人多属于此派，而为一时之风尚。因为这一派的诗还在生长，只有一种共同的倾向，而无显明的旗帜，所以只好用'现代派诗'名之，因为这一类的诗多发表于现代杂志上。"④ 孙作云认为现代派的诗歌是混血儿，形式上取法美国新意象派，意境和思想上效仿法国象征派，他对这一思想倾向做出描述：

　　　　他们怀疑了传统的意识形态，但新的意识并未建树起来。他们便进而怀疑了人生，否定了自我，而深叹于旧世界及人类之溃灭。这是一个无底的深洞，忧郁地，悲惨地，在每一个作家的诗里呈露着。这是现代诗的内容的共同的特点……这一种世纪末的悲哀使少

① 黄参岛：《微雨及其作者》，《美育杂志》第 2 期，1928 年 12 月。
② 蒲风：《五四到现在的中国诗坛鸟瞰》，《诗歌季刊》第 1 卷第 2 期，1935 年 3 月 25 日。
③ 孙作云将以笔名峨珈和本名发表作品的艾青当成了两个不同的作家："现在举出十位诗人来，戴望舒、施蛰存、李金发及峨珈，何其芳，艾青，金克木，陈江帆，李心若，玲君。"
④ 孙作云：《论"现代派"诗》，《清华周刊》第 43 卷第 1 期，1935 年 5 月 15 日。

年的诗人们在法国象征派的诗中找着了同调。年来 Charles Boud-laire① 之被人歌颂赞叹，其根原即在此。②

从孙作云此处的论述中，我们可以看到波德莱尔在此时的中国已经以一种看上去非常自然的方式"成为"象征派。同时，在法国本土根植于发达资本主义及其衰落的怀疑与颓废情绪，也仿佛顺理成章地与一群既不处于"世纪末"，也不处在高度发达的社会的中国诗人联系在了一起。

及至朱自清《中国新文学大系》的《〈诗集〉导言》，李金发的文学史形象基本确定了下来：

> 　　留法的李金发氏又是一支异军；他民九就作诗，但《微雨》出版已经是十四年十一月。"导言"里说不顾全诗的体裁，"苟能表现一切"；他要表现的是"对于生命欲挪揄的神秘及悲哀的美丽"。讲究用比喻，有"诗怪"之称；但不将那些比喻放在明白的间架里。他的诗没有寻常的章法，一部分一部分可以懂，合起来却没有意思。他要表现的不是意思而是感觉或情感；仿佛大大小小红红绿绿一串珠子，他却藏起那串儿，你得自己穿着瞧。这就是法国象征诗人的手法；李氏是第一个人介绍它到中国诗里。许多人抱怨看不懂，许多人却在模仿着。他的诗不缺乏想象力，但不知是创造新语言的心太切，还是母舌太生疏，句法过分欧化，教人像读着翻译；又夹杂着些文言里的叹词语助词，更加不像——虽然也可说是自由诗体制。他也译了许多诗。③

这段评述可以说是李金发的文学运作所产生的诸多影响的汇总。"对于生命欲挪揄的神秘及悲哀的美丽""诗怪"的评价均来源于带着自吹自擂嫌疑的神秘人黄参岛，将李金发的诗歌与法国象征派之间画上约等号直接来源于李金发的阐释。现今的研究者对李金发的评价也常常脱胎于朱

---

① 原文误，应为 Baudelaire。
② 孙作云：《论"现代派"诗》，《清华周刊》第 43 卷第 1 期，1935 年 5 月 15 日。
③ 朱自清：《〈诗集〉导言》，刘运峰编《1917—1927 中国新文学大系导言集》，天津人民出版社 2009 年版，第 151 页。

自清的上述评价。对李金发文学作品的关联性研究则基本集中在黄参岛
"东方之鲍特莱"的再阐释上，尽管这种阐释往往流于意象的比对。诚
然，李金发自述"名誉老师"是魏尔伦，但无论是知名度还是中文译诗
的数量，魏尔伦远远无法与波德莱尔相提并论。因此，李金发与波德莱
尔的关联性成为相关领域热点话题："波德莱尔不但对欧美现代诗歌产生
了深远的影响，而且对中国的新诗创作也产生了影响，其中，影响'诗
怪'李金发的诗歌创作便是典型的一例。"① 或者我们仅仅就从《中国现
代象征诗第一人——论李金发兼及他的诗歌影响》②《谈"诗怪"李金发
的怪诗》③ 这样直接引用黄参岛说法的文章标题来看，做出如下结论并
非武断：尽管李金发以其大胆的"欧化"尝试推动了新诗的语言更新，
但是，他的文学运作可能比作品更成功。

---

① 殷峻：《"恶之花"的移植——试论波德莱尔对李金发诗歌创作的影响》，《国外文学》
　　1996 年第 1 期。
② 谢冕：《中国现代象征诗第一人——论李金发兼及他的诗歌影响》，《新文学史料》
　　2002 年第 2 期。
③ 周良沛：《谈"诗怪"李金发的怪诗》，《文艺理论与批评》1992 年第 4 期。

第四章 波德莱尔与 20 世纪 40 年代的中国文坛

20 世纪 40 年代的时代氛围让知识界对波德莱尔的翻译与评介大为减少，相较于王兰馥、王了一、屠岸、陈敬容等人的零散翻译，戴望舒所译的《恶之华掇英》是这一时期最优秀的翻译结集。译者试图在最大限度上用白话诗的形式去还原法语原诗的格律与形式特征。

这一时期波德莱尔中国接受的独特之处是围绕他展开的道德伦理论争。需要注意的是，这种"风波"并非如通常认为的那样，是 40 年代后期所特有的现象，也并非仅仅发生在上海。30 年代鲁迅在《非革命的急进革命论者》中对颓废的、打着革命旗号的假革命者波德莱尔的批评，40 年代前期梁实秋在《文学的堕落》中将近代文学的堕落归咎于波德莱尔、兰波等人，并将唯美主义、象征主义贬斥为西洋陈迹，以及在延安产生广泛影响的西方现代派论集《周立波鲁艺讲稿》中对波德莱尔的负面评价等，均可纳入讨论的范围。因此我们将探讨围绕波德莱尔展开的关于"颓废"与"不合时宜"的争论，并与 40 年代波德莱尔中国接受的既往研究进行对话。

波德莱尔在中国的接受由早期的接受误差开始，在 40 年代获得了某种反思的契机：无论是对广义上的法国 19 世纪文学的翻译，还是对波德莱尔的具体译介，戴望舒均做出了有历史纵深感与时代关切的思考，并以睿智的眼光看向未来，期待更为深广、更为宽容的接受态度——这些戴望舒未实现的期待，在数十年后成了 80 年代文学走向并融入世界的新开始。

一 时代语境中的波德莱尔译介境况

从数量上看，20 世纪 40 年代对波德莱尔的译介和评论较 30 年代大幅度减少。1940 年王兰馥翻译了波德莱尔的两首诗《忧郁》（*Spleen*，《恶之花》第 75 首）和《敌人》（*L'Ennemi*，《恶之花》第 10 首），刊载于《中国文艺》上，在"译者附识"中有对波德莱尔的介绍："波特莱尔是颓废派（Decadencs①）主要代表，同时他也是象征派（Symbolisme）的先驱者，这是不可讳言的。论到颓废派的作家，他们极端反对自然科学和唯物论的机械观念，而主张采取架空的技巧的态度。他们极端推崇自己的艺术，对于一切社会的道德，宗教，习惯等毫无兴味。至于这派作家创造诗歌的题材，多半采取人生的丑恶和黑暗；从那里他们认识美的存在，而将这种丑恶，黑暗当作美感而入手描写，波特莱尔的恶之华是代表这种倾向的。"② 王兰馥的介绍偏重波德莱尔的颓废面向。需要指出的是，我们可以说波德莱尔的诗歌具有明显的颓废色彩，但是作为一种文学流派的"颓废派"却是在波德莱尔去世之后才形成的，因此可以说波德莱尔是颓废诗人，却不应该说他是颓废派诗人。在波德莱尔与象征派的关系上，王兰馥的定位是准确的。此外，在"译者附识"中，王兰馥还写错了波德莱尔的卒年，并将《恶之花》作为波德莱尔的唯一诗集来介绍。该杂志的第 3 卷第 6 期有闻青的《世界文学家木刻像》系列，包括波德莱尔的木刻像以及简短的介绍：不属于任何派别，遵循着"他自己的黑暗而诡奇的道路"，对颜色、香气和声音有特别的感知，"他的诗有精美的艺术结构，细致的描写，和高蹈派相同"，是"后起的象征派的先声"。③

　　王了一（王力）翻译《恶之花》并连载于《中法文化》月刊。④ 他采用旧体诗的形式进行翻译，譬如波德莱尔最为著名的 *Correspondances*，他用五言诗译出：

宇宙一兰若，楹柱皆有情。偶然相謦谈，隐约笑语生。

行人此经过，森然见群形。逢人如相识，凝视不转睛。

六合只一体，深邃而幽冥。其阔如夜色，其远如光明。

色香与音响，千里相感并。有如空谷音，遥遥寄回声。

---

① 原文误，应为 Décadences。

② 〔法〕波特莱尔：《忧郁及敌人》，王兰馥译，《中国文艺》第 3 卷第 1 期，1940 年 9 月 1 日。

③ 闻青：《世界文学家木刻像》，《中国文艺》第 3 卷第 6 期，1941 年 2 月 1 日。

④ 从《中法文化》第 1 卷第 4 期（1945 年 11 月 30 日）起，连载至第 11、12 期合刊（1946 年 7 月 31 日）。

世有极品香，鲜如初生婴。其合如埙篪，其绿如郊坰。

又有富贵香，浓郁迷性灵。琥珀檀乳麝，纷纷难指名。

精神通感觉，互递芝兰馨。①

　　现在看来，上述译文用的虽是旧体诗，亦别有风味，但是在文学现代化诉求格外强烈的时代，用古典诗歌形式译现代主义的外国诗歌，并未引起中国诗人的兴趣，很难激起诗学的火花。

　　1946 年，屠岸翻译了《恶之花》中的《猫头鹰们》（*Les Hiboux*，《恶之花》第 67 首）。② 1946 年至 1947 年，戴望舒在报刊上发表了一系列波德莱尔的诗歌翻译，如《文汇报·笔会》第 103 期（1946 年 11 月 23 日）上的《风景》（*Paysage*，《恶之花》第 86 首），第 126 期（1946 年 12 月 21 日）上的《烦闷》（*Spleen*，《恶之花》第 75 首）、《人与海》（*L'Homme et la mer*，《恶之花》第 14 首），第 205 期（1947 年 3 月 26 日）上的《亚伯与该隐》（*Abel et Caïn*，《恶之花》第 119 首）；《大公报·星期文艺》第 11 期（1946 年 12 月 29 日）上的《那赤心的女仆》③（《恶之花》第 100 首）和《邀游》（*L'Invitation au voyage*，《恶之花》第 53 首）。

　　1947 年，戴望舒出版了《恶之花》选译，并翻译瓦莱里（戴译为"梵乐希"）的《波德莱尔的位置》（戴译为《波特莱尔的位置》）置于开篇，结集为《恶之华掇英》。他花费了很大的努力来克服"两国文字组织的不同和思想方式的歧异"④，力求展现原诗的形式和音韵特点。例如王了一用五言诗译出的 *Correspondances*，戴望舒用白话诗为它找到了优美而准确的对应：

应和	*Correspondances*
自然是一庙堂，那里活的柱石，	La Nature est un temple où de vivants piliers

---

① 〔法〕C. Baudelaire：《交感》，王了一译，《中法文化》第 1 卷第 4 期，1945 年 12 月 31 日。

② 屠岸：《猫头鹰们》，《文汇报·笔会》第 116 期，1946 年 12 月 10 日。后又刊载于《国民新报·国语》第 4 期，1946 年 12 月 13 日。

③ 这首诗的题目是戴望舒加上的，原诗是《恶之花》诗集中《巴黎风貌》部分的一首无题诗，位列《恶之花》第 100 首。

④ 〔法〕波特莱尔：《恶之华掇英》，戴望舒译，怀正文化社 1947 年版，第 97 页。

不时地传出模糊隐约的
语音：
人穿过象征的林从那里
经行，
树林望着他，投以熟稔
的凝视。

正如悠长的回声遥遥地
合并，
归入一个幽黑而渊深的
和协——
广大有如光明，浩漫有
如黑夜——
香味，颜色和声音都互
相呼应。

有的香味新鲜如儿童的
肌肤，
柔和有如洞箫，翠绿有
如草场，
——别的香味呢，腐烂，
轩昂而丰富。

具有着无极限的品物底
扩张，
如琥珀香，麝香，安息
香，篆烟香，
那样歌唱性灵和官感的
欢狂。①

Laissent parfois sortir de confu-
ses paroles；
L'homme y passe à travers des
forêts de symboles
Qui l'observent avec des regards
familiers.

Comme de longs échos qui de
loin se confondent
-Dans une ténébreuse et pro-
fonde unité，
-Vaste comme la nuit et comme
la clarté，
Les parfums, les couleurs et
les sons se répondent.

Il est des parfums frais comme
des chairs d'enfants，
Doux comme les hautbois, verts
comme les prairies，
-Et d'autres, corrompus, rich-
es et triomphants，

Ayant l'expansion des choses in-
finies，
Comme l'ambre, le musc, le
benjoin et l'encens，
Qui chantent les transports de
l'esprit et des sens. ②

---

① 〔法〕波特莱尔：《恶之华掇英》，戴望舒译，怀正文化社 1947 年版，第 35-36 页。
② Charles Baudelaire, *Œuvres complètes* I, texte établie, présenté et annoté par Claude Pi-
chois, bibliothèque de la pléiade, Paris：Gallimard, 1975, p. 11.

原诗是一首典型的十四行诗,戴望舒在最大限度上再现了它的特点。译诗的每句都是 12 个字,对应原诗中每句的 12 个音步。他还努力还原了亚历山大体的押韵方式,在译诗中,第 1 个诗节是 ABBA,"石"和"视"、"音"和"行"押韵;第 2 个诗节是 CDDC,"并"和"应"、"协"和"夜"押韵;第 3 个诗节和第 4 个诗节是连起来看的,"肤"和"富"、"场"和"张"押韵,唯一和原诗的押韵方式不同的是最后两句,戴望舒没有使用押韵的汉字。此外,独具匠心的是第 2 个诗节中,原诗的逗号前后各有 6 个音步,呈现出一种对称的美感,戴望舒也各用六个汉字表现出来:"广大有如光明,浩漫有如黑夜。"戴望舒在最大限度上尝试用白话诗的方式还原法语原诗的格律。这方面更为完美的例子则是他翻译的阿波利奈尔的《米拉波桥》,几乎是可遇而不可求的"神译"。

陈敬容在这一时期开始翻译波德莱尔的诗歌,她最初译有《恶之花》中的六首诗,刊载于 1946 年至 1947 年的《文汇报·笔会》上,[①]并撰文介绍波德莱尔的诗学。在《波德莱尔与猫》一文中,陈敬容将这位法国诗人比附为神秘多变的猫,指出他给法国文学所带来的冲击在于题材、语言和技艺的大胆革新。她对波德莱尔的零散译诗后收录于译诗集《图象与花朵》,在 80 年代的"诗苑译林"丛书中出版。此外,这一译诗数量较多的还有李冰若,其《世界两大散文诗作家代表作》[②]一书收录了波德莱尔的 15 首散文诗。

在介绍文章方面,1943 年西南联大的《学术季刊》刊出闻家驷的《巴拿斯派的诗与象征派的诗》[③],介绍和评述了象征派如何在反对帕尔纳斯派的基础上建构自身,作者对波德莱尔的定位是象征派的先驱。宛青的《波特莱尔的怪癖》[④] 从个性和行为举止的与众不同上介绍了波德莱尔。杨周翰《世纪末》(*Fin de Siècle*) 对法国 19 世纪末的文学进行了

---

① 连载于《文汇报·笔会》的六首译诗分别为《人与海》(1946 年 8 月 5 日)、《生动的火焰》(1946 年 8 月 5 日)、《黄昏的和歌》(1946 年 10 月 29 日)、《音乐》(1946 年 11 月 15 日)、《悲哀》(1946 年 12 月 9 日) 和《盲人》(1947 年 1 月 30 日)。

② 〔俄〕屠格涅夫、〔法〕波特莱尔:《世界两大散文诗作家代表作》,李冰若译,渝友书店 1944 年版,第 60—88 页。

③ 闻家驷:《巴拿斯派的诗与象征派的诗》,《学术季刊》(文哲号) 第 1 卷第 3 期,1943 年 4 月。

④ 宛青:《波特莱尔的怪癖》,《国民新报·人间世》1947 年 11 月 18 日。

简要的介绍。他开篇引用了《简明牛津词典》对"世纪末"的定义：具有19世纪末的特征，包括进步的、现代的和堕落的两副面孔。杨周翰对于为何"这个名词含有两种相反而且彼此矛盾的性质"做出了解释。

19世纪末的法国，科学的发展达到新高度，这个时代确实是进步和现代的，从自然主义小说中可以看到"科学在当时对于文学，不论在题材方面，或技术方面，所发生的影响之大"，而在诗歌方面的自然主义则是帕尔纳斯派（杨译"巴那斯派"），主张情感节制的客观书写。另外，如同自然主义对浪漫主义形成了反拨一样，后期的象征主义"反抗自然主义的呆板认为它忽略了文字的玄妙性和流动性"。杨周翰还试图解释为何"'世纪末'这三个字在现在……仅仅含有'颓废'和'堕落'的涵义"，这一层含义从戈蒂耶的"为艺术而艺术"开始，到波德莱尔发扬光大：

> 而到了波得莱尔，则这颓废的文学更造成了一时的风气，虽然还够不上一个"运动"的尺寸。波得莱尔不但唯美，且进而研究美之为物。他说美的要素和特征，是在奇特，是在能使人惊奇，换言之，在其不规则。他所谓的不规则，实际就是异乎常人所谓美的。所以他更进一步说美与快乐（常人常常把二者联想在一起）实在是互不相牟的，以快乐来装饰美是件俗不可耐的事，反之忧郁却是美的伴侣，世上没有一件美的事物没有一点不幸的成分。根据这种主张，我们对于"恶之花"也就不难解释。他的"罪恶是美的"这番理论，把传统的善恶观念完全推翻，把传统的价值标准完全颠倒，可以说是对整个的传统人生加以嘲笑。[①]

杨周翰接着指出波德莱尔的这种美学主张给后来的法国诗人以无限启发，同时在美学和技术两个层面上影响了后来的象征派，成为象征派的先驱。在他看来，最典型的体现"世纪末"精神的诗人是病弱、疯狂、颓废、消极的拉弗格，他是"'世纪末'的具体的象征"。从20年代和30年代的接受来看，"世纪末"、波德莱尔、象征派这些概念常常随

---

①　杨周翰：《世纪末》，《中法文化》第1卷第3期，1945年10月31日。

意地拼接组合在一起，杨周翰简明准确的名词解释也有着澄清误解的意义，虽然他的文章的影响力远远不如那些著名的混淆和错误。

这一时期出版的文学史论著，有徐仲年的《法国文学的主要思潮》①、吴达元的《法国文学史》②、赵景深的《西洋文学近貌》③、沈起予根据日译本译出的弗里契的《欧洲文学发展史》④，对波德莱尔都有较为准确的文学史定位。这一时期在波德莱尔接受方面最重要的特点则是波德莱尔的颓废及其影响的争论，将在下一节专门论述。

二　关于"颓废"与"不合时宜"的争论

关于波德莱尔在 20 世纪 40 年代的接受，特别是当时关于他的思想倾向所引发的争论，学界已有较好的研究成果。学者张松建的专著《现代诗的再出发——中国四十年代现代主义诗潮新探》的第二章"西方现代主义诗歌在中国 40 年代的译介"中，有专节谈论波德莱尔在 40 年代中国的传播情况。此外，他还有论文《"花一般的罪恶"——四十年代中国诗坛对波德莱尔的译介》，以及讨论 40 年代诗人对波德莱尔的文学资源进行转化的《"恶之华"的转生与变异——汪铭竹、陈敬容、王道乾对波德莱尔诗的接受与转化》。张松建在资料的挖掘和史实的梳理上颇为可靠，为学界提供了可资借鉴的成果，也为我们的后续探讨提供了帮助。因此，我们不打算在史料的整理上做重复工作，而是在前辈研究的基础上，就一些遗漏、不足之处做进一步的探讨，并展开一些对话。

论者认识到了波德莱尔对于中国新文学的重要影响，他说，"较之其他西方现代派诗人，波德莱尔与中国现代诗的关系，称得上'遗泽绵远，颖然秀出'，堪与之比肩者，唯有艾略特"，因此试图"考量波德莱尔在四十年代中国的译介情况，意欲增进学术界对彼时之中西文学关系的理解"。⑤

---

①　徐仲年：《法国文学的主要思潮》，商务印书馆 1946 年版。

②　吴达元编著《法国文学史》，商务印书馆 1946 年版。

③　赵景深：《西洋文学近貌》，怀正文化社 1948 年版。

④　〔俄〕弗里契：《欧洲文学发展史》，沈起予译，群益出版社 1949 年版。

⑤　张松建：《"花一般的罪恶"——四十年代中国诗坛对波德莱尔的译介》，《中国现代文学研究丛刊》2005 年第 2 期。

他首先简要地回顾了 40 年代之前波德莱尔在中国的接受情况。对于二三十年代，他列举出了一部分重要的介绍文章，虽然有所遗漏，①但是主要的不足并不在此，而是对所收集材料的辨析不足。因此，我们未能看到对这些材料中各种各样的谬误和歧义的厘清，以及对产生接受偏差的原因的探讨，这不能不说是一种遗憾。因此该章的结论略显无趣，比如对于 20 年代的波德莱尔译介，作者的评价是"踵事增华，风生水起"，对于 30 年代的波德莱尔译介，评价是"有增无减，极一时之盛"。这些评价并不基于接受的实质，而仅仅偏重接受的数量和表象。对于二三十年代波德莱尔的译介所产生的效果，作者的结论也相对简化："对于了解波德莱尔其人其诗以及象征派文学，也起到很好的指导作用。不仅如此，波德莱尔在二三十年代中国的传播，也产生了足以骄人的文学果实。"②本书的第三章已经分析过 30 年代对波德莱尔的接受状况，以及这种接受中的变形与误读。以此而观，论者得出的"起到很好的指导作用""产生了足以骄人的文学果实"的结论尚不够准确，可以说是以表面上的接受繁荣遮蔽了接受实质的复杂性。

在具体论述上，论者较为全面地展现了波德莱尔在 40 年代（也包括一部分 30 年代后期）的接受资料。在诗歌翻译上，他注意到了王兰馥、戴望舒、陈敬容、王了一对于波德莱尔的翻译。在随文与随笔方面，他列举了品品的《波特莱尔与孤岛》③、宛青的《波特莱尔的怪癖》④，同时注意到"由于个人的美学倾向和对于波德莱尔的理解不大相同，在四十年代后期的上海文坛，居然引发一场'波德莱尔小风波'"⑤。

对于这场风波，论者认为其缘起于陈敬容对波德莱尔的翻译和介绍。

---

① 20 年代他涉及的篇目有周无的《法兰西近世文学的趋势》，以及李璜、黄仲苏、田汉、仲密、汪馥泉、刘延陵、张闻天、穆木天、王独清、施蛰存、沈雁冰、郑振铎、许跻青的介绍文章。30 年代的遗漏较多，他涉及的仅有梁宗岱、戴隐郎、宗临、沈宝基、曹葆华（翻译）、罗大冈（翻译）、张崇文（翻译）的文章，而且有一部分只是在文题上显示论述对象是"象征主义"，其内容和波德莱尔的接受并没有很紧密的关系。

② 张松建：《"花一般的罪恶"——四十年代中国诗坛对波德莱尔的译介》，《中国现代文学研究丛刊》2005 年第 2 期。

③ 品品：《波特莱尔与孤岛》，《文艺月刊》第 3 卷第 3、4 期合刊，1939 年 6 月 10 日。

④ 宛青：《波特莱尔的怪癖》，《国民新报·人间世》1947 年 11 月 18 日。

⑤ 张松建：《"花一般的罪恶"——四十年代中国诗坛对波德莱尔的译介》，《中国现代文学研究丛刊》2005 年第 2 期。

特别是她的《波德莱尔与猫》，赞颂了波德莱尔那无与伦比的"真"，并为他鸣不平："有人认为波德莱尔颓废，那只是他们底臆测之词，那因为他们没有看到他的底里。波德莱尔不同于其它象征派诗人们，虽然他事实上是象征派的创始人。"① 张松建认为陈敬容的评述"准确地把握住了波氏诗作的几大特色：丰富的色调、神秘的音乐以及真挚而深沉的情思、对于生活的忠实态度、广博的取材、热烈的生命底蕴"②。这样的肯定过于笼统，这些形容完全可以安在很多诗人头上，甚至用来形容浪漫派的诗人，如拉马丁或者维尼才更为贴切。论者并没有指出陈敬容的几个明显的错误：首先，波德莱尔的颓废风格并不需要去否认，而需要去解释它究竟是什么（见本书第一章），它显然与陈敬容试图为之鸣不平的完全贬义的颓废是不同的。其次，波德莱尔只是象征派的先驱，并不是象征派诗人，在这一点上陈敬容是有认知错误的，她进而将波德莱尔和其他象征派诗人进行比较，认为他比其他任何象征派诗人都更为丰富和广博，这种比较方法显然忽略了法国 19 世纪下半叶文学的代际关系。

在陈敬容的文章面世之后，林焕平撰文《波特莱尔不宜赞美》对她进行批评，认为波德莱尔的创作倾向和"新月派"或"现代派"相同：闻一多、臧克家、卞之琳、艾青等诗人已经从中摆脱了出来，而在 40 年代的时代背景下，却有人要跳进去，"此时此地，是多么不合时宜"③。

秉持同一论调的还有李白凤的《从波特莱尔的诗谈起》，文章从 40 年代的时代诉求出发否定对波德莱尔的推崇："廿世纪将近五十年代的中国，正是上述的情形而绝非波特莱尔的时代，写波特莱尔式的诗的诗人，是神经末梢过分过分敏锐的失误，而译波特莱尔的诗的人，只有一条路，就是埋头成本的翻译，作为整个研究的资料的介绍，而不是再度移植。"④ 陈敬容以《谈我的诗和译诗》进行反驳。此外，张松建还列举了东苹的《谈波德莱尔倾向》、覃子豪的《消除歇斯底里的情绪》等文章。

关于这一场争论的风波，就已经列举出来的材料看，张松建教授的

---

① 陈敬容：《波德莱尔与猫》，《文汇报·浮世绘》1946 年 12 月 19 日。
② 张松建：《"花一般的罪恶"——四十年代中国诗坛对波德莱尔的译介》，《中国现代文学研究丛刊》2005 年第 2 期。
③ 林焕平：《艺文管窥备忘》，《文汇报·笔会》1946 年 12 月 28 日。
④ 李白凤：《从波特莱尔的诗谈起》，《文汇报·笔会》1947 年 1 月 30 日。

史料论述比较准确，存在的问题在于以下几点。

首先，论者将波德莱尔作品的颓废和时代诉求之间的矛盾所引发的争论视作 40 年代后期的一个特殊现象，忽略了这一问题的历时性特征。他尚未论及诸多更早的史料，如梁实秋《文学的堕落》，这篇文章并非有关波德莱尔的专论，其议题是"近代文学的堕落"。梁实秋将近代文学的堕落归于官能享乐的过度放纵，并将波德莱尔（梁译为"波多莱尔"）、兰波（梁译为"蓝波"）等指为这一倾向的代表。梁实秋对这种文学的堕落持否定的态度，在他看来"象征主义运动早已烟消云散，但其余流毒流传很久"，并发出呼吁："唯美主义的文学，象征主义的文学，在西洋将成陈迹，何必再在中国还魂，在西洋余焰未熄，何必再在中国煽扬？"①此外，30 年代鲁迅对"颓废的"、打着革命旗号的假革命者波德莱尔的批评②也是需要纳入考察范围的。这些批评的声音是陈敬容那篇为波德莱尔鸣不平的翻案文章的预设，否则那些热烈的颂扬和翻案便无的放矢。

同时，对波德莱尔持反感态度的文学空间也并不止于上海。如在延安产生广泛影响的西方现代派论集《周立波鲁艺讲稿》，作者在"讨论会"一节中论述到托尔斯泰对 19 世纪的颓废派、象征派的态度时指出，"他排斥。他认为这些都是坏艺术。反对波特莱尔，魏伦［魏尔伦］，玛拉美"，同时周立波也将波德莱尔定位为"多歌咏死亡，描写病态心理"③的作家。

其次，波德莱尔的颓废是一种美学上的意图，而非道德的和伦理的——这恰恰是波德莱尔所反对的。但是在中国接受中，相比于美学意图，它更多地被理解为一种道德和伦理上的堕落。这与波德莱尔的中国接受中存在的诸多误解有关，同时也与 décadence 本身具有"颓废"与"衰落"两重含义而在引入汉语时仅仅取了带有贬义的"颓废"有关。换言之，尽管对波德莱尔的接受贯穿了现代文学三十年，但波德莱尔及其作品并没有被充分了解，对他的文学史定位也存在很多错误，这些本应有的反思在该书中未能主动体现出来。尽管作者在论述的过程中也做了一些纠错，比如指出王兰馥在"译者附识"中将波德莱尔的卒年写

---

① 梁实秋：《文学的堕落》，《中央周刊》第 4 卷第 24 期，1942 年 1 月 19 日。

② 鲁迅：《非革命的急进革命论者》，《萌芽月刊》第 1 卷第 3 期，1930 年 3 月 1 日。

③ 周立波：《周立波鲁艺讲稿》，上海文艺出版社 1984 年版，第 116 页。

错、将《恶之花》误作波德莱尔唯一的诗集等，但这些相比上述两点接受误差，是较为次要的问题。对上述接受误差的忽略影响到该书关于波德莱尔在 40 年代接受情况的结论。诚然，做研究不易，说问题却简单得多。尽管有微小的疏漏，张松建教授关于"西方现代主义诗歌在中国 40 年代的译介"的论述仍不失为学界在相关问题上最值得参考的成果之一。

三　戴望舒：未完成的反思与启示

如果我们怀着反思的诉求，重审波德莱尔在 40 年代中国的译介，就会发现：在经历了 20 年代的早期评介、30 年代的众声喧哗而抵达貌似冷落的 40 年代时，理性成为这一时期的突出特点，无论是对波德莱尔的接受还是对 19 世纪末法国文学的接受都是如此。换句话说，经历了二十余年的外国文学译介热潮之后，人们的热情虽逐渐冷却，智识却大幅度地提升。

杨周翰的《世纪末》在对法国 19 世纪下半叶的文学流派更迭做出简述之后，提醒人们注意一个文学史的常识："这样看来，似乎每一个主义都是有棱有角清清楚楚，每一个主义都是前一个主义的反动或反应。我们固然承认主义与主义之间有不同之点的存在，但我们不应该，像许多文学史家，把他们切得四四方方，染上对照鲜明的颜色，这就太注重它们的不同性，而忽略了它们的连续性，流动性了。因此，上面所述的这些主义是彼此交叠相错，而连贯成为一条河流的。……我们现在想来解答象征主义是什么，什么是'为艺术而艺术'的艺术，以及它如何受人攻击，而使'世纪末'这三个字在现在，用在文学史或文学批评上的时候，仅仅含有'颓废'和'堕落'的涵义。"①

这段论述虽然是针对"世纪末"文学思潮的，但是其中对于文学流派连贯性的强调有着重要的意义，波德莱尔在中国接受中的歧义的来源也正与割裂连贯性的做法有关。浪漫主义、帕尔纳斯派、颓废和颓废派、象征派的关系被抽离了时间上的连续性，相应地，其中暗含的或继承或

---

① 杨周翰：《世纪末》，《中法文化》第 1 卷第 3 期，1945 年 10 月 31 日。

反对的关系也被忽略，波德莱尔的位置也就被随意放置、错误重重。

更为直接的反思则来自戴望舒，他在《恶之花》的译者后记中简述自己的翻译动机："对于我，翻译波特莱尔的意义有这两点：第一，这是一种试验，来看看波特莱尔的坚固的质地和精巧纯粹的形式，在转变成中文的时候，可以保存到怎样的程度。第二点是系附的，那就是顺便让我国的读者们能够多看到一点他们听说了长久而见到得很少的，这位特殊的近代诗人的作品。"① 他看到了对于波德莱尔的谈论和对波德莱尔作品的实际了解之间的反差：

> 波特莱尔在中国是闻名已久了的，但是作品译成中文的却少得很。散文诗 Le Spleen de Paris 有两种译本，都是从英文转译的，因而自然和原作有很大的距离；诗译出的极少，可读的更不多。可以令人满意的有梁宗岱，卞之琳，沈宝基三位先生的翻译（最近陈敬容女士也致力于此），可是一共也不过十余首。

张松建在研究论文中对戴望舒此处的判断提出过质疑，他认为戴望舒说波德莱尔的作品翻译成中文的较少，特别是诗（指《恶之花》）的翻译更少是"肯定不准确"的，因为"关于波氏作品的译介一直引人注目，原因很可能是戴氏当时并没有看到这些报刊杂志"。② 需要指出的是，上述质疑并不准确。错误质疑产生的原因有：首先，在他自己的笔下，对波德莱尔的诗歌（指《恶之花》）和散文诗（指《巴黎的忧郁》）的论述是不加区分的，都统称"诗"，这本身并非错误，但影响了张松建对波德莱尔作品翻译情况的判断。而戴望舒其实说得非常清楚：散文诗有两种译本，诗翻译出的不多。这种判断并无太大问题。其次，张松建在文章中列举出翻译的作品的名字，但他忽略了很多名字不完全相同的作品其实对应的法文诗是同一篇（关于这一点，我们在第二、三、四章的第一节概述部分均有标注），如果去查找一下它们所对应的原诗，会发现确实译得不多，表面很繁荣，实际重译的很多。最后，戴望舒的评价的

---

① 〔法〕波特莱尔：《恶之华掇英》，戴望舒译，怀正文化社 1947 年版，第 97 页。
② 张松建：《"花一般的罪恶"——四十年代中国诗坛对波德莱尔的译介》，《中国现代文学研究丛刊》2005 年第 2 期。

最终着眼点是在"可读性"上，如果以戴望舒的译诗水平来作衡量标准的话，他说可读的不过十来首已经算是很留情面了。

而对于这一时期存在的关于波德莱尔是否值得翻译的争论，戴望舒给出了一种理性的态度：

> 对于指斥波特莱尔的作品含有"毒素"，以及忧虑他会给中国新诗以不良的影响等意见，文学史会给与更有根据的回答，而一种对于波特莱尔的更深更广的认识，也许会产生一种完全不同的见解。说他曾参加二月革命和编《公众幸福》这革命杂志，这样来替他辩解是不必要的，波特莱尔之存在，自有其时代和社会的理由在。至少，拿波特莱尔作为近代 Classic 读，或是用更时行的说法，把他作为文学遗产来接受，总可以允许了吧。以一种固定的尺度去度量一切文学作品，无疑会到处找到"毒素"的，而在这种尺度之下，一切古典作品，从荷马开始，都可以废弃了。至于影响呢，波特莱尔可能给与的是多方面的，要看我们怎样接受。只要不是皮毛的模仿，能够从深度上接受他的影响，也许反而是可喜的吧。①

戴望舒的这段评价可以说是自波德莱尔在中国被接受以来，最为公允、理性的声音。他意识到了波德莱尔在中国的接受特点——听说得太多而对作品的实际接受太少，可以说一针见血地指出了问题所在。与此同时，他充分考虑到了时代语境与"文以载道"的古典传统的交互作用，颇为审慎又暗含辩护地将波德莱尔界定为"文学遗产"——这意味着可做批判性的继承，同时也因其已"死去"，并不会成为现实中的"毒素"。这番评论问世三年后，戴望舒与世长辞，之后很长时间的时代环境不容许对波德莱尔进行更多的接受。因此，40 年代就已经出现的，即将对波德莱尔的诗学进行的深入探究并未很好地展开。

而到了 80 年代之后，当学界重新看待这个问题的时候，不少研究者却将二三十年代关于波德莱尔的接受文献作为毋庸置疑的知识来源加以阐释和引用。一方面，人们不加辨析，不去考察法国 19 世纪下半叶的诗

---

① 〔法〕波特莱尔：《恶之华掇英》，戴望舒译，怀正文化社 1947 年版，第 99 页。

歌史，看看那些具体存在过的流派与作家在自身的时空中究竟具有怎样的面貌；另一方面，也忽视了40年代已经出现的如杨周翰、戴望舒在对宽泛的19世纪法国文学史以及具体的波德莱尔的接受上所表现出来的反思，更加没有对庞杂的文献进行一一甄别和细致分析，或是对重要材料无条件地相信，如同金科玉律般引用，或是在挖掘冷门资料的过程中过分拔高了对波德莱尔的接受水平。而事实上，波德莱尔的中国接受产生歧义的根本原因，一方面在于那些具有重大影响的早期文献，另一方面则在于学界长期以来对这些文献不加辨析地引用和阐释。我们写作本书的意图之一，即是重新回溯波德莱尔在1919—1949年的具体时代中的接受状况，或者说是去接续40年代戴望舒未及展开、未能完成的思索。可以说，在现代文学史中，对波德莱尔的接受尚未在创作上产生丰硕的实绩，更多的仍是诗学观念的介绍，甚至"诗外"的论争。而诗学上真正的创造性转化，则是由后来的朦胧诗人、第三代诗人来实现的。从这种意义上说，诗人兼译者戴望舒以其卓越的眼光构建了某种关于波德莱尔的"未来诗学"。

第五章　波德莱尔与中国当代先锋诗的兴起

法国诗人波德莱尔对中国当代先锋诗的诞生和发展起过不容忽视的作用，这一点尚未引起学界的充分讨论。朦胧诗的先行者食指明确说："对我影响最大的是中国女诗人陈敬容译的波德莱尔《恶之花》中的诗句。"① 诗人多多也指出："我在很早就标榜我是象征主义诗人，因为我读了波德莱尔，没有波德莱尔我不会写作。"② 类似的说法在起步于 20 世纪六七十年代的诗人那里并不鲜见。问题在于，为何一位活跃于 19 世纪中期的法国诗人会在一百年后的中国诗坛产生如此大的影响？其中有某种"机缘巧合"的意味。1949 年以后，民国时期的波德莱尔作品译本已经很难被一般读者接触到，波德莱尔与中国当代诗歌的联结还得从 50 年代的一本杂志说起。虽然在 50 年代的大部分时间里，波德莱尔的翻译很难在公开出版物中出现，但是，得益于"双百"方针的实施，1957 年 7 月号的《译文》却集中刊发了一批波德莱尔诗作以及两篇评论文章，以纪念《恶之花》出版一百周年。由于风起云涌的种种文艺运动，这个专辑在面世之初并没有产生多大影响，但是十余年过后，它却在"上山下乡"的文学青年中悄然流传开来，激起了意想不到的诗学波澜，开启了中国新诗的一条自新之路。

尽管有部分学者已经注意到波德莱尔对当代诗歌的影响，③ 但依然停留在比较中外诗人之间的"相似"与"不相似"上，对其影响发生的

---

① 食指：《青年时代对我影响最大的外国诗人——记马雅柯夫斯基、洛尔迦、波德莱尔》，余中先选编《寻找另一种声音——我读外国文学》，外国文学出版社 2003 年版，第 243 页。

② 凌越：《我的大学就是田野——多多访谈录》，《书城》2004 年第 4 期。

③ 例如杨玉平《波德莱尔与"前朦胧诗"写作》（南开大学出版社 2018 年版）、刘志荣《"我始终欣喜有一道光在黑夜里"——多多论》（《文艺争鸣》2014 年第 6 期）、李润霞《颓废的纪念与青春的薄奠——论多多在"文化大革命"时期的地下诗歌创作》（《江汉论坛》2008 年第 12 期）等，大部分论者偏重揭示当代诗人的写作与波德莱尔诗歌意象、风格的相似性，对其他层面的影响与接受不够重视，也尚未揭示波德莱尔与当代诗歌的深层关联。

内在契机缺乏深入考量。虽然波德莱尔在当代诗歌中的接受看起来有偶然因素，但其中也有一定的必然性。文学影响的发生显然不是一种简单的"输入—接受"过程，而是需要与接受者的历史语境、个人境况发生内在的互动，才能在一种文学的长远发展中"生根"。那么，波德莱尔的影响与当时先锋诗人的历史语境的关联究竟是怎样的？诗人对他的接受是否有一定的选择性或者"过滤"？波德莱尔的影响与先锋诗人所面临的其他思想资源的关系又是怎样的？探讨这些问题不仅是为了追索中国当代先锋诗兴起的原因和动力，也是为了探讨那些决定中国当代先锋诗基本形态的因素，进而推进对整个当代诗歌的认识。

一 关于波德莱尔的翻译与阅读

波德莱尔的名字在 1915 年被国人初次知晓，这位以《恶之花》和《巴黎的忧郁》知名的法国诗人从此开始了他长达百年，至今仍在持续的"中国行旅"。尽管我们关注的是波德莱尔对中国当代先锋诗的影响，但诗人对他的阅读却很可能并不局限于 1949 年之后的译本，因此有必要对此前的翻译状况做出回顾。需要说明的是，我们无意于面面俱到地梳理民国时期有关波德莱尔的翻译史，而是突出那些重要的、更可能被先锋诗人接受的部分。因此，在梳理的范围上，对新诗写作产生直接影响的《恶之花》译本是我们考察的中心，尤其是影响较大的成集翻译与诗人译诗。

20 世纪 20 年代是波德莱尔作品翻译的初始期，周作人为重要译者之一，他主要关注波德莱尔散文诗的文体革新意义。周作人"据英国西蒙士诸人的译本，并参考德人勃隆译全集本"[①]，多次选译散文诗集《巴黎的忧郁》中的篇目。徐志摩则以英译本为依据翻译《死尸》，他将这首诗视作《恶之花》中"最恶亦最奇艳的一朵不朽的花"，并在译序中以诗人的感性盛赞其音乐性。[②] 李思纯的《仙河集》用古典的五言诗形式翻译波德莱尔的诗集《恶之花》，试图在汉语中复现原诗的格律特征。

---

① 〔法〕波特来耳：《散文小诗》，仲密（周作人）译，《晨报副刊》1921 年 11 月 20 日。
② 徐志摩：《死尸》（附：菩特莱尔原诗译文），《语丝》1924 年第 3 期，1924 年 12 月 1 日。

这一时期的翻译还包括苏兆龙、金满成、徐蔚南、石民、陈勺水等人对《恶之花》和《巴黎的忧郁》的散译。从整体数量上看，20 年代对波德莱尔的翻译更偏重散文诗，对诗体形式的关注远大于对诗歌内容与诗学特征的理解。

30 年代对波德莱尔的翻译进入了繁盛期。1933 年卞之琳译《恶之花零拾》①，包括《应和》《人与海》《音乐》《异国的芳香》《商籁》《破钟》《忧郁》《瞎子》《流浪的波希米人》《入定》。这一年，他还发表了《穷人之死》《喷泉》《露台》这三首《恶之花》中的译诗。② 曾帮助卞之琳校阅译诗的梁宗岱，也在 1934 年将《恶之花》中的《露台》和《秋歌》以《诗二首》为名发表。③ 与此同时，对波德莱尔其人其诗的解读和评价也出现在多部文学史中，如徐霞村的《法国文学史》用"以声形色，以色形声"④ 来概括波德莱尔诗歌中的通感手法；金石声的《欧洲文学史纲》认为波德莱尔是一位"求善而得恶，求神而得恶魔，求生之欢乐而得死之恐怖"⑤ 的矛盾性诗人；穆木天的《法国文学史》对波德莱尔的诗歌做出了较为全面的介绍，一是"在大自然的象征之林中，声，色，薰香在互相地交响"⑥ 的通感，二是对诗歌音乐性的追求。

40 年代的政治与文化语境使知识界对波德莱尔的译介锐减，相较于王兰馥、屠岸、王了一等译者，戴望舒带来了这一时期最为优秀的译本。1946 年至 1947 年，戴望舒在《文汇报·笔会》《大公报·星期文艺》上发表《恶之花》中的零散译诗，1947 年他将更多的译诗汇总，并翻译梵乐希（瓦莱里）的文章《波特莱尔的位置》（《波德莱尔的位置》）置于开篇，结集为《恶之华掇英》。他努力克服"两国文字组织的不同和思想方式的歧异"⑦，力求展现原诗的形式和音韵特征。陈敬容在 40 年代

---

① 〔法〕波特莱：《恶之花零拾》，卞之琳译，《新月》第 4 卷第 6 期，1933 年 3 月 1 日。
② 〔法〕波特莱尔：《穷人之死》，卞之琳译，《文艺月刊》第 3 卷第 12 号，1933 年 6 月 1 日；〔法〕波特莱尔：《喷泉》，卞之琳译，《文艺月刊》第 4 卷第 1 号，1933 年 7 月 1 日；〔法〕波特莱尔：《露台》，卞之琳译，《文艺月刊》第 4 卷第 2 号，1933 年 8 月 1 日。
③ 〔法〕波特莱尔：《露台》《秋歌》，梁宗岱译，《文学》第 3 卷第 6 号，1934 年 12 月 1 日。
④ 徐霞村编《法国文学史》，北新书局 1930 年版，第 198 页。
⑤ 金石声编《欧洲文学史纲》，神州国光社 1931 年版，第 88 页。
⑥ 穆木天译编《法国文学史》，世界书局 1935 年版，第 370 页。
⑦ 〔法〕波特莱尔：《恶之华掇英》，戴望舒译，怀正文化社 1947 年版，第 97 页。

也开始翻译波德莱尔的诗歌，她最初译有《恶之花》中的六首诗，刊载于 1946 年至 1947 年的《文汇报·笔会》上，并撰文介绍波德莱尔的诗学。在《波德莱尔与猫》一文中，陈敬容将这位法国诗人比附为神秘多变的猫，指出他给法国文学带来的"新的战栗"在于题材、语言和技艺的大胆革新。在陈敬容看来，波德莱尔通过文字的炼金术赋予万物"神异的光辉"，令人感到"生命之沉缅"①。陈敬容对波德莱尔的推崇先后遭到林焕平、李白凤的严厉批评。在他们眼中，波德莱尔与新文学的精神背道而驰，"他的创作倾向和'新月派'及'现代派'是相近或者相同"②，这样"迷离的歌"在"求生存，争民主的道路上"不宜被赞美③。陈敬容撰文回应，她坦承在彼时的语境中，波德莱尔甚至诗歌本身都"无甚裨益"④，但是波德莱尔不乏积极处，一是其抗争精神的现实意义，二是其作品对新诗技艺的启发。陈敬容以委婉的辩词维护波德莱尔诗歌的价值，这一争论也让她开始审视译者面临的复杂语境和期待视野，并在其后的实践中注意规避风险。

　　1949 年之后到 70 年代末，诗人除了可能通过私人藏书和读书沙龙接触到部分民国译本外，波德莱尔的译诗仅在 1957 年的《译文》上出现过。《译文》杂志创刊于 1953 年 7 月 1 日，隶属于中华全国文学工作者协会（即全国文协，1953 年 10 月正式更名为中国作家协会）。这份杂志代表的是主流意识形态的声音，它之所以能在 1957 年刊载波德莱尔的诗，一方面是因为前文已提及的 1956 年 5 月"双百"方针的实施，另一方面则是因为当时苏联也在纪念《恶之花》出版一百周年。尽管翻译的合法性得到了保证，但在"反右"运动已然展开的背景下，编者和译者仍然小心翼翼。从选译的篇目来看，陈敬容选译了《朦胧的黎明》《薄暮》《天鹅——致维克多·雨果》《穷人的死》《秋》《仇敌》《不灭的火炬》《忧郁病》《黄昏的和歌》。如果将这些篇目与陈敬容 40 年代的译诗相比，会发现这次的选译明显偏重那些展露城市罪恶和人之卑微的诗，暗含揭露资本主义罪恶的意图。在译诗之前署名"编者"（实为"译

① 陈敬容：《波德莱尔与猫》，《文汇报·浮世绘》1946 年 12 月 19 日。
② 林焕平：《艺文管窥备忘》，《文汇报·笔会》1946 年 12 月 28 日。
③ 李白凤：《从波特莱尔的诗谈起》，《文汇报·笔会》1947 年 1 月 30 日。
④ 陈敬容：《谈我的诗和译诗》，《文汇报·笔会》1947 年 2 月 7 日。

者"）的按语中，陈敬容说：

> "恶之花"（Fleurs du mal），按照波特莱尔（Charles Baudelaire）
> 的本意，是指"病态的花"。原书的里封面上印有一句题辞："……，
> 将这些病态的花献给……。"我国过去一向译成"恶之花"，这"恶"
> 字本应当包含丑恶与罪恶两个方面，然而却往往被理解为罪恶或恶毒，
> 引申下去，恶之花就被当成了毒花、毒草甚至毒药了。[①]

这段话中对"恶之花"之"恶"的过往解读的评述并不完全符合实际情
况，但陈敬容的目的十分明显：防止读者将波德莱尔的作品归入"毒
草"的范畴，以规避可能的风险。除译诗外，《译文》还刊载了诗人阿
拉贡的《比冰和铁更刺人心肠的快乐——"恶之花"百周纪念》、苏联
学者列维克的《波特莱尔和他的"恶之花"》，在介绍波德莱尔诗学的
同时，也起到增强译介"合法性"的作用。

　　尽管这次译介带有鲜明的倾向性，但波德莱尔的丰富内涵并不因此
消减，与他的相遇令先锋诗人兴奋不已。这些译诗为六七十年代的先锋
诗人提供了至关重要的精神指引。陈敬容的译本受到当代诗人的盛赞，
固然与这是他们在六七十年代最易接触到的译本有关，但陈敬容自身的
翻译特色也是一个重要的原因。她的译诗打破了波德莱尔原诗工整的十
四行体式，虽然在准确性上有所欠缺，但极富现代感性，给饥渴的诗人
带来了强烈的陌生刺激，让他们找到了那只开启自身诗性按钮的手。

　　如果将范围扩大到这一时期的其他公开出版物上，商务印书馆1971
年出版的《从文艺复兴到十九世纪资产阶级文学家艺术家有关人道主义
人性论言论选辑》也应被纳入考察。这部由北京大学西语系资料组编纂
的"内部读物"，在"波德莱尔"词条的导论部分介绍了他的思想，主
要包括以下三点：其一，作为象征主义理论基础的"应和论"。其二，
从基督教原罪观点出发的"人性恶论"。其三，波德莱尔对自然和人的
不同态度："在对自然的看法上，波德莱尔是神秘论者，在对人的看法
上，他是一个失去信仰的基督教徒。他有时对自己败坏了的心灵和肉体

[①]　编者：《恶之花》（选译），《译文》1957年7月号。

感到强烈厌恶，有时对社会和人生的不幸发生同情和怜悯。"①在分述部分，编者引用的波德莱尔作品包括：译诗《呼应》《远游》《西尔特岛之游》《天鹅》，以及《维克多·雨果》《论诗的目的》的译文片段，除《天鹅》使用了陈敬容1957年的译诗外，其余篇目均未被这一时期的其他出版物收录。

20世纪80年代初期，对波德莱尔诗歌的翻译和出版开始复苏。彭燕郊规划、组稿和校阅的"诗苑译林"丛书既收录了部分民国译本，又纳入了新的翻译：《戴望舒译诗集》（1983）收入译者40年代的《恶之花掇英》全本，共有24首《恶之花》译诗；《梁宗岱译诗集》（1983）收入《恶之花》译诗四首；陈敬容《图象与花朵》（1984）收入38首《恶之花》译诗；程抱一的《法国七人诗选》（1984）选译了《恶之花》中的六首诗，并附有对波德莱尔的介绍。1984年的《世界文学》发表了陈敬容新译的波德莱尔诗五首：《太阳》《信天翁》《风景》《人与海》《七个老头——致维克多·雨果》。与1957年的译诗不同的是，陈敬容此时更偏好那些反映诗人形象、突出现代派诗艺的作品。不容忽视的还有学者对波德莱尔的评介，如程抱一的《论波德莱尔》，在他看来，波德莱尔的"现代"主要体现在"他作品的主题"与决定这些主题的"观看现实的眼光，以及对待诗的态度"②。第三代诗人柏桦回忆自己获得刊载程文的《外国文学研究》后的感受："就是这本杂志在我决定性的年龄改变了我的命运"。他被波德莱尔深深吸引：

> 这个雪白的"撒旦"，嘴唇的线条特别挑剔，翘起的下巴坚毅绝伦，百年之后他又来到了我们中间。我们诗人中至美的危险品、可泣的亡魂，我的心抵挡不住他的诱惑，就要跟随他去经历一场"美的历险"。③

此外，郭宏安的研究也值得注意。他在《伊甸园中的一枚禁果——谈谈

---

① 北京大学西语系资料组编《从文艺复兴到十九世纪资产阶级文学家艺术家有关人道主义人性论言论选辑》，商务印书馆1971年版，第395页。
② 程抱一：《论波德莱尔》，《外国文学研究》1980年第1期。
③ 柏桦：《左边：毛泽东时代的抒情诗人》，江苏文艺出版社2009年版，第46页。

波德莱尔的〈恶之花〉》一文中，将《恶之花》界定为"一篇坦诚的自白"和"一次冷静的自我解剖"。在他看来，波德莱尔深入人类的罪恶中去，观察魔鬼如何在人的灵魂深处发生作用，以求"刺激他所深恶痛绝的资产者的脆弱的神经，从而倾吐胸中的郁闷和不平，感到一种报复的快乐"①。《波德莱尔的应和论及其他》关注波德莱尔的诗学理念："自然中的万物之间，自然与人之间，人的各种感官之间、各种艺术形式之间，相互有着隐秘的、内在的、应和的关系，而这种关系是发生在一个统一体中的。"② 在这两篇文章中，郭宏安对波德莱尔诗歌的"恶魔主义"特征和象征诗学做出了精到的解读。

　　尽管我们罗列了当代先锋诗人可能接触到的波德莱尔诗歌和相关评介，但需要指出的是，文学影响并非一种孤立的行为，而是和其他资源结合在一起的综合机制。正如哈罗德·布鲁姆所言："诗的影响是一门玄妙深奥的学问。我们不能将其简单地还原为训诂考证学、思想发展史或者形象塑造术。"③ 对影响研究来说，文本的考证无疑是必要的，但这并不意味着诗歌的影响是从文本到文本的简单挪移。对起步于 60 年代末的先锋诗人而言，与波德莱尔的影响联结在一起的因素是多元的：譬如多种"灰皮书""黄皮书"的传阅带来的思想启蒙，这为他们提供了认识论基础；复杂的社会现实则给予他们具体的语境。而对波德莱尔的阅读则关系到他们如何将上述二者带入作品，在写作中为思想的表达找到具体的形象与形式。因此，我们不打算做剥离式的分析，而是试图将波德莱尔的影响与诗人面临的历史语境、他们所接触的其他思想资源结合起来论述，考察这些因素如何激发诗人的思维，带来一种全新的、属于他们自己的创造。

二　形象与形式的双重赋形

　　早在波德莱尔 20 世纪 20 年代进入中国时，李璜就称其喜吟"风雨

---

① 郭宏安：《伊甸园中的一枚禁果——谈谈波德莱尔的〈恶之花〉》，《读书》1982 年第 3 期。
② 郭宏安：《波德莱尔的应和论及其他》，《法国研究》1983 年第 1 期。
③ 〔法〕哈罗德·布鲁姆：《影响的焦虑》，徐文博译，生活·读书·新知三联书店 1989 年版，第 6 页。

之夜，死人之尸，苍蝇之声，肥丑之妇"①——虽有简化之嫌，但也道出了人们对其诗歌意象丑恶、不祥的直观感受。从这个角度看，我们很容易发现当代先锋诗人与波德莱尔的相似性，并从他们的作品中嗅到波德莱尔的气息，比如食指的"不！不！我是靠在/腐朽精神的白色尸骨上"②，多多的"一条浸血的飘带散发不穷的腥气"③，芒克的"太阳升起来，/把这天空/染成了血淋淋的盾牌"④，等等。波德莱尔式的丑恶意象得以进入诗人的心灵，前提条件是特殊年代的生存体验。多多曾经回忆 1966 年夏天令他终生难忘的场景："哦！那是我第一次见到尸体，是被打死的女人的，裸露的尸体，都是肿胀的，灰白色的……那种刺激，终生都不会忘记。"⑤ 这一场景的描述直接让人想到波德莱尔在中国最早得到翻译的名篇之一《女尸》，其中对恶臭女尸描述的冲击性与多多的回忆如出一辙。在 1957 年《译文》杂志所载的评论文章中，阿拉贡援引了波德莱尔《西尔特岛之游》中的"沉重的肠子流在大腿上"⑥，这句诗以强烈的视觉冲击令人过目不忘。可以说，波德莱尔给当代先锋诗人带来的首先是巨大的审美冲击，其次是技法上的启示，即如何对"恶"赋形。

　　《相信未来》（1968）是食指最为人所熟知的诗作之一。陈敬容所译的波德莱尔的《忧郁病》给此诗以直接的形式启迪，以两首诗的前三节对比为例：

《忧郁病》　　　　　　　　　　《相信未来》

当低重的天空像一个大盖，罩住　　　当蜘蛛网无情地查封了我的炉台，

被无尽的厌倦所折磨的幽咽的心；　　当灰烬的余烟叹息着贫困的悲哀，

---

① 李璜：《法兰西诗之格律及其解放》，《少年中国》第 2 卷第 12 期，1921 年 6 月 15 日。

② 食指：《黄昏》，《食指的诗》，人民文学出版社 2000 年版，第 39 页。

③ 多多：《回忆与思考（3 首）·祝福》，《多多四十年诗选》，江苏文艺出版社 2013 年版，第 3 页。

④ 芒克：《天空》，陈思和主编、李润霞编选《被放逐的诗神》，武汉出版社 2006 年版，第 171 页。

⑤ 多多、李章斌：《是我站在寂静的中心——多多、李章斌对谈录》，《文艺争鸣》2019 年第 3 期。

⑥ 〔法〕阿拉贡：《比冰和铁更刺人心肠的快乐——"恶之花"百周纪念》，沈宝基译，《译文》1957 年 7 月号。

当环抱一切的天涯向我迸射　　　　我依然固执地铺平失望的灰烬，

一道比夜还愁惨的黑光；　　　　　用美丽的雪花写下：相信未来。

当大地变成一间潮湿的牢房，　　　当我的紫葡萄化为深秋的露水，

在那里，希望像蝙蝠样飞去，　　　当我的鲜花依偎在别人的情怀，

一面拍着懦怯的翅膀碰打四壁，　　我依然固执地用凝露的枯藤，

又把头向朽坏的屋顶敲击；　　　　在凄凉的大地上写下：相信未来。

当雨水洒泼下无数的线条，　　　　我要用手指那涌向天边的排浪，

仿效着大监狱的铁栏的形状，　　　我要用手掌那托住太阳的大海，

一群哑默的肮脏的蜘蛛　　　　　　摇曳着曙光那枝温暖漂亮的笔杆，

走来在我们的头脑里结网。①　　　用孩子的笔体写下：相信未来。②

　　《忧郁病》第三节以"蜘蛛""结网"的画面结尾，《相信未来》的首行就出现"蜘蛛网"的意象，二者的关联显而易见。在《忧郁病》中，波德莱尔用四个表示时间点的介词"当"来引出对"此地"图景的描绘。这是一幅极具压迫性的画面："我"之上的天空如大盖，"我"之下的大地如牢笼，天涯迸射黑光，雨水如同铁栅，而"我"的心灵则无望地被囚禁于凶恶的环境中。从手法上看，用重复句式呈现密集意象可以视作"外在的象征累积起来"的过程，其目的在于"重申和强调诗歌最基本的内在主题"③。这一基本主题在《忧郁病》里就是外界环境之恶与人被禁锢的状态："在《巴黎图画》乃至整部《恶之花》中，'此地'总是被体会成一个流放之地，一座监狱。"④ 波德莱尔对主体身处其间的压抑性、对抗性环境的展现，让食指产生了共鸣。再如《我这样说》：

　　当那秋风吹散黄金的落叶

---

① 〔法〕波特莱尔：《忧郁病》，陈敬容译，《译文》1957 年 7 月号。

② 食指：《相信未来》，《食指的诗》，人民文学出版社 2000 年版，第 10 页。

③ 〔法〕查尔斯·查德维克：《象征主义》，肖聿译，丛丽校，北岳文艺出版社 1989 年版，第 27 页。

④ 刘波、尹丽：《波德莱尔十论》，中国社会科学出版社 2013 年版，第 179 页。

　　　像是令人心碎的告别的幽咽

　　　宁静的雨水掺和着苦涩的眼泪

　　　斟满了我们手中颤栗的酒杯

　　　当那秋天伤心的黎明
　　　·
　　　甜蜜的瓜果离开了枝头

　　　果枝和藤蔓含着秋露

　　　永别了她那心爱的朋友①

这首诗的结尾和《相信未来》类似，表达了诗人"绝望中的希望"："我把脚印留给死亡，仍然向着未来奔走。"②"当……"的句式在食指的诗歌中重复出现，可见《忧郁病》译诗对他的影响。这一句式和意象组织方式也经由食指在其他诗人中传播开来。

　　例如"当我玫瑰的温馨漫抚着别人的甜吻，／当我丁香的蓝郁留恋着别人的情唇，／我悲哀地回忆起在消逝的往日，／那可爱的花儿曾向我频频致情"③。杨桦的诗和食指的《我这样说》高度相似，虽然是对逝去爱情与时间的浪漫化追忆，与《忧郁病》的表现强度无法相提并论，但是从它的句式和意象中仍能看到这首诗的影子。

　　尽管食指创造性地化用了《忧郁病》的诗歌形式，但其乐观主义与波德莱尔的彻底绝望大相径庭。这种指向"未来"的乐观主义在当代先锋诗创作中呈现出集体美学特征——通过对历史经验的重新编码，诗人们将现实的困顿转化为具有救赎意味的期待。这种创作倾向不仅延续了革命抒情诗的光明叙事传统，更建构出"黑暗过去—光明未来"的二元时间模式。与此集体性的氛围相比，多多的写作显得颇为特立独行：

　　　当春天的灵车穿过开采硫磺的流放地
　　　·
　　　黎明，竟是绿茵茵的草场中

---

　　①　食指：《我这样说》，《食指的诗》，人民文学出版社 2000 年版，第 34 页。
　　②　食指：《我这样说》，《食指的诗》，人民文学出版社 2000 年版，第 35 页。
　　③　杨桦：《哦，眉眉》，陈思和主编、李润霞编选《被放逐的诗神》，武汉出版社 2006 年版，第 368 页。

那点鲜红的血，头颅竟是更高的山峰

……

当疾病夺走大地的情欲，死亡

代替黑夜隐藏不朽的食粮

犁尖也曾破出土壤，摇动

……

当隆冬皇帝君临玫瑰谷

为深秋主持落葬，繁星幽暗的烛火

也在为激烈的年华守灵

……

当我的血也有着知识的血

邪恶的知识竟吞食了所有的知识

而我要让冷血的冰雪皇后听到

狂风狂暴灵魂的独白：只要

神圣的器皿中依旧盛放着被割掉的角

我就要为那只角尽力流血

我的青春就是在纪念死亡。死亡

也为死者的脸布施了不死的尊严①

这首诗的形式与氛围均与波德莱尔的《忧郁病》有神似之处，多多反复
使用"当……"的句式连缀起密集的阴暗意象。"我的青春竟是在纪念/
敞开的雕花棺材那冷淡的愁容"和"我的青春就是在纪念死亡"，让人
想到波德莱尔《仇敌》中的句子"我的青春只是一场阴暗的暴风雨"②。
多多对残酷青春的书写与波德莱尔笔下的阴暗青春构成了潜在的应和关
系。在这首诗的结尾，"我的青春"所纪念的"死亡"，布施的却是"不
死的尊严"。"死亡"与"不死"之间的强劲张力彰显了抒情主体鲜明的
反抗意识，与波德莱尔的"恶魔主义"叛逆精神遥相呼应。

在对《忧郁病》影响的考察中，一个值得追问的问题是，为何这种

---

① 多多：《当春天的灵车穿过开采硫磺的流放地》，《多多四十年诗选》，江苏文艺出版社
2013年版，第99—100页。

② 〔法〕波特莱尔：《仇敌》，陈敬容译，《译文》1957年7月号。

形式能在先锋诗人那里产生影响？食指主张："诗要写得像宗白华说的'新诗要像古典诗那么美'……写出来就是一种美，是一种力量。"① 在食指看来，"美"在于整齐的格律形式和具有韵律感的语言。《相信未来》采用了均齐的体式——四行一节，每节的诗行长度大致相当，韵脚整齐，每行的顿数量近似。这种对整饬形式的重视与波德莱尔惊人的一致。尽管波德莱尔的诗所表现的内容离经叛道，以丑恶为美，但是形式却并未逾越古典。在《恶之花》中，诗歌外形与内容之间的不平衡构成了一种张力。艾略特对此有敏锐的观察，认为"形式的优美、措辞的完美以及表层的连贯使诗作看来似乎表现了一种确定的心境"，但其实《恶之花》只是具有"古典艺术外在的，而不是内在的形式"，波德莱尔对完美形式的追求，本质上"是一种支持或是掩饰内在混乱的努力"②。弗里德里希也有类似的观点："形式力量的意义远远超过修饰，远远超出适度的维护。它们是拯救的手段，是诗人在极度不安的精神状态下极力寻找的。"形式与内容之间的不平衡构成了"现代诗歌的一种基本的不谐和音"③。也就是说，在一个混乱的年代，波德莱尔式的精巧形式和严整格律让中国诗人迅速找到了为自己不安的灵魂"赋形"的方式。④ 然而，这种形式又与内容产生了一种颇为奇异的不和谐，这也为诗歌增添了现代性的质素。例如，追求形式完美的食指经常会表达一些矛盾、愤怒的内容，与形式上的严整构成了张力和冲突。《疯狗》就是一个例子：

> 受够了无情的戏弄之后，
> 我不再把自己当成人看，
> 仿佛我成了一条疯狗，
> 漫无目的地游荡人间。

---

① 崔卫平：《诗神眷顾受苦的人》，《诗神》1998 年第 8 期。

② 〔英〕托·斯·艾略特：《现代教育和古典文学：艾略特文集·论文》，李赋宁等译，上海译文出版社 2012 年版，第 192 页。

③ 〔德〕胡戈·弗里德里希：《现代诗歌的结构：19 世纪中期至 20 世纪中期的抒情诗》，李双志译，译林出版社 2010 年版，第 26 页。

④ 当然我们并不否认，这种精巧的形式也受到了本土的政治抒情诗（如郭小川、贺敬之等所作）的影响，但在政治抒情诗中，形式和内容呈现出彼此适配的和谐关系。可以说，在六七十年代的当代先锋诗中，形式与内容之间的冲突和张力，主要来自波德莱尔的影响。

我还不是一条疯狗，

不必为饥寒去冒风险，

为此我希望成条疯狗，

更深刻地体验生存的艰难。

我还不如一条疯狗！

狗急它能跳出墙院，

而我只能默默地忍受，

我比疯狗有更多的辛酸。

假如我真的成条疯狗

就能挣脱这无形的锁链，

那么我将毫不迟疑地

放弃所谓神圣的人权。①

这首诗四行一节，诗句长短相近，大体上采用 ABAB 的押韵方式。但在精巧的形式下，诗人表达了疯狗般的愤懑情绪，其中包含了一种生动有趣的反讽。

　　上述形式与内容的冲突是从诗歌的宏观构架来说的，而波德莱尔所惯用的"矛盾修辞"（oxymoron）则在更小的语言空间中构造张力。在弗里德里希看来，波德莱尔"超量"地使用"矛盾修辞"，"背后是基督教的遗存"，即撒旦主义与理想状态之间的扭结。② 这种以对立的词语来表达复杂灵魂状态的手法在当代先锋诗人那里引起了广泛的共鸣。例如，根子的《三月与末日》，这首诗充满波德莱尔式的丑恶和狞厉意象，将反差感极大的词语连缀在一起，"这大地的婚宴，这一年一度的灾难"，喜庆的"婚宴"被称为不祥的"灾难"，情感的指向截然相反；"既然/大地是由于辽阔才这样薄弱，既然他/是因为苍老才如此放浪形骸"，"辽阔"与"薄弱"、"苍老"与"放浪形骸"并置，产生了明显的矛盾

---

① 食指：《疯狗》，《食指的诗》，人民文学出版社 2000 年版，第 88 页。

② 〔德〕胡戈·弗里德里希：《现代诗歌的结构：19 世纪中期至 20 世纪中期的抒情诗》，李双志译，译林出版社 2010 年版，第 32 页。

和张力。① 又如"我有这样两只眼睛，／一边是黑暗，／一边是光明"②，与顾城的《一代人》不同，芒克在此处表达的并非从黑暗到光明的进步逻辑，而是两种对立状态的并存乃至冲撞。

需要说明的是，波德莱尔诗歌的"矛盾修辞"在汉语新诗中的影响与译者的语言选择有密切的关联。陈敬容在翻译时偏好更为强劲的语言张力，将她所译的《黄昏的和歌》与戴望舒的译文对比，可以看到二者的区别：

天空又愁惨又美好像个大祭坛③（陈敬容译）

天悲哀而美丽，像一个大祭坛④（戴望舒译）

陈敬容将"愁惨"和"美好"用"又……又……"的并列句式连缀。"又"是去声，在声音上比较强，连用可以起到强调并置词语的效果，加大了语言的紧张感。从意义上看，戴望舒与陈敬容的译诗并无太大差异，二者都忠实于原文，但戴望舒使用了声音较弱的"而"表达顺承关系，虽然更符合日常语言的表达习惯，却在一定程度上消解了词语之间的张力。陈敬容的译诗句式给青年多多留下了深刻的印象，在他的诗中回响："像在梦中一样，月光又高贵又无情。"⑤

"矛盾修辞"的嵌入看似只是一种语言结构，实则暗含着新的感知，正如萨特所言："对于诗人来说，语言是外部世界的一种结构。"⑥ 诗人在这种言说方式中体悟到事物并不只有单一面貌，疑问也未必有肯定的答案，这让他们得以摒弃主流意识形态所赋予的确定和明朗，体悟蕴藏于万物自身之中的对立和冲撞，从而创造出新的诗歌表达。从这种意义

---

① 根子：《三月与末日》，陈思和主编、李润霞编选《被放逐的诗神》，武汉出版社 2006 年版，第 137 页。

② 芒克：《自画像——〈心事〉序》，陈思和主编、李润霞编选《被放逐的诗神》，武汉出版社 2006 年版，第 160 页。

③ 〔法〕波特莱尔：《黄昏的和歌》，陈敬容译，《译文》1957 年 7 月号。

④ 〔法〕波特莱尔：《黄昏的和谐》，戴望舒译，《恶之华掇英》，怀正文化社 1947 年版，第 47 页。

⑤ 多多：《诗人之死》，《多多四十年诗选》，江苏文艺出版社 2013 年版，第 35 页。

⑥ 〔法〕萨特：《论诗和诗人》，《他人就是地狱：萨特自由选择论集》，周煦良等译，陕西师范大学出版社 2003 年版，第 100 页。

上说，波德莱尔给予当代先锋诗人以形象与形式的双重赋形，最终通达的是对外部世界的认知和启迪。

三 对人性的形而上反思

"恶"是波德莱尔处理的核心主题，他也因此被称为"恶魔主义"诗人。在法国文学史中，作为浪漫主义分支的"恶魔主义"文学，以"魔鬼""罪恶""反抗"等主题吸引了大批作家，并在波德莱尔那里达到极致。在他看来，"恶"深植于人性本身。法国学者马克斯·米内尔对此有精到的阐释："波德莱尔从未感觉撒旦全然外在于自身……他更由衷地感到自己与撒旦合体。"① 正是基于"恶魔主义"的视角，波德莱尔得以深刻洞悉人性的幽微。在《论笑的本质》中，他区分了自在、自存的"愉悦"（la joie）和作为表现与判断的"笑"（le rire）。对于后者的本质，他写道："笑是恶魔式的，因此深具人性。对人而言，笑是意识到自己优越性的产物。"② 也就是说，"恶魔性"既内嵌于人性，又外化为对他人的态度。

在萨特那里，这种"恶魔主义"的"人观"得到了理论化的表述。在他看来，深植于人性之中的"恶"是绝对的、无法被消除的："恶不是表面现象，从原因上认识恶并不能消除恶，恶并非如同一个模糊的观念与一个明确的观念对抗那样与善对抗，恶不是可以医治的情欲，可以克服的恐惧，可以原谅的一时迷惑，可以使之明白的愚昧无知的结果，恶无论如何不能如同莱布尼茨的阴影一般被绕开，被接管，被还原、同化为理想主义的人道主义。"③ 萨特进而提出"他人就是地狱"④ 这一著名的判断。"他人"不仅是"我"所看到的人，同时也是看到"我"的人，以其自身的立场对"我"做出评判和要求，无法摆脱的矛盾与冲突

---

① Max Milner, *Le diable dans la littérature française*, Paris: José corti, 2007, p. 835.

② Charles Baudelaire, *De l'essence du rire*, Œuvres complètes Ⅱ, texte établi, présenté et annoté par Claude Pichois, Bibliothèque de la pléiade, Paris: Gallimard, 1976, p. 532.

③ 〔法〕萨特：《论恶》，《他人就是地狱：萨特自由选择论集》，周煦良等译，陕西师范大学出版社 2003 年版，第 113 页。

④ 〔法〕萨特：《他人就是地狱》，《他人就是地狱：萨特自由选择论集》，周煦良等译，陕西师范大学出版社 2003 年版，第 8 页。

由此产生。

多多的写作始于与波德莱尔的相遇，这位法国诗人带来的审美冲击和对恶的肯定令他兴奋不已。与此同时，另一个不能忽略的影响源是萨特，在谈及早年阅读的"黄皮书""灰皮书"时，多多指出，"对我非常重要的是萨特的那本《厌恶及其他》，我把它抄了一遍，整本书，抄了一遍"，"他人就是地狱"的论断启发他"深度反思了何为恶，何为善"。① 波德莱尔和萨特对"恶"的看法，在早期多多那里构成的影响是无法分割的，二者共同为他开启了一种伦理视野。在此启迪之下，结合自身所面临的历史语境，诗人开始了对人性的持久思索。

在多多早期的诗作中，人性之恶是重要的主题："自由，早已单薄得像两片单身汉的耳朵/智慧也虚弱不堪，在产后冬眠/教育和儿童被脏手扼住喉咙/知识像罪人，被成群地赶进深山。"② 这首诗使用了陌生化的手法以及冷静的叙述口吻，仿佛是在中立地描述一种与人无涉的状况，而非某种追责或控诉。在 20 世纪七八十年代的先锋诗人那里，以激烈的否定姿态直面现实困境成为其介入时代的精神标识。这种对抗性写作往往通过主体与世界的紧张对峙构建抒情张力，形成具有时代烙印的宣言式美学。但多多的诗歌却呈现出截然不同的精神向度。正如奚密所言："他的作品不从黑白对立的视角来观察理解周遭的事物，而更多的是冷静——甚至冷漠冷峻地——探讨压迫者和被压迫者，迫害者与受害者，之间暧昧复杂的关系。"③ 比如在《解放被春天流放的消息》（1982）中，这种关系就以隐喻的方式表达出来："可憎的格言的用心/就从那时渗入我们心底/我们被迫交出的容颜/已变成敌人的武器"④。说出"可憎的格言"的人，无疑是站在"我们"对立面的，但是，他们早已用"格言"浸染我们，而"我们"也成为"敌人的武器"。于是"渴望得到赞美的心同意了残忍的心/喜好吸食酸牛奶的玫瑰变成了

---

① 多多、李章斌：《是我站在寂静的中心——多多、李章斌对谈录》，《文艺争鸣》2019年第 3 期。

② 多多：《钟为谁鸣——我问你，电报大楼》（1972），《多多四十年诗选》，江苏文艺出版社 2013 年版，第 12 页。

③ 奚密：《"狂风狂暴灵魂的独白"：多多早期的诗与诗学》，《文艺争鸣》2014 年第 10 期。

④ 多多：《解放被春天流放的消息》，《多多四十年诗选》，江苏文艺出版社 2013 年版，第 91 页。

好战的玫瑰"①，"我们"与"敌人"最终融为一体。正是基于对如此复杂状态的认识，在多多笔下，人性得到了全方位无死角的探照，《在秋天》（1973）即是一例：

> 秋天，米黄色的洋楼下
> 一个法国老太婆，死去了，慢慢地
> 在离祖国很远很远的地方
> 跑来了孩子们，一起，牵走她身旁的狗
>
> 把它的脖子系住，把它吊上白桦树
> 在离主人尸体不远的地方
> 慢慢地，死去了
> 一只纯种的法兰西狗
>
> 在变得陌生的土地上
> 是这些孩子，这些分吃过老太婆糖果的孩子
> 一起，牵着她身旁的狗
> 把它吊上高高的白桦树
>
> 一起，死去了，慢慢地
> 一个法国老太婆，一只纯种的法兰西狗
> 一些孩子们，一些中国的孩子们
> 在米黄色的洋楼下，在秋天……②

诗的首句框定了故事发生的时间和地点——金黄的秋天和米黄色的洋楼，这些意象原本应带来安宁、温暖的感觉，但引出的却是残酷的死亡故事。老太婆是如何死去的，自然死亡还是其他？多多没有给出答案，仅有的人物关联就是一群总是"一起"行动的"孩子们"，他们残忍地对待老

---

① 多多：《解放被春天流放的消息》，《多多四十年诗选》，江苏文艺出版社 2013 年版，第 92 页。
② 多多：《在秋天》，《多多四十年诗选》，江苏文艺出版社 2013 年版，第 24 页。

太婆的狗，而曾经得到过狗主人恩惠与关爱的也是他们。多多在第三节使用了一个连续的判断句，"是这些孩子，这些分吃过老太婆糖果的孩子"，"是"中包含了一种确凿不疑的指认，指向的正是"孩子们"身上的"恶"。在一般的朦胧诗中，乃至在新文学的传统里，"孩子"往往是纯洁和希望的象征，例如顾城笔下那个"任性的孩子"，对世界怀有纯净无邪的梦想："我想在大地上/画满窗子/让所有习惯黑暗的眼睛/都习惯光明"①。而多多则反其道而行之，审视可能与外在世界同构的"孩子的心"，揭示被现实所激发的人性之恶。

如果说《在秋天》涉及的是一桩事件中的人性状况的话，那么《鳄鱼市场》（1982）则开始脱离这种具体性，展现出一定的抽象意味。当一度真诚的我们走进社会这座"市场"，瞬间便拥有了骇人的体验："人们在用残酷的机器烤肉/在剥下象征纯洁的皮/人们的脸上满是油啊/从口中取出果丹皮/人们说：生活/从没有这样真实过！"② 原来所谓的生活不过是相争相害的异化，这种惊人的发现引发了诗人更为强烈的批判意识：

> 我们唯一忘记的就是人
> 　　我们终于戒掉了人
> 　　　关心别人的坏习惯
> 当你的手搭到别人肩上
> 　　　准会感到皮革般的隔膜
> 　　　当你看到别人的脸
> 　　　　　　已变得这般冷漠
> 　　你准会感到人
> 　　　对人有过的祝福
> 已成为一桩古老的丑事——当然
> 　　世界上留下你和我
> 　　　也只是一对普通的交易者③

---

①　顾城：《我是一个任性的孩子》，《顾城诗全集》（上卷），江苏文艺出版社 2010 年版，第 676 页。

②　多多：《鳄鱼市场》，《多多四十年诗选》，江苏文艺出版社 2013 年版，第 78 页。

③　多多：《鳄鱼市场》，《多多四十年诗选》，江苏文艺出版社 2013 年版，第 82—83 页。

在这里，被"我们"忘记的并非某个具体的对象，而是作为全称的、抽象的"人"，诗人展现出朝向形而上的思索。多多用跨行构造了一个歧义句，乍看之下，"我们终于戒掉了人"是一个完整的句子，但联系后句来看，完整的句子应该是"我们终于戒掉了人/关心别人的坏习惯"。因此，这种"戒掉"就包含了双重意味：诗人所拒绝的既是绝对意义上的"人"，也是人与人之间的人伦联结——在"戒掉"这个词语的两次重复中，包含来自强力主体不容辩驳的语言暴力，接通了波德莱尔的"恶魔主义"诗学。诗人在审视"他人"之恶时，实际上也在不断拷问自身，拷问普遍的人性，这在《噢怕，我怕》中得到了更为抽象与绝望的表达：

> 这是可能的。你怕么？
> 我的脸是透明的，其中有你
> 在看我。我俩互相看着
> 肉芽在同一张脸上迅速生长
> 除非瞎了，就要一直
> 看——互相看
> 在一杯漆黑的奶里
> 看。除非瞎了。瞎了[1]

这段荒诞的描述极具存在主义意味。萨特认为，人与人处在"注视"与"被注视"中，因此形成彼此限制的关系。"一旦我存在着，事实上我就给他人的自由设置了一个界限，我是这个界限"[2]，将这句话中的"我"与"他人"位置互换，也同样成立。多多在"自我与他人"的关系的看法上，与萨特的判断一致：他人的目光意味着一种对"我"的标准和要求，"互相看着"便意味着彼此戕害、互为"地狱"。诗人在此表达了一种绝对意义上的人性与伦理之恶。与他早期的诗歌所不同的是，在上述80年代初的诗歌中，"恶"不再附着于某种具体的历史形态——这也就意味着将其符号化与相对化，成为人性中绝对的、无法被取消的存在。

---

① 多多：《噢怕，我怕》，《多多四十年诗选》，江苏文艺出版社2013年版，第101页。

② 〔法〕萨特：《论他人》，《他人就是地狱：萨特自由选择论集》，周煦良等译，陕西师范大学出版社2003年版，第130页。

可以看出，波德莱尔对当代先锋诗的影响，与诗人面临的历史语境相契合。这种影响又与其他思想资源（例如存在主义哲学）互相激发，生成了新的诗歌创造力。波德莱尔诗歌严整的形式、富有张力的措辞也给当代先锋诗以某种"赋形"的力量——当然这种力量中也包含内在的矛盾与冲突。由此，先锋诗人的写作初现某种现代性的端倪，与六七十年代的政治抒情诗产生了明显的分野。从伦理层面来说，波德莱尔的"恶魔主义"诗学对当代先锋诗人的"人观"造成了不小的冲击，瓦解了他们原有的善/恶二元对立的思维模式，部分诗人开始触及表现抽象的、绝对意义上的人性之"恶"。"恶"的书写看似阴暗负面，但问题在于，它或许更能触碰到我们生存状况的"实然"层面，就像艾略特在评价波德莱尔的文章中所言：

> 只要我们是人，我们的所作所为就一定不是恶就是善；只要我们仍然还作恶或者行善，那我们就是人：在某种似是而非的意义上，作恶总比什么也不干好：至少，我们存在着。认为人的光荣是他的拯救能力，这是对的，认为人的光荣是他的诅咒能力，这也是对的。如果用最坏的词来说包括从政治家到小偷的大多数恶棍，那么我们可以说他们还没有足够的人性值得我们来诅咒。波德莱尔具有足够的人性，完全可以受到诅咒：他是否受到了诅咒当然是另外一个问题，我们也不是不能为他的安息祈祷。①

艾略特的话看似耸人听闻，却包含着一些有关现代文学基本趋势的朴素真理。无论是波德莱尔还是多多，他们对"恶"的表现让我们获得了一种生存"实感"与语言的敏感，从而避免了由思想的固化与语言的僵化而导致的非实在性。在我们看来，这种生存以及伦理意义上的实在性的获得，是中国当代先锋诗歌肇始阶段一个难能可贵的特质。这不仅意味着更为复杂而全面的伦理视野，也让中国当代诗歌在伦理维度的表达上形成一种新的面向，从而具有了更多的现实敏感，获得了直击当下的力量。

---

① 〔英〕托·斯·艾略特：《现代教育和古典文学：艾略特文集·论文》，李赋宁等译，上海译文出版社 2012 年版，第 199 页。

第六章　波德莱尔对第三代诗人的影响

作为现代主义诗歌的先驱，波德莱尔经由 1957 年《译文》杂志选登的译诗及评论在六七十年代的诗人中激起了意想不到的诗学波澜。一方面，波德莱尔用严整的形式和"矛盾修辞"来表达复杂情感状态的手法，让先锋诗人迅速找到了为自己不安的灵魂"赋形"的方式；另一方面，他关于绝对意义上人性与伦理之"恶"的洞见，对先锋诗人的"人观"形成了冲击，瓦解了他们原有的善/恶二元对立的思维模式。这些影响给当代先锋诗带来了鲜明的现代性特质，使其与同时代的政治抒情诗产生了明显的分野。到了 80 年代中期，当代诗人接触到的西方现代诗学资源激增，波德莱尔显得不那么"现代"了——这从 1984 年的《世界文学》将其归入"古典文学"栏目就可见一斑。然而，"年迈"并不意味着影响的消失，"老"波德莱尔仍然对中国当代诗人产生持续的影响。

作为"发达资本主义时代的抒情诗人"，波德莱尔敏锐地觉察到物质进步的负面后果："我们将在我们认为活着的地方死去……进步将使我们全部的精神性部分衰萎。"[1] 在普罗大众眼里，现代技术的进步和物质的蓬勃发展或许是劳动的硕果与生活的胜利，但对一部分敏感的诗人而言，这种进步包含物绞杀人的负面后果："物大于人，对物的消耗，对物的追求，以及对物的占有，成了人类的神，物成为了神。人类自己的欲望成了神，人的精神性被剥夺。"[2] 主体被压抑成为写作者面对的新的精神现实，诗人化身为"终日迁徙穿越巨大人性荒漠的孤独者"[3]。

回到中国当代诗的历史语境中看，在 80 年代之后开始写作的第三代

---

[1]　Charles Baudelaire, *Œuvres complètes* I, texte établi, présenté et annoté par Claude Pichois, bibliothèque de la pléiade, Paris：Gallimard, 1975, p. 665.

[2]　张枣：《艾略特的一首短诗：Morning at the Window》，颜炼军编选《张枣随笔选》，人民文学出版社 2012 年版，第 61 页。

[3]　Charles Baudelaire, *Œuvres complètes* II, texte établi, présenté et annoté par Claude Pichois, bibliothèque de la pléiade, Paris：Gallimard, 1976, p. 694.

诗人感受到的生存状况与朦胧诗人有很大不同，社会政治的压力减轻了，取而代之的是波德莱尔意义上的现代性困境。现实的语境类同给了他们与波德莱尔产生深度共鸣的可能性。我们将以海子和张枣为例，追踪第三代诗人与波德莱尔的精神联系：一种与外界关系紧张对立的诗人身份伦理——"我"与当代世界的张力如何呈现，怎样消解，又展现出何种美学特质？这不仅是当代诗的问题，也是当代人的问题，因为"诗的危机就是人的危机；诗歌的困难正是生活的困难"①。

一 阅读波德莱尔

外国文学的接受往往与具体的译本联系在一起。不同语言感觉的译本可能会在诗人那里出现"蜜糖"与"砒霜"般的霄壤之别。陈敬容的波德莱尔译诗曾被多多、食指等诗人激赏，但她的译诗在第三代诗人那里并没有点燃多少诗学火花，甚至还引发了厌恶。因此，爬梳出第三代诗人接触并喜爱的译本是必要的，这将还原他们走向波德莱尔的小径。

"新时期"以来较早刊载波德莱尔译诗的是周煦良主编的《外国文学作品选》（1979）。这套选集按时间划分为"古代部分"、"近代部分"（上、下）、"现代部分"，其中"近代部分"（下）择取1957年7月号《译文》杂志中陈敬容翻译的波德莱尔诗九首：《朦胧的黎明》《薄暮》《天鹅——致维克多·雨果》《穷人的死》《秋》《仇敌》《不灭的火炬》《忧郁病》《黄昏的和歌》。作为"高等学校文学教材"，这套外国文学选集对那些受过大学教育的诗人来说不可谓不熟悉。

流布更广的是湖南人民出版社的"诗苑译林"丛书。它由彭燕郊规划、组稿和校阅，既再版了重要的民国译本，又纳入了一些新的翻译，其中有五本收入了波德莱尔的诗：《梁宗岱译诗集》（1983）、陈敬容译《图象与花朵》（1984）、《戴望舒译诗集》（1983）、程抱一译《法国七人诗选》（1984）、施蛰存译《域外诗抄》（1987）。

---

① 张枣：《朝向语言风景的危险旅行——中国当代诗歌的元诗结构和写者姿态》，颜炼军编选《张枣随笔选》，人民文学出版社2012年版，第192页。

　　《图象与花朵》是陈敬容所译的波德莱尔与里尔克的诗歌合集，共有 38 首波德莱尔的诗，包括 1957 年《译文》杂志刊载的诗九首和译者40 年代的翻译。《梁宗岱译诗集》收入波德莱尔的《祝福》《契合》《露台》《秋歌》。这两个译本的风格截然不同：陈敬容以充满张力的语言复现波德莱尔诗歌的强度，梁宗岱追求平和、圆润、和谐的风格。张枣对二者有明确的臧否：

　　　　朦胧诗人那一代中有一些人认为陈敬容翻译波德莱尔翻得很好，但我很少听诗人赞美梁宗岱的译本，梁宗岱曾经说要在法语诗歌中恢复宋词的感觉，但那种译法不一定直接刺激了诗人。实际上陈敬容的翻译中有很多错误，而且他（应为"她"——笔者注）也是革命语体的始作俑者之一，用革命语体翻译过来的诗歌都非常具有可朗读性……①

张枣的评价未必客观地反映了两种译本的高下，他其实是借译文喜好传达自己的诗学观，从中可以窥见第三代诗人与"朦胧诗"一代在精神气质上的差异。

　　《戴望舒译诗集》的编者是施蛰存，他将戴望舒 40 年代所译的《恶之华掇英》整本选入，包括梵乐希（瓦莱里）的《波德莱尔的位置》（代序）、24 首波德莱尔诗的翻译和译后记。施蛰存在编者序中写道："望舒译诗的过程，正是他创作诗的过程……在四十年代译《恶之花》的时候，他的创作诗也用起脚韵来了。"② 的确，戴望舒的译诗力求克服两国语言组织的差异，在汉语中尽可能地复现波德莱尔诗歌的音乐性。这一极具特色的译文不乏当代知音。朱朱《小城》开头所引的波德莱尔诗句"一切只是整齐和美，/奢侈，平静和欢乐迷醉"③，最为接近的是戴望舒的译文："那里，一切只是整齐和美，/豪侈，平静和那欢

①　欧阳江河、赵振江、张枣：《访谈三篇》之《诗歌与翻译：共同致力汉语探索——欧阳江河、赵振江、张枣对话录》，颜炼军编选《张枣随笔选》，人民文学出版社 2012年版，第 234-235 页。

②　施蛰存：《〈戴望舒译诗集〉序》，《戴望舒译诗集》，湖南人民出版社 1983 年版，第3-4 页。

③　朱朱：《小城》，《我身上的海：朱朱诗选》，北京联合出版公司 2021 年版，第 32 页。

乐迷醉。"① 虽然字句微有出入，但也足见戴望舒译诗的句式和用词给朱朱留下的深刻印象。施蛰存也在《域外诗抄》中收入《腐尸》《鬼魂》《枭》《棕发的女丐》四首自己翻译的波德莱尔诗歌。

程抱一翻译的《法国七人诗选》收入波德莱尔的《老妇们》《静思》《伊卡尔》《死亡》《猫》《腐尸》，其中大部分译诗在他更早撰写的《论波德莱尔》(1980)中已经出现过，这篇文章刊载于《外国文学研究》。其引文实际上构成了一个小型译诗合集，包括《邀游》《七个老头子》《忧烦》《老妇》《静思》《伊卡尔》《死亡》《凉台》《猫》《人与海》《对应》。相比于成集翻译，《论波德莱尔》里的译诗或许带给了诗人更多的灵光。第三代诗人柏桦回忆自己的阅读感受说，"就是这本杂志在我决定性的年龄改变了我的命运"，"我们诗人中至美的危险品、可泣的亡魂，我的心抵挡不住他的诱惑，就要跟随他去经历一场'美的历险'"。②

可以说，"诗苑译林"丛书在20世纪80年代中期集中呈现了波德莱尔的诗歌作品。除此之外，王了一（王力）出版了用古典的五言、七言和乐府诗的形式翻译的《恶之花》，其中除了43首诗为新译外，大部分篇目为民国旧译，曾连载于40年代林文铮、叶汝琏主编的期刊《中法文化》。但这部文言译诗集并未在第三代诗人那里引起反响。钱春绮也译有《恶之花》，从篇目的搜罗上较以往的译本更为全面。

上述翻译均来自波德莱尔的诗集《恶之花》，至于散文诗集，仅有亚丁翻译的《巴黎的忧郁》，包括原作开篇的《给阿尔塞纳·胡赛》和50首散文诗。这一阶段还出现了对波德莱尔文论的翻译。如伍蠡甫《西方文论选》(1979)，节选波德莱尔的《随笔》《一八四五年的沙龙》《一八五九年的沙龙》。郭宏安译《波德莱尔美学论文选》(1987)，收有27篇波德莱尔的文论，包括《论泰奥菲尔·戈蒂耶》《对几位同代人的思考》《埃德加·爱伦·坡的生平及其作品》《一八四六年的沙龙》《一八五九年的沙龙》《现代生活的画家》等名文。这些文论使当代诗人对

---

① 〔法〕波德莱尔：《邀旅》，戴望舒译，《戴望舒译诗集》，湖南人民出版社1983年版，第128页。比照其他翻译，如"那儿，只有美和秩序，/只有豪华、宁静、乐趣"（钱春绮译），"那里，是整齐和美/豪华，宁静和沉醉"（郭宏安译），朱朱所引应为戴望舒的译诗。

② 柏桦：《左边：毛泽东时代的抒情诗人》，江苏文艺出版社2009年版，第46页。

波德莱尔的阅读不仅仅局限于诗歌作品，还涉及其思想和诗学观，从而形成更为深入、立体的认识。

二　酷烈的生命风景

诗人柏桦注意到六七十年代之后波德莱尔的文学启迪作用："接下来，波德莱尔这种影响并未消退，如在海子身上我们同样看到了一种'比冰和铁更刺人心肠的欢乐'。"[①] 柏桦所引诗句出自波德莱尔《恶之花》中的《乌云密布的天空》。在1957年《译文》杂志选登的评论文章中，阿拉贡将此句作为标题，纪念《恶之花》出版一百周年。他以诗人的感性描述这独特的感受：

> 这是平淡无奇的一年。但是我们有"恶之花"：我们在路上偷来暗藏的快乐，/把它用力压挤得像只干了的橙子……我要谈的就是这一种快乐，而绝不是别的快乐……正是因为这一道黑色光芒是那么炫耀夺目，出现了一百年之后，我们还没有弄清楚波特莱尔带来的无可比拟的珍宝……只有波特莱尔能给我们这样的东西：比冰和铁更刺人心肠的快乐……[②]

阿拉贡提炼出了波德莱尔诗歌一个至关重要的特质：高强度的、毁灭性的快感。这种快感来自人性的暗面，生发于剧烈的创痛，甚至是自戕与自毁。本雅明对其生成机制有精准的分析："它（指《恶之花》——笔者注）的独特主要在于：能从安慰的直接无效、热情的直接毁灭和努力的直接失败中获取诗意。"[③] 诗人穿越现实的失败与沉痛，驶向酷烈的生命风景——以其阴暗和疼痛刺激了我们的神经。正如有人偏要撕开刚结痂的伤口，或者非要挤出疮口中的脓血般，麻木生命中震悚

---

① 柏桦：《始于1979：比冰和铁更刺人心肠的欢乐》，《现代中国文化与文学》2009年第2期。

② 〔法〕阿拉贡：《比冰和铁更刺人心肠的快乐——"恶之花"百周纪念》，沈宝基译，《译文》1957年7月号。

③ 〔德〕瓦尔特·本雅明：《发达资本主义时代的抒情诗人》，王涌译，华东师范大学出版社2017年版，第195页。

的那一激灵难道不是快感之所在吗？这种快感还带着明知不对、不好，却非要为之的偏执，它根植于人性的复杂：

> 在每个人身上，时刻存在两种诉求，一种朝向上帝，另一种朝向撒旦。祈求上帝或精神性，是一种上升的欲望；祈求撒旦或动物性，是一种下降的快乐。[①]

　　人性中截然相反的两种诉求让波德莱尔始终处于"撒旦主义"和"理想状态"的扭结之中，反映在诗歌里，超量的"矛盾修辞"出现了。例如，"我啜饮你的呼息，呵，蜜汁，呵，毒液"[②]，"天空又愁惨又美好象个大祭坛"[③]。波德莱尔用对立的词语反映人与世界复杂性的手法，曾在根子、多多等诗人那里引起广泛共鸣。[④] 在第三代诗人中，最集中呈现这种表达的是海子。"九月的云/展开殓布"[⑤]，将秋高气爽写得如丧考妣，是典型的"矛盾修辞"。"我是黄昏安放的灵床：车轮填满我耻辱的形象/落日染红的河水如阵阵鲜血涌来"[⑥]，很容易让人联想到波德莱尔的诗句："迷人的黄昏到了，它是罪恶的帮凶；/象个同谋犯似的蹑足走来；/天空/有如巨大的卧室慢慢合上，/人，心烦意乱，野兽般疯狂"[⑦]。二者都将安详宁静的黄昏与恐怖和死亡联系了起来。再如"温暖而又有些冰凉的桃花/红色堆积的叛乱的脑髓"[⑧]，颇有波德莱尔"沉重的肠子流在大腿上"[⑨]的刺激感。海子还常常将"矛盾修辞"中相反的两端推向

---

① Charles Baudelaire, *Œuvres complètes* Ⅰ, texte établi, présenté et annoté par Claude Pichois, bibliothèque de la pléiade, Paris：Gallimard，1975, pp. 682-683.

② 〔法〕波德莱尔：《露台》，陈敬容译，《图象与花朵》，湖南人民出版社 1984 年版，第22页。

③ 〔法〕波德莱尔：《黄昏的和歌》，陈敬容译，《图象与花朵》，湖南人民出版社 1984 年版，第24页。

④ 我们在《波德莱尔与中国当代先锋诗的发生》中对波德莱尔与朦胧诗人的关联有详细论述，见《文艺研究》2023 年第 3 期。

⑤ 海子：《九月的云》，西川编《海子诗全集》，作家出版社 2009 年版，第426页。

⑥ 海子：《两行诗》，西川编《海子诗全集》，作家出版社 2009 年版，第462页。

⑦ 〔法〕波德莱尔：《薄暮》，陈敬容译，《图象与花朵》，湖南人民出版社 1984 年版，第47页。

⑧ 海子：《你和桃花》，西川编《海子诗全集》，作家出版社 2009 年版，第518页。

⑨ 波德莱尔《西尔特岛之游》片段，参见〔法〕阿拉贡《比冰和铁更刺人心肠的快乐——"恶之花"百周纪念》，沈宝基译，《译文》1957 年 7 月号。

极致：

在青麦地上跑着
雪和太阳的光芒①

你在一种较为短暂的情形下完成太阳和地狱
内在的火，寒冷无声地燃烧②

雪/太阳、地狱/太阳堪称冰冷与炽热、黑暗与光明的两极，海子迅疾地完成了极性两端之间的滑动，将"矛盾修辞"的张力推向顶点，这带来了富于破坏力的强大势能。诗人在高强度情感张力的推动下，如火山喷发般宣泄主体与外在的极致对立和高度的自我分裂：

整座城市被我的创伤照亮
斜插在我身上的无数箭枝
被血浸透
就像火红的玉米③

一把斧子浸在我自己的鲜血中
火把头朝下在海水中燃烧
……
火光明亮，我像一条河流将血红的头颅举起④

在对自身肉体的戕害中，抒情主体获得了残忍的极乐，他与外界、与自身撑得紧紧的网被划开，鲜血淋漓中有一种自在和放松。"恶魔诗人"可谓波德莱尔身上最为惊世骇俗的标签之一，《恶之花》也被称为"恶

---

① 海子：《麦地与诗人》，西川编《海子诗全集》，作家出版社 2009 年版，第 412 页。
② 海子：《桃花时节》，西川编《海子诗全集》，作家出版社 2009 年版，第 521 页。
③ 海子：《马（断片）》，西川编《海子诗全集》，作家出版社 2009 年版，第 128 页。
④ 海子：《月全食》，西川编《海子诗全集》，作家出版社 2009 年版，第 537 页。

魔主义文学的某种形式"①。与波德莱尔一样，海子对自己的恶魔诗学有充分的自觉，曾多次发表充满"魔性"的宣言：

> 是我，魔。魔王魔鬼恶魔的魔
> 万物之中所隐藏的含而不露的力量
> 万物咒语的主人和丈夫
> 众魔的父亲和丈夫。众巫官的首领
> 我以恶抗恶，以暴力反对暴力
> 以理想反对理想，以爱抗爱。
> 我来临，伴随着诸种杀伐的声音，兵器相交②

海子还将"魔"唤作"我的母亲，我的侍从、我的形式的生命"，并对自己"因在烈焰的牢中即将被烧死"的终局做出预言。③ 实际上，无论是对波德莱尔还是对一百年后的海子来说，恶魔主义都是浪漫主义诗学遗产的现代表达。波德莱尔曾将其指认为"浪漫派的分支"④，它不是某种文学流派，而是对魔鬼及其相关话题的书写。在此，"撒旦"拥有充沛的渎神激情，成为反抗英雄，它代表的"恶"在文学中不再是负面的。这种文学类型并非始于波德莱尔，却在他的创作中达到高潮。在《对几位同代人的思考》中，波德莱尔梳理了自马图林、拜伦、爱伦·坡以来的恶魔主义传统，认为这些作家"在扎根于每个人心灵的潜藏魔鬼身上投射了灿烂而耀眼的光线"，甚至断言"现代艺术有一种本质上的恶魔倾向"⑤。

　　诚然，我们不能将海子身上的恶魔主义诗学元素全然归于波德莱尔的影响，他的文学偶像（如爱伦·坡）也携带着这种文学基因。需要指出的是，海子对波德莱尔的智性面向兴趣不大，他曾对现代主义诗学提

---

① Max Milner, *Le diable dans la littérature française*, Paris：José Corti, 2007, p. 11.
② 海子：《太阳·弑》，西川编《海子诗全集》，作家出版社 2009 年版，第 844 页。
③ 海子：《日记》，西川编《海子诗全集》，作家出版社 2009 年版，第 1032 页。
④ Charles Baudelaire, *Œuvres complètes* Ⅱ, texte établi, présenté et annoté par Claude Pichois, bibliothèque de la pléiade, Paris：Gallimard, 1976, p. 531.
⑤ Charles Baudelaire, *Œuvres complètes* Ⅱ, texte établi, présenté et annoté par Claude Pichois, bibliothèque de la pléiade, Paris：Gallimard, 1976, p. 168.

出过尖锐的批评，试图展开"对从浪漫主义以来丧失诗歌意志力与诗歌一次性行动的清算"，尤其是"对现代主义酷爱'元素与变形'这些一大堆原始材料的清算"。① 海子写下给波德莱尔的献诗，却并未将其列入自己钦佩的诗歌王子中，也就不难理解了。波德莱尔吸引海子的是他对浪漫主义余晖的重新表达，而非那些更为现代的元素。

　　究其影响得以发生的契机，还是两者颇为相似的诗人身份伦理。在《公爵的私生女——给波德莱尔》中，海子将与波德莱尔的相遇定义为一种偶然的、精神性的投射："我们偶然相遇/没有留下痕迹"。他们与现实生活的关系都颇为紧张，后者于他们是"躲也躲不开"的"庸俗的故事"。在与世界的关系上，二者深度契合：

　　　　我们的生存
　　　　唯一的遭遇是一首诗
　　　　一首诗是一个被谋杀的生日
　　　　月光下　诗篇犹如
　　　　每一个死婴背着包袱
　　　　在自由地行进
　　　　路途遥远却独来独往②

这是一次波德莱尔笔下"我不知你何往，你不知我何去"③ 那样的相遇，颓废的氛围和无处不在的紧张感暗示我们两位诗人在观察视角上的相似。如果说生命是无法重复的风景，那么，仅有一次的相遇意味着微缩生命的展开和结束，"诗"是其中唯一的内容。因此，诗歌在此成为"唯一的"存在本身，创造诗的人就具有了造物主的意义。《太阳》中，波德莱尔在诗人、太阳、慈父、国王间画上等号。海子也有几乎相同的表达：

---

① 海子：《诗学：一份提纲》，西川编《海子诗全集》，作家出版社 2009 年版，第 1048-1049 页。

② 海子：《公爵的私生女——给波德莱尔》，西川编《海子诗全集》，作家出版社 2009 年版，第 368 页。

③ 〔法〕夏尔·波德莱尔：《给一位过路的女子》，《恶之花》，郭宏安译，上海译文出版社 2009 年版，第 226 页。

"我有三种幸福：诗歌、王位、太阳"①。

相较而言，让"万人都要从我刀口走过"的海子在伦理关系上比波德莱尔更为紧张，"去建筑祖国的语言"为何一定要让刀口划向"万人"②？这说明诗人的自我定位是语言王国里唯一的立法者和评判者。正是这种定位，让诗人的"自我"紧闭，无法向他人敞开，无法走向广阔的社会生活。反过来说，也唯有保持紧闭状态，诗人才能在自己的王国里为所欲为。奚密敏锐地将这种现象与当代先锋诗的某种"诗歌崇拜"联系起来。"诗歌崇拜"以浪漫取向为基础，以"世俗/神圣""物质乞丐/精神贵族""主流/边缘"等二元对立的价值观为核心。在她看来，"个人的疏离或异化"既是重要主题，又"导致一种反果为因的倾向，认为疏离、孤独、受难是创作伟大诗歌的必要前提"③。

从这种意义上说，上文所论及的恶魔诗学是"诗歌崇拜"的题中应有之义。魔鬼"撒旦"意为"敌对者"（adversary），这意味着对立结构的存在。在最好的时候，恶魔主义可以作为一种批判性力量而存在，譬如弥尔顿的《失乐园》包含对全能上帝的批判。可若是取消了批判的对象，它就会变成自身情感的无节制释放，对抗性的力量和价值消失了。过分地沉浸于自我，就意味着拒斥他人，而文学从来无法仅仅属于个人。宣称只为自己而写，表达的其实是对读者的藐视。如果诗人陷入自我的极致分裂与对立，那么诗歌所能表现的内容绝不会超出自身——最重要的问题无非生死，对死亡的超量书写就出现了。换句话说，如果自我宣泄达到了肆无忌惮的程度，实际上是在自我设限。

三　走出焦虑之海

海子的写作一直让生命处于紧张状态，"恶魔"与"天使"仿佛昼夜交替一般在其写作中轮番出场。这种二元对立的动力装置尽管在很多时候是强有力的，但有时也让写作显得有点简单和极端。而在张枣的诗

---

① 海子：《夜色》，西川编《海子诗全集》，作家出版社 2009 年版，第 444 页。
② 海子：《祖国（或以梦为马）》，西川编《海子诗全集》，作家出版社 2009 年版，第 434 页。
③ 奚密：《从边缘出发》，广东人民出版社 2000 年版，第 234 页。

歌中，我们看到了另一种对待波德莱尔诗学遗产的方式——在深刻认识基础上的选择性回避。在张枣那里，对生存紧张感的克服，终究要在"生"之中完成，他提供的途径是：一方面将消极事物唯美化，另一方面在走进"关系"的基础上构建"对话"诗学，以此将那些坚固的对立与焦灼感受用"写"的动作磨成"芬芳的尘埃"①。

从张枣的诗论来看，他对波德莱尔相当熟悉，多次谈及波德莱尔对现代主义诗学的贡献：

> 在世界文学的整体范围里，有一个公认的坐标，那就是波德莱尔的出现，因为他代表了一个现代心智（the modern mind）的问世，这个心智显然是十分自觉地将忧郁的主体作出一种"恶之花"似的矛盾修饰法似的呈现，使得象征主义以来的任何现代抒情方式有了一眼可辨认的主要特征。②

也就是说，"矛盾修辞"是现代主义抒情的显著特征，它来自忧郁的现代主体，即被空白、人格分裂、孤独、丢失的自我、噩梦、失言等消极元素所包围的"消极主体"。消极元素催生并强化了主体的自我意识，又连锁反应般地引发普遍的生存忧郁感——"正是这种忧郁缔造了现代书写的美学原则"③。这些判断实际上涉及诗人在面对自我与世界时，如何转化（而非回避或沉溺于）消极感受的问题。其间所需的能力接近济慈所说的"消极感受力"（negative capability），它引领诗人客观地面对负面感受，将其制作成具有现代美感的诗意单位。波德莱尔使用的"矛盾修辞"使这种美感形式更为立体和丰富。可以说，将消极事物唯美化既是一种"丑的美学"④，也是对消极事物重新命名的过程。

综观张枣的创作，他并没有写下过给波德莱尔的献诗。不过，我们

---

① 张枣：《秋天的戏剧》，颜炼军编《张枣的诗》，人民文学出版社 2017 年版，第 52 页。
② 张枣：《秋夜的忧郁》，颜炼军编选《张枣随笔选》，人民文学出版社 2012 年版，第 118 页。
③ 张枣：《秋夜的忧郁》，颜炼军编选《张枣随笔选》，人民文学出版社 2012 年版，第 118 页。
④ 张枣：《〈野草〉讲义》，颜炼军编选《张枣随笔选》，人民文学出版社 2012 年版，第 129 页。

仍能发现那些带着"恶之花"气息的诗句：

> 突然的散步，那驱策着我的血，
> 比夜更暗一点；血，戴上夜礼帽，
> 披上发腥的外衣，朝向那外面，
> 那些遨游的小生物。灯像恶枭。①

死亡之血戴上了高雅的"礼帽"，光明之灯却仿若"恶枭"，这是一组典型的"矛盾修辞"。实际上，张枣的不少诗句中都笼罩着这类"世纪末的迷雾"②。他对现代人生存困境的体察与波德莱尔颇为类似，如"我们是裂缝中的人/裂缝是世界的外形"③。为了恢复被物质世界挤压的主体感受与精神向度，张枣广泛使用了一些由波德莱尔发扬光大的诗艺，如跨行（enjambement）、联觉（synesthésie）等。当然，从某种意义上说，这已经成为现代主义诗学的"传统"技能，《断章》是一个典型的例子：

> 那是一个什么夜晚？
> 别离时分，未闻骊歌
> 声动。醉舟乞求变成
> 中心，被万物所簇拥
> 十二点。时间又发明
> 一颗彗星。春蚕入眠
> 而客车却继续跑动
> 是呀，宝贝，诗歌并非——
>
> 来自哪个幽闭，而是
> 诞生于某种关系中④

---

① 张枣：《卡夫卡致菲丽斯》，颜炼军编《张枣的诗》，人民文学出版社 2017 年版，第184 页。
② 张枣：《与夜蛾谈牺牲》，颜炼军编《张枣的诗》，人民文学出版社 2017 年版，第 85 页。
③ 张枣：《断章》，颜炼军编《张枣的诗》，人民文学出版社 2017 年版，第 137-138 页。
④ 张枣：《断章》，颜炼军编《张枣的诗》，人民文学出版社 2017 年版，第 146 页。

骊歌/声动、变成/中心、簇拥/十二点，诗人将主谓结构、动宾结构做了灵活的跨行处理，既营造出陌生、新奇的表达效果，又强调了放在行首的动作、空间和时间。诗人在开头发问："那是一个什么夜晚？"这是象征之夜、万物感应之夜，也是海德格尔意义上的命名与召唤之夜。"命名在召唤"[1]，诗人一声令下，骊歌、醉舟、彗星、春蚕、客车鱼贯而入，彼此呼应，与永恒而确切的时间发生奇妙的联动。这让人联想到波德莱尔那首著名的《应和》。能够听懂无声万物的语言，辨识其中的彼此呼应，既恢复了被现代理性所压抑的心灵世界，也为短暂、匆促、孤独的现代性困境开出安慰剂。张枣在最后点明了那个关键词——"关系"。确切地说，这是一种主体与客体之间彼此感应、彼此联结的深度关系，它复原了人与世界的亲密性。

　　构建"关系"成为 20 世纪 90 年代张枣"对话"诗学的基石。明乎此，我们就容易理解他的《蝴蝶》与波德莱尔的《露台》的近似性。曾与青年张枣"连朝语不息"的诗歌挚友柏桦，念念不忘梁宗岱翻译的《露台》对自己的启迪，张枣也在众多译本中对梁译赞誉有加。《露台》是波德莱尔写给理想女性的献诗，这在他的诗歌中并不多见：

　　　　暖烘烘的晚上那太阳多么美
　　　　宇宙又多么深！心脏又多么强！
　　　　女王中的女王呵，当我俯向你，
　　　　我仿佛在呼吸你血液的芳香。
　　　　暖烘烘的晚上那太阳多么美！

　　　　夜色和屏障渐渐变成了深黑；
　　　　我的眼在暗中探寻你的柔睛，
　　　　而我畅饮你的呼息，多甜！多毒！
　　　　你的脚也渐渐沉睡在我手心。

---

① 〔德〕海德格尔：《语言》，孙周兴译，《在通向语言的途中》，商务印书馆 2004 年版，第 12 页。

夜色和屏障渐渐变成了深黑。①

在此，"我"与"你"是一种缱绻和柔情的深度关系。我"呼吸你血液的芳香""畅饮你的呼息"，意味着二者身体距离的极度拉近。在张枣的《蝴蝶》中，我们看到了相似的表达：

如果我们现在变成一对款款的
蝴蝶，我们还会喁喁地谈这一夜
继续这场无休止的争论
诉说蝴蝶对上帝的体会

那么上帝定是另一番景象吧，好比
灯的普照下一切都像来世
呵，蓝眼睛的少女，想想你就是
那只蝴蝶，痛苦地醉倒在我胸前

我想不清你那最后的容颜
该描得如何细致，也不知道自己
该如何吃，喂养轻柔的五脏和翼翅

但我记得我们历经的水深火热
我们曾咬紧牙根用血液游戏
或者真的只是一场游戏吧
……

现在一切都在灯的普照下
载蠕载袅，呵，我们迷醉的悚透四肢的花粉
我们共同的幸福的来世的语言

① 〔法〕夏尔·波德莱尔：《露台》，梁宗岱译，《梁宗岱译诗集》，湖南人民出版社1983版，第30-31页。

在你平缓的呼吸下一望无垠①

抒情主体和"蓝眼睛的少女"幻化为蝴蝶,"我"和"你"亲密无间,
"用血液游戏"。"血液"和"游戏"似是一组"矛盾修辞",充满爱欲
的复杂张力。而当"我们"抵达来世,宁静和开阔的迷醉呈现,"我们
共同的幸福的来世的语言/在你平缓的呼吸下一望无垠"。无论是你"血
液的芳香"还是我们的"血液游戏",都指向爱欲与死亡交缠的深度亲
密性。它让诗人暂时走出封闭的自我,正如波德莱尔意识到的那样:"性
爱,就是渴望进入另一个人中,而艺术家从来走不出自己。"② 对诗人来
说,"走出自己"极具伦理意味,这也意味着某种化解孤独和疼痛的救
赎性力量:

> 我得跟你谈一谈痛
>
> 痛绝非来自你本身
>
> 最糟的时刻是正午
>
> 当世界,含着水仙,像
>
> 玻璃球,透明。痛之手
>
> 在款步中繁衍;痛让
>
> 我多颗牙;最糟的
>
> 是我的心,充满虚幻③

在"我"和"你"的谈心中,"痛"被客体化、对象化了——它并非来
自"你本身"。这就提供了易于观看的视角,对"痛"的审美活动由此
展开。"玻璃球"的隐喻十分有趣,这是一个凸透镜,用它观察的时候
能呈现远景倒立的像。经由这个透镜所看到的"痛"将会被倒置,这隐
喻了"痛"向"不痛"的转化。但"痛"终究不可能完全外在于生命,
会引起"我"的联觉反应,这是一种象征主义式的关系表达。从"痛绝

---

① 张枣:《蝴蝶》,颜炼军编《张枣的诗》,人民文学出版社 2017 年版,第 123-124 页。

② *Charles Baudelaire*, *Œuvres complètes* I, texte établi, présenté et annoté par Claude Pichois, bibliothèque de la pléiade, Paris: Gallimard, 1975, p. 702.

③ 张枣:《断章》,颜炼军编《张枣的诗》,人民文学出版社 2017 年版,第 143 页。

非来自你本身"到"痛让/我多颗牙","你""我"并肩,共享生命之痛。张枣意识到古典诗"知音美学"的意义:"知音带来的美要大于沦落感,给了一个宽慰,在沦落中找了一个好东西——交流,共同俯瞰生存的深渊。"① 经由这种安慰,"我"获得了与自己和解的可能,分裂的主体得以弥合,"我便朝我倾身走来"②,进而与世界握手言和。

从这种意义上看,尽管张枣吸收了不少波德莱尔的现代诗艺,却对他提出了深刻的批评:

> 波德莱尔纯粹是一个二元对立的诗人,但杜甫不是。杜甫许多伟大的作品写的是处境和现实之恶,但是他最后依然落实到赞美,因为他觉得生存就是一片绿色。西方只有最具智慧的哲人和艺术家才赞同帕斯卡尔的话——生存无非是一片大和谐。讽刺使诗人丧失赞美的能力。③

实际上,波德莱尔是否主张"二元对立"另当别论。张枣借此表达的,是对波德莱尔"英雄化"的诗歌姿态,以及由此而来的对抗性美学的拒绝。这种对抗性正是朦胧诗人与波德莱尔的汇合处。钟鸣有敏锐的观察:"'英雄化'(这和世俗化走向或精英化走向无关)却恰恰是八十年代诗界最愚拙的表现之一,他们一面否定着意识形态的英雄化,而一面却不自觉地实现着美学的英雄化……那些英雄化的切口和术语。里尔克自然也是要列入其中的,在中国知识界,大概除了波德莱尔,他恐怕是最具影响力的了。"④ 可以说,波德莱尔并不试图与现实和解,他致力于在诗歌中强化对抗性的力量。而张枣则为当代诗歌带来了另一种气质:从对抗到对话,寻求一种圆润、甜美的声音,去化解生存之痛,以求得"对

---

① 张枣:《艾略特的一首短诗:Morning at the Window》,颜炼军编选《张枣随笔选》,人民文学出版社 2012 年版,第 70-71 页。

② 张枣:《海底被囚的魔王》,颜炼军编《张枣的诗》,人民文学出版社 2017 年版,第 217 页。

③ 张枣、白倩:《访谈三篇》之《环保的同情,诗歌的赞美》,颜炼军编选《张枣随笔选》,人民文学出版社 2012 年版,第 232-233 页。

④ 钟鸣:《笼子里的鸟儿和外面的俄耳甫斯》,《秋天的戏剧》,学林出版社 2002 年版,第 61 页。

其自身孤独困境的解救"①。

由此，诗人面对世界的紧张得到了诗性救赎，高度对抗性的历史语境逐渐转化为更具包容性的美学空间——尽管诗与现实的冲撞永远不可能消失。当朦胧诗群体以怀疑主义的对抗性宣言构建时代精神坐标时，第三代诗人则开启了新的诗学维度。张枣将前辈诗人掷地有声的质疑转化为虔敬低语："因为我相信。我——相——信。"② 张枣持有和史蒂文斯相近的观念：诗歌不是现实的对立物，而是其内蕴物，因此，生存本身至关重要。正如他对"另一个海子"的劝慰："你千万别像他那样轻生……你要时刻警惕/自己，别撒手/揪紧自己就像揪紧气球。"③ 对当代先锋诗一度狂热的"诗歌崇拜"而言，这意味着必要的矫正性力量。

从这个角度看，张枣对波德莱尔的选择性拒绝是重要的，正如他自己所言："明智的作家接受影响时就是学会回避某些东西，或者说，最好的接受某种影响的方式就是不去接受这种影响。"④ 这并非诡辩，而是意味着诗人接受影响方式的更新：从被影响源渐染、同化转变为更具主体性的研判与创造。张枣的拒绝为当代诗的写作引入了一个明确的否定性面向，也为当代诗人处理与自我及现实的关系问题提供了新思路：在对抗性诗学的限度显现之时引入柔性的"对话"诗学，以期走出现代生存的"焦虑之海"⑤。从百年新诗史的角度看，从早期的语言革新者李金发到食指、多多等诗人与《译文》杂志上的波德莱尔译诗相遇，惊叹诗歌原来可以这么写，再到张枣对波德莱尔的"英雄主义"对抗诗学的拒绝，时间已经走过了大半个世纪。由惊叹、模仿到批评、回避，这意味着接受主体自身的强健和成长，不再随着"西方的舞步"⑥ 回旋——尽管作为学习并非没有必要。从某种意义上说，能够说"不"，是真正意

---

① 余旸：《"九十年代诗歌"的内在分歧——以功能建构为视角》，人民出版社 2016 年版，第 103 页。

② 张枣：《一首雪的挽歌》，颜炼军编《张枣的诗》，人民文学出版社 2017 年版，第 172 页。

③ 张枣：《给另一个海子的信》，颜炼军编《张枣的诗》，人民文学出版社 2017 年版，第 153 页。

④ 张枣：《销魂》，颜炼军编选《张枣随笔选》，人民文学出版社 2012 年版，第 29 页。

⑤ Charles Baudelaire, *Œuvres complètes* Ⅱ, texte établi, présenté et annoté par Claude Pichois, bibliothèque de la pléiade, Paris：Gallimard, 1976, p. 222.

⑥ 郑敏：《新诗百年探索与后新诗潮》，《文学评论》1998 年第 4 期。

义上平等对话的前提。

波德莱尔活跃于 19 世纪的法国，与我们当下的世界之间有着遥远的距离，他也并非第三代诗人最为追捧的诗歌偶像。然而，他庞大的诗学体系具有相当的丰富性，足以持续激发当代诗人的写作潜能。青年波德莱尔曾置身于法国浪漫主义的鼎盛时期，他从雨果的领地出发，去开拓属于自己的诗学蓝海。一方面，他将雨果提出的"审丑"美学发展为在负面经验中汲取诗意的现代主义诗学手段，让"恶"绽放花朵，并将浪漫主义的黑色分支，亦即恶魔主义诗学推向了表现的极致。另一方面，他高度认同雨果对诗人身份的设定：诗人是"被遗弃者"（paria），即在悲惨世界中被侮辱与被损害的人，他们同时也是对这个世界最敏锐，对不公保持着最大警惕的人。相较于雨果通过德性的力量托举"被遗弃者"，赋予他们某种英雄主义气质，波德莱尔则强调真正的诗人是被埋没和误解的天才，他们极度脆弱和敏感，能够感知"花朵以及沉默万物的语言"①，他进而从美学的角度完成了诗人身份的英雄化。从这个角度看，尽管海子在短暂的生命中始终对现代主义诗学持有疑虑，但是波德莱尔的"魔性"面向和诗人身份的认定让他产生了强烈的共鸣。这种契合又与海子对雪莱、叶赛宁、荷尔德林等具有疯狂才华与悲剧气质的诗人的高度推崇交互作用，形成了具有反叛精神和自由意志的强力主体。这接近鲁迅在《摩罗诗力说》中所言的"立意在反抗，指归在动作"②的"摩罗诗人"，其诗歌呈现高度的对抗性和某种"强度美学"。张枣则渴望走出如失去土地的"焦黄的老虎"③似的现代性困境，他对波德莱尔钻研颇深，却坚定拒绝其对抗诗学。波德莱尔焦灼、孤绝的面向成为张枣有意识回避的图景，张枣反其道而行之，在后期的作品中走出封闭的自我，恢复"我"与自然、与他人、与古典诗学传统的联系，达成他早年提及的愿景——"嘹亮的蓝色老虎走出暗喻"④。可以说，海子和张枣，代表了创造性转化波德莱尔诗学遗产的两种截然不同的方式，前者

---

① *Charles Baudelaire*, *Œuvres complètes* Ⅰ, texte établi, présenté et annoté par Claude Pichois, bibliothèque de la pléiade, Paris：Gallimard，1975，p. 10.

② 鲁迅：《摩罗诗力说》，《鲁迅全集》第 1 卷，人民文学出版社 2005 年版，第 68 页。

③ 海子：《太阳·土地篇》，西川编《海子诗全集》，作家出版社 2009 年版，第 726 页。

④ 张枣：《题辞》，颜炼军编《张枣的诗》，人民文学出版社 2017 年版，第 37 页。

渴求"极痛"、走向撕裂与毁灭,后者向往"不痛"、寻求生之和谐与欢悦。如果将视野扩大,在柏桦、朱朱、孟浪、尹丽川等诗人身上,我们同样能看到波德莱尔的身影。法国学者让-尼古拉·伊鲁兹曾说,"波德莱尔去世于 1867 年。但世纪末的每一场潮流都依靠他的声望和财富,他们在他的作品中找到了他们所寻觅的'现代性'"①,这意指波德莱尔对帕尔纳斯派、象征派乃至超现实主义的启迪,也同样适用于评价他的世界影响。从朦胧诗人到第三代诗人,波德莱尔持续为中国当代诗歌的美学现代性赋能,诗人们各取所需,灵活择取他的美学素材,转手搭建自己的诗歌世界,成为各自时代中"现代生活的画家"②。

---

① Jean-Nicolas Illouz, *Le Symbolisme*, Paris: Librairie Générale Française, 2004, p. 23.

② Charles Baudelaire, *Œuvres complètes* Ⅱ, texte établi, présenté et annoté par Claude Pichois, bibliothèque de la pléiade, Paris: Gallimard, 1976, p. 683.

第七章　恶魔主义诗学与当代汉语诗歌

在这一章中，我们将跳出按时段梳理接受史的脉络，从长时段的角度观察波德莱尔诗学的一些核心问题在中国的影响。始于英国浪漫派、后经波德莱尔发扬光大的恶魔主义诗学是我们的关注点，我们将探究它如何通过复合影响在中国落地生根，即自鲁迅开始形成具有反叛精神的诗学理路，其后汉语新诗的长远发展中又不断增添新质。所谓恶魔主义诗学，并非指宣泄邪恶，它本是浪漫主义的分支，以鲜明的反抗精神为核心，后又发展为将负面经验转化为诗歌质料的现代诗学手段。鲁迅所说的"摩罗诗人"实际上就是"恶魔诗人"。自此，汉语诗歌开启了某种恶魔诗学的"传统"，并在当代成为值得注意的现象。当代诗歌中的恶魔主义既与英国浪漫派、波德莱尔等西方诗人的影响有关，又与中国诗人自身面临的文化语境及写作诉求密切相连。

我们以孟浪、海子、唐捐三位诗人为考察对象，勾勒他们不同的恶魔诗学景观。在这部分研究中，我们将中国台湾地区的当代诗歌纳入考察范围，在整体性视野中关注当代汉语诗歌的发展。对当代诗歌恶魔主义面向的发掘，一方面是为了追索波德莱尔在中国文学中的深远影响，另一方面也能帮助我们认识新诗的现代性面孔，追索其审美现代性的形成路径，发现其中蕴含的文化使命。

一　从"恶魔"到"摩罗"：诗学谱系的诞生

虽然"恶魔"的形象在西方文学中源远流长，但是"恶魔派"这个称呼却来自 19 世纪初的浪漫主义诗人。罗伯特·骚塞曾在《审判的幻景》（*A Vision of Judgment*）的序言中，严厉批评拜伦、济慈、雪莱等浪漫主义诗人。在他来看，这些诗人在生活和写作中表现出双重"不道德"，且拒绝基督教的启示，简直是恶魔行径，故冠之以"恶魔派"的蔑称。暴力、激情和奇异之物是这派诗人所喜爱的，这也成为其作品的显著标志。骚塞的命名在英国乃至整个欧洲扩展开来，"恶魔派"的声势逐渐壮大，如法国的缪塞、波德莱尔，德国的克莱斯特（Kleist）均被列入这一阵营，① 其中最声名卓著的当数波德莱尔。一方面，他将"恶魔派"升格为"恶魔主义"，明确将其界定为"浪漫主义的分支"②，意指诗人对魔鬼撒旦及相关的罪恶、反抗、黑暗等主题的书写。另一方面，波德莱尔将恶魔主义作为写作的视角，深入挖掘人性的阴暗面，赋予这种发现以美学意义，他甚至断言"现代艺术有一种本质的恶魔倾向"③。如果稍作辨析的话，以拜伦为首的英国"恶魔派"解构了神与善、魔与恶的固有联系，创造性地将撒旦视作拥有强大能量的反派英雄。波德莱尔虽然将弥尔顿笔下的撒旦视作具有"最完美的男性之美"④，但其主导型面向并非展现这种魔性的力度，而是"耽恶"的，即致力于发现恶的美学价值，从负面经验中汲取全新的诗意，并呈现颠覆性的美感，达致某种美学上的反抗。

在中国文学的语境中，首次阐述"恶魔诗人"概念的当推鲁迅："摩罗之言，假自天竺，此云天魔，欧人谓之撒旦，人本以目裴伦（G. Byron）。"⑤ "摩罗"（Māra）为梵语音译，意指印度神话传说中的"魔界之王"，常带领群魔破坏善事。⑥ 鲁迅用"摩罗诗人"来指称欧洲文学语境中的"恶魔诗人"，梳理源流、建立谱系："新声之别，不可究详；至力足以振人，且语之较有深趣者，实莫如摩罗诗派……今则举一切诗人中，凡立意在反抗，旨归在动作，而为世所不甚愉悦者悉入之。"⑦ 鲁迅进而分述拜伦、雪莱、普希金、莱蒙托夫等八位诗人，探索其之所以是"摩罗诗人"的原因，确立理想中的诗人群像，从中我们可

---

① *Princeton Encyclopedia of Poetry and Poetics*, edited by Alex Preminger, Frank J. Warnke and O. B. Hardison, JR., Associate Editors, Princeton University Press, 1974, p. 737.

② Charles Baudelaire, *Œuvres complètes* Ⅱ, texte établi, présenté et annoté par Claude Pichois, Bibliothèque de la Pléiade, Paris: Gallimard, 1976, p. 531.

③ Charles Baudelaire, *Œuvres complètes* Ⅱ, texte établi, présenté et annoté par Claude Pichois, Bibliothèque de la Pléiade, Paris: Gallimard, 1976, p. 168.

④ Charles Baudelaire, *Œuvres complètes* Ⅰ, texte établi, présenté et annoté par Claude Pichois, Bibliothèque de la Pléiade, Paris: Gallimard, 1975, p. 658.

⑤ 鲁迅：《摩罗诗力说》，《鲁迅全集》第1卷，人民文学出版社2005年版，第68页。

⑥ 赵瑞蕻：《鲁迅〈摩罗诗力说〉注释·今译·解说》，天津人民出版社1982年版，第16页。

⑦ 鲁迅：《摩罗诗力说》，《鲁迅全集》第1卷，人民文学出版社2005年版，第68页。

以总结出他们的共性。首先，善恶一体的"摩罗"之性虽不完美，但渴望超越。他们"心情反张，柔而刚，疏而密，精神而质，高尚而卑，有神圣者焉，有不净者焉"①，其个性如同诗歌里的矛盾修辞，充满了两极之间的张力："朝向上帝"与"朝向撒旦"的渴望同样强烈，既有"上升的欲望"，又有"下降的快乐"。②普通人何尝不是善恶兼具，只是没那么极端，而拒绝平庸、渴望超越才是"摩罗"有别常人处。他们拥有尼采"超人"般的精神力量，若为实现个体的强力意志，哪怕恶魔般的嗜血复仇也在所不惜。可以说，"摩罗诗人"既是矛盾重重之人，又为突破重围而战，两种特质的叠加会带来格外强烈的冲突：在内是高度的自我分裂，向外是主体与世界的激烈对抗。其次，鲁迅理想中的诗人应能创造直击人心的作品，成为"精神界之战士"③。"盖诗人者，撄人心者"，须发扬"美伟强力"，击破"污浊之平和"④。他对屈原提出"反抗挑战，则终其篇未能见"的批评，认为其作品尽管有怨恨、有质疑，但并无摧毁，因此"为力非强"。⑤鲁迅实际上从正反两方面阐释了"诗人何为"，呼唤一种强力的反抗诗学。最后，摩罗诗学落实于文本，意味着诗学机制的转变。鲁迅敏锐地看到了传统"言志说"的内在悖论："如中国之诗，舜云言志；而后贤立说，乃云持人性情……夫既言志矣，何持之云？强以无邪，即非人志。"⑥"持"是限制，即有选择对那些"邪""暴"的话语说"不"，可这些被过滤掉的难道不是人之"志"吗？谁又是这种审美标准的立法者？从某种意义上说，古典诗教是等级制度下的审美，情感的表达要合乎礼，即便以下刺上，也必须不伤和谐。"诗可以怨"，但是诗不能骂、不能"喷"。鲁迅实际上表达了对古典诗学规范的深层质疑，要求张扬主体的强烈意志，拓宽诗歌的表现范围。这和雨果、波德莱尔在法国诗歌领域所做的努力是一致的，极具现代意义。

鲁迅不只以《摩罗诗力说》提出了现代诗学主张，更以《野草》展

---

① 鲁迅：《摩罗诗力说》，《鲁迅全集》第1卷，人民文学出版社2005年版，第84页。

② Charles Baudelaire, *Œuvres complètes* Ⅰ, texte établi, présenté et annoté par Claude Pichois, bibliothèque de la pléiade, Paris: Gallimard, 1975, pp. 682-683.

③ 鲁迅：《摩罗诗力说》，《鲁迅全集》第1卷，人民文学出版社2005年版，第102页。

④ 鲁迅：《摩罗诗力说》，《鲁迅全集》第1卷，人民文学出版社2005年版，第70页。

⑤ 鲁迅：《摩罗诗力说》，《鲁迅全集》第1卷，人民文学出版社2005年版，第71页。

⑥ 鲁迅：《摩罗诗力说》，《鲁迅全集》第1卷，人民文学出版社2005年版，第70页。

开写作实践，因此，将他视作中国现代诗学的实际开创者并非没有缘由。一个顺理成章的追问是，他究竟为汉语诗歌留下了怎样的诗学遗产？我们可以从后继的诗人那里获得启发。台湾学者刘正忠（诗人唐捐）强调鲁迅诗学强力的主体姿态，他将鲁迅的诗文风格概括为"边地魔狞"，也就是从边缘出发的恶魔诗学。在他看来，鲁迅向旧诗中"隐藏的平和美学与驯良伦理观"① 开炮，变"持其志"为"暴其气"②，以求"以暴易暴"。从这个角度看，"冒犯"成为《野草》获取诗意的重要手段：首先是直面生命的阴暗处，以大胆看取对抗非礼勿视；其次是以揭露的手法，"把别人因文明教养、阶级利益、伦理或审美观念而'点到为止'之处，给看透了，说穿了"；最后是创造个人隐喻，"去敲破暗藏保守心态的公共隐喻"③。质言之，鲁迅对汉语诗学所做出的"魔化"调整，其实质是强力主体经由生存的阴暗面所创造出的反抗诗学。这种理路在后代诗人那里以不同的形态再现，成为新诗获取创造力的重要手段。

张枣则从"元诗"的角度考察鲁迅的散文诗，发现了消极主体的诗学创造力与某种负面的激情。在他看来，整部《野草》贯穿着"文学创作作为美学意义上的战胜消极恰恰也必须生成于消极"④ 的主张。鲁迅"从生命的泥中汲取一切可能的营养"，特别是那些如"陈死人的肉"般的消极之物，又从死亡这种极致的消极性中发现了"生"的存在与意义，产生了朝向"失去的自我"的言说渴望。⑤ 也就是说，《野草》的创造力源自强力主体的消极感受，带着抗拒消极的意图，这种对抗性可能带来某种暴力美学，如"在无形无色的鲜血淋漓的粗暴上接吻"⑥ 般迸发出强大的、负面的激情。从创作的角度看，负面的激情意味着一种自我重建的驱动力，即通过语言创造来"修复被社会现实损伤和分裂的精神主体"⑦，在这种过程中，鲁迅还创造性地以波德莱尔"恶之花"式的

---

① 刘正忠：《现代汉诗的魔怪书写》，台湾学生书局 2010 年版，第 3 页。
② 刘正忠：《现代汉诗的魔怪书写》，台湾学生书局 2010 年版，第 29 页。
③ 刘正忠：《现代汉诗的魔怪书写》，台湾学生书局 2010 年版，第 16 页。
④ 颜炼军编《张枣诗文集·诗论卷 1》，亚思明译，四川文艺出版社 2021 年版，第 78 页。
⑤ 颜炼军编《张枣诗文集·诗论卷 1》，亚思明译，四川文艺出版社 2021 年版，第 79 页。
⑥ 鲁迅：《一觉》，《鲁迅全集》第 2 卷，人民文学出版社 2005 年版，第 228 页。
⑦ 颜炼军编《张枣诗文集·诗论卷 1》，亚思明译，四川文艺出版社 2021 年版，第 81 页。

矛盾修辞法，以"一个现代心智"① 将生存的消极因素转化为全新美学形象。可以说，张枣以当代诗人的诗学敏感与时间给予的"后见之明"，提炼出鲁迅为汉语诗学带来的现代新质。

至此，我们简要梳理了世界文学中的恶魔主义源流，又回到中国现代诗学的开端，重点论述比西方源流更重要的文学事实，即鲁迅所开启的摩罗诗学传统。它与西方浪漫主义诗学存在关联，但绝非后者的移植，而是基于古典诗学传统与社会现实所做的创造性阐释，并向未来的汉语诗歌发出了强有力的召唤。因此，我们将鲁迅视作现代诗学的某种起点——而非孤零零的原点，将摩罗诗学看作一个可以持续展开的诗学框架，观察汉语新诗在内部"传统"中的书写与创造。本书选取孟浪、海子、唐捐三位诗人作为这种中国化的恶魔诗学在当代延伸的案例进行论析。他们的诗歌中都有明显的阴暗、血腥、对抗性的书写，符合恶魔主义的基本特征，我们尝试提取这种"恶魔"式写作的实质，进而把握他们所提供的诗学与文化可能性。

二　言辞的抵抗

将恶魔主义作为诗学理路来打量20世纪的汉语新诗，写《天狗》的郭沫若、写《神魔之争》的穆旦都可以列入其中。而在当代与之关联突出的首推朦胧诗人，在他们的笔下，出现了大量对"恶"的书写，流露出明显的对抗意识。如多多的《当春天的灵车穿过开采硫磺的流放地》，密集的阴暗意象和强劲的语言张力与恶魔主义遥相呼应。到了第三代诗人那里，反崇高、反知识、日常生活诗学等成为某种集体性的写作氛围，但是仍然有部分诗人保持着与历史和现实的紧张感，孟浪就是其中的典型。

从六七十年代开始，当代先锋诗人常常从"边缘"出发，与主流的社会文化保持距离，孟浪大体沿袭了这一姿态，更进一步走向"异端"，有意识地成为正统文化的对立面：

　　我这带着锋刃的身影还是由着太阳拨弄

---

① 颜炼军编选《张枣随笔选》，人民文学出版社 2012 年版，第 118 页。

人生中一段长长的庇荫自西向东

跟太阳相反！跟太阳相反

在大火之上，一张脸冷若冰霜

用纸片折出的白房子迎来了它的客人。①

这首诗与波德莱尔的《太阳》有表层的相似之处，"我独自一人锻炼奇异的剑术，/在各个角落里寻找偶然的韵脚"。在此，太阳是光明且无所不能的，诗人可与之画上等号，"当它像诗人一样降临到城中"时，会让"最微贱的事物具有高贵的命运"②。这首诗曾被朦胧诗人所喜爱，在他们笔下，出现了不少关于"太阳"的书写。譬如那棵"阳光中的向日葵"，要么"把头转向身后"，挣脱脖子上"牵在太阳手中的绳索"；要么昂头怒视太阳，在没有太阳的时候"依然在闪耀着光芒"③。孟浪表达了比前代诗人更为激进、更为露骨的悖逆姿态。应当指出的是，自居异端的姿态并不必然带来价值，单纯的残酷书写也未必就是真正的恶魔主义，关键在于意义的生成，即能否带来语言与思想的更新。这需要写作主体具有充分的反思性，正如刘正忠所言，恶魔诗学之"反"应兼具"反抗"与"反省"两个层面，"才能常保生机"④。孟浪对此显然深有自觉，他没有止步于姿态表演，而是有意识地跳出了正统价值观的框架，省察历史与现实：

我们那么重视又犯的错误，黄金般的过失

返回从前也看不到言辞的抵抗

富有者更在一声声中有气，无力

我们集中精神，让错误沉沉地压在我们身上。

已经没有人愿意为笑而再笑一次

① 孟浪：《七首诗和另外四首诗·之七》，《南京路上，两匹奔马》，光明日报出版社2006年版，第36-37页。

② 〔法〕阿拉贡：《比冰和铁更刺人心肠的快乐——"恶之花"百周纪念》，沈宝基译，《译文》1957年7月号，第158-159页。

③ 芒克：《阳光中的向日葵》，《重量：芒克集1971—2010》，作家出版社2017年版，第100页。

④ 刘正忠：《现代汉诗的魔怪书写》，台湾学生书局2010年版，第18页。

在这里，我们的对手为谁执行着遗嘱

还是言辞的抵抗，紧随牙齿的松动

心中的秘密从受难者的伤口里慢慢流出。

我们那么重视又犯的错误，末日般的悔恨

一排排黑衣人暴露这时代隐匿的行踪

我们的对手珍藏自己无法除却的病容

先不要说，最后也不要说，这脸的永恒的伤口。

诗中包含"我们"与"富有者"的对立结构，前者处于被压制的位置却是强健的，后者看似处于上位实则是衰弱的，这是对"魔"与"神"名实的翻转。"黄金般的过失"与"末日般的悔恨"本该被改正，却一再重犯，因为"富有者"太过珍视"自己无法除却的病容"，错误转化为启示的可能被关闭了。

在对立带来的压迫感中，"言辞的抵抗"成为迫切诉求，它既是在对抗中重建自我的方式，也是打破僵局、寻求希望的出路，因此"我们选择好了战斗，继续怒吼"[1]。此处的"我们"与鲁迅所言的"摩罗诗人"颇为接近。孟浪曾写下这样的句子："明天，你立在四川北路底的寒风中/痛悼着鲁迅公园，还是痛悼着鲁迅"[2]。无论是"鲁迅"还是"鲁迅公园"，在此都是象征符号，意味着诗人对强力主体的追思与渴慕。这种朝向"摩罗"的痛悼意识给孟浪的诗歌带来了强有力的质询之声，"历史的步伐与历史本身"最先被反思：

历史的步伐与我昨天迈出的任意一百步

没有什么不同

……

每一步都含有剧烈疼痛的成分

每一步也都是极其麻木的感觉

---

① 孟浪：《七首诗和另外四首诗·另一首之二》，《南京路上，两匹奔马》，光明日报出版社 2006 年版，第 38 页。

② 孟浪：《四川北路》，《南京路上，两匹奔马》，光明日报出版社 2006 年版，第 65 页。

> 我盯着它迈出的步子，只看见
>
> 历史不顾一切地向外流血
>
> 它比我更像一位礼貌的伤者
>
> 把幸福的白衬衣一条一条地撕开①

"历史的步伐"与"我"的"任意一百步"之相似性，既将历史的偶然性和盘托出，又暗指历史与个人命运的同构。诗人将宏大而难以把握的历史客体化，对之进行观察。他质疑历史进步论，发现了本质化的、永恒的"恶"："连朝霞也是陈腐的。/所以在黑暗中不必期待所谓黎明。"诗人并未就此滑入历史虚无主义的黑洞，而是用强力的甚至暴力的语言姿态对抗历史的阴暗性，"我的那柄斧子已把粮仓劈开/斧子的周围，那语言的饥饿"，并表达了普罗米修斯式的献身热情：

> 光捅下来的地方
>
> 是天
>
> 是一群手持利器的人在努力。②

这让孟浪在 90 年代的诗人中显得卓尔不群。尽管连朝霞都毫无新意，诗人仍为可能的"光"而努力。这种在怀疑与信仰间执守的抒情姿态，与朦胧诗群体以否定性宣言重构现实的抗争策略形成隐秘共振。两代诗人虽处于不同历史语境，却共享着诗性英雄主义的基因。与朦胧诗人相仿，孟浪对历史中的"人"也有深入反思：

> 一个怪人嘴里
>
> 呼啦啦吐出他的内脏
>
> 还有算盘珠和线团儿
>
> 吐完之后，他挺直身子

---

① 孟浪：《历史的步伐与历史本身》，《南京路上，两匹奔马》，光明日报出版社 2006 年版，第 45-48 页。

② 孟浪：《连朝霞也是陈腐的》，《南京路上，两匹奔马》，光明日报出版社 2006 年版，第 84-85 页。

　　　　说一句"精神为之一爽"。①

这首诗颇有波德莱尔"沉重的肠子流在大腿上"的观感，算计满腹的现代人自我净化的场景如此恶心、刺激，还带着点"抉心自食"②的勇气。这是对自我彻底的、深刻的拷问，创痛酷烈程度堪称恐怖，对利来利往的众生也是不折不扣的惊扰，故诗名为《恐怖分子》。诗人在语言暴力中获得快感，也就是波德莱尔所说的"比冰和铁更刺人心肠的快乐"③。孟浪并未沉溺于这种语言爽感，他的反思最终通达了形而上的"人"：

　　　　人性们逐渐互相厌恶

　　　　而"人们"变得互相更敬重。④

诗人在此描述了两种同时进行的运动：复数的、具体的"人性"彼此厌恶，"人们"却日益相敬如宾。也就是说，"人性"从"人"中抽离，可没有了"人性的"的人还能跻身于"人"的行列中吗？轻微的反讽传达出对人的彻底失望，语调平静却比"呼啦啦吐出他的内脏"更令人胆寒，可谓语言的冷暴力。我们在多多那里可以发现相近的表达："我们唯一忘记的就是人/我们终于戒掉了人/关心别人的坏习惯"⑤。从这种意义上说，孟浪是朦胧诗人的继承者，具有幽暗的历史意识与阴暗的人观，其间是强力主体与主流的社会文化对垒、较劲的写作心态，以及贯穿其中的自省精神。思想层面离群索居者的怨言怨语往往会迸发出强大的语言能量，也就是"以暴易暴"，用语言的暴力对抗历史的幽暗与萨特意义上的"他人"之地狱，这构成了当代恶魔诗学的景观之一。

三　律动的暴力诗学

　　有赖于诗歌选本和当代传媒的形塑，海子在很多读者的印象中是

---

① 孟浪：《恐怖分子》，《南京路上，两匹奔马》，光明日报出版社 2006 年版，第 99 页。

② 鲁迅：《墓碣文》，《鲁迅全集》第 2 卷，人民文学出版社 2005 年版，第 207 页。

③ 〔法〕夏尔·波德莱尔：《乌云密布的天空》，《恶之花》，郭宏安译，上海译文出版社 2009 年版，第 118 页。

④ 孟浪：《无题》，《南京路上，两匹奔马》，光明日报出版社 2006 年版，第 145 页。

⑤ 多多：《鳄鱼市场》，《多多四十年诗选》，江苏文艺出版社 2013 年版，第 82 页。

"面朝大海，春暖花开"般孤独、温热的抒情者。尽管学界并非没有意识到"另一个海子"的存在，但对其"恶魔"诗人面向的认识难说充分。西川注意到海子在1987年前后的转变："海子的创作道路是从《新约》到《旧约》。《新约》是思想而《旧约》是行动，《新约》是脑袋而《旧约》是无头英雄，《新约》是爱、是水，属母性，而《旧约》是暴力、是火，属父性。"① 这一判断大体不错，只是将海子的创作转变论述得太过光滑。更确切地说，清澈的抒情和暴虐的对抗一直交织在他的写作中，其情感状态与精神结构非常复杂，可以说是神魔一体的"复合的灵魂"②；到了1987年前后，恶魔主义式的书写大面积地涌现，在1989年的春天到达顶峰，成为他"曲终"之时的主导型面向。

《太阳·七部书》中出现了大量写黑暗、死亡、鲜血，甚至直接写魔鬼的诗，黑暗/黑夜、暴力、阴郁/阴暗成为高频词，从中我们能看到一个阴暗的抒情主体。联系到海子对诗歌、王位、太阳三位一体的确证，或许可以说，后期诗歌中的主体是黑夜之王、黑太阳（而不是阴性的月亮），"在黑暗世界里自觉寻找真正的创造性力量"③。幻象是这种创造力的方式：

> 我多么渴望这正午或子夜神奇的鼓 命定而黑暗
> 鼓！血和命！绿色脊背！红色血腥的王！
> ……
> 鼓！节奏！打击！死亡！快慰！欲望！
> 鼓！欲望！打击！死亡！
> 退向旷野！退向心脏！退向最后的生存④

丛生的幻象富于明显的动感，类似于兰波所提出的"创造性律动"："艺术创造的律动留下的是这个世界的一副扭曲了的、不再熟悉的面孔。这

---

① 西川：《怀念》，《海子诗全集·代序二》，西川编《海子诗全集》，作家出版社2009年版，第9页。
② 海子：《太阳·土地篇》，西川编《海子诗全集》，作家出版社2009年版，第727页。
③ Max Milner, *Le diable dans la littérature française*, Paris: José Corti, 2007, p.11.
④ 海子：《太阳·土地篇》，西川编《海子诗全集》，作家出版社2009年版，第683页。

律动是一种暴力节奏。"因此弗里德里希将"残忍"视作兰波文本的重要关键词，并提出了"专制性幻想"的说法。① 这种幻想是超现实的，它颠覆了空间秩序和人与物的正常关系，让诗人获得了某种支配力量：

> 我的头颅是那战士的甲牌
>
> 战士流血的甲牌
>
> 滚在地上也在天上流血
>
> ……
>
> 在我碎裂的甲牌上
>
> 杀伐之铁格格
>
> 行动的头颅跳入太阳
>
> 旋转我远远的亲人之身
>
> 无首之身在地狱炼火。
>
>
>
> 做一个太阳
>
> 一个血腥的反抗的太阳
>
> 一个辉煌的跳跃的太阳
>
> ……
>
> 我一直在历史上反抗
>
> 我一直在行动②

海子后期的长诗充满了碎片般的语言和某种"形而上学渴念"③，让人难以从语言上获取确切的解释，但是我们能够清晰地感知其中的情感内涵和情绪节奏。上述引文可以看作海子的恶魔主义宣言，"反抗"意味着诗学上的颠覆性力量，充满了兰波所推崇的创造性的暴力节奏，这让人想到郭沫若的《女神》，只是郭沫若的诗歌中更多是欢跃的、生的动能，

---

① 〔德〕胡戈·弗里德里希：《现代诗歌的结构：19 世纪中期至 20 世纪中期的抒情诗》，李双志译，译林出版社 2010 年版，第 68 页。

② 海子：《太阳·断头篇》，西川编《海子诗全集》，作家出版社 2009 年版，第 628-629 页。

③ 王冬冬：《前往与返回：海子与形而上学的断裂——海子逝世二十周年祭》，河南大学 2009 年硕士学位论文，第 22 页。

而海子则主要是狂暴的、死的动能。

　　用这种暴力的、律动的诗学来实现主体的绝对自由和"诗歌的意志"① ——如果将后者理解为撕裂而不是终止的话，成为海子最后的诗学思考。这意味着不断地挖掘潜藏于自身的无意识力量，"通过痛苦而暴烈的内部斗争把无意识提升到意识的层面"②。他在《太阳·七部书》中反复申明，"行动第一""必须行动"③。何为行动？在海子那里，"行动"几乎就是"反抗"，"行动者"即"反抗者"——创造性的、颠覆性的主体，渴求"在地狱炼火"般的自我超越性。海子所强调的"行动意志"④ 接近尼采的"强力意志"，也就是构成生命核心的东西，而生命正是以此来实现自我增殖与自我超越。海子用高强度的死亡渲染来表达生命的能量，在他那些遍布阴暗血腥的意象的诗中，我们感受到的更多的是那种强劲的、上升性的精神力量：

　　　　他看见的 全是大地在滔滔不绝地纵火
　　　　他在一只燃烧的胃的底部
　　　　与桃花骤然相遇
　　　　互为食物和王妻
　　　　在断头台上疯狂地吐火

　　　　乳房吐火
　　　　挂在陆地上⑤

极富力感的动作表达出充满魔性的意志力，"疯狂地吐火"传达出酒神式的行动意志，也就是"内在地强迫以事物来反映自身的充实和完满"⑥。

① 〔德〕胡戈·弗里德里希：《现代诗歌的结构：19 世纪中期至 20 世纪中期的抒情诗》，李双志译，译林出版社 2010 年版，第 69 页。
② 〔英〕以赛亚·柏林：《浪漫主义的根源》，吕梁、张箭飞等译，译林出版社 2019 年版，第 130 页。
③ 海子：《太阳·断头篇》，西川编《海子诗全集》，作家出版社 2009 年版，第 623 页。
④ 海子：《太阳·断头篇》，西川编《海子诗全集》，作家出版社 2009 年版，第 633 页。
⑤ 海子：《桃花时节》，西川编《海子诗全集》，作家出版社 2009 年版，第 520 页。
⑥ 〔德〕弗里德里希·威廉·尼采：《尼采：作为艺术的强力意志》，郭硕博译，重庆大学出版社 2019 年版，第 43 页。

诗人在残酷的语言中获得自我肯定，产生毁灭的崇高感，这种毁灭所指向的，不是同归于尽，而是某种新生的可能："大地/抱住我的/血腥的头/跳吧，一切就这样毁了/重来，跳吧，大地/抱住我的血腥的头！"[①]

　　海子诗歌中来自浪漫主义的"绝对自我"已经被论者所注意到，从某种意义上说这是一个围绕自我展开的"神话"[②]。《太阳·七部书》为诗剧，其形式本身易于包容多声部，展现不同声音之间的争辩与协商。海子或许也曾有走出自我牢笼的尝试，想象性地介入历史与人群，与之对话：

　　　　我们不屈的天性
　　　　来自这大大的头
　　　　这么大的头
　　　　连我自己也吃惊
　　　　就这样让它在血中跳吧
　　　　让它一直在历史中动作，反抗！[③]

在无头战士的呼唤下，"平常人"并没有发出反对或者质疑的声音，而是涌出了愧悔，"我真后悔，我尊重过那么多/我为着那些平庸的人们歌唱"[④]，继而喊出了追随的口号：

　　　　就让我加入反抗者的行列
　　　　就让我，这一位普通的人
　　　　这根宇宙深处寂静的原木
　　　　加入反抗者的行动
　　　　用生命的根子和我自己的头颅
　　　　哪怕一切毁灭在我手上
　　　　把这不变的夜交给我[⑤]

---

① 海子：《太阳·断头篇》，西川编《海子诗全集》，作家出版社 2009 年版，第 639–640 页。
② 李章斌：《"王在写诗"——海子与浪漫主义诗人的自我定位》，《文艺争鸣》2013 年第 2 期。
③ 海子：《太阳·断头篇》，西川编《海子诗全集》，作家出版社 2009 年版，第 631 页。
④ 海子：《太阳·断头篇》，西川编《海子诗全集》，作家出版社 2009 年版，第 634 页。
⑤ 海子：《太阳·断头篇》，西川编《海子诗全集》，作家出版社 2009 年版，第 635 页。

"平常人"加入"无头战士"的行列，成为新的"无头战士"。诗剧并没有为海子的写作引入真正意义上的他者之维，"平常人"与"无头战士"的关系更像是主体内部的分裂，"超人"之我最终吞没并吸收了"平庸"之我，重铸为更具摧毁性的"魔性"之我。

正是因为他者的缺失，海子的诗学世界显得过于纯粹和简化，仿佛世界就是神与魔、光明与黑暗之间的争斗。他呼唤强力的生命态度，弱者、平庸者、嬉戏者是被绝对摒弃在理想世界之外的。以赛亚·柏林对浪漫主义者的批评也适用于海子："只要存在常规状态和人与人之间的交流，就会有共同价值观。只要存在共同价值观，就不可能说一切必须由我来创造。"① 当不同的行为和思想产生龃龉之时，应对、妥协和对他人的宽容是必要的。我们未及看到海子走出自身的局限，获得柏林所说的"对于不完美的生活的体谅"和"理性的自我理解的一定程度的增强"②。但是，那个"魔性"海子身上黑暗的面向，毕竟向我们展现了极度酷烈的生命风景。这意味着诗歌在那些壮烈的瞬间迸发出的精神能量与"强度美学"，为其身后常常是疲乏、绵软的当代诗歌留下一份强劲的遗产。

四　死亡作为方法

如果说海子是"向死而生"的，死亡意识让他不断探寻生命中预设的目的和价值。那么，对台湾诗人唐捐来说，死亡是一种方法和视角。从死亡的方向看过去，诗人得以深入思考生命的存在状态，进而探寻言说生命的可能性。《无血的大戮》鬼气森森，所述是关于死亡与复仇的：

> 天地僵持 在一场无宗旨的搏斗里
> 鸟在半空中冻住 没有人暗暗地死
> 没有人哭 哗哗跌落是千万颗好看的头颅
> 如狂风侵袭的果园 扣人心弦的骰子

---

① 〔英〕以赛亚·柏林：《浪漫主义的根源》，吕梁、张箭飞等译，译林出版社 2019 年版，第 191–192 页。
② 〔英〕以赛亚·柏林：《浪漫主义的根源》，吕梁、张箭飞等译，译林出版社 2019 年版，第 194 页。

引起一阵阵欢呼 我不禁有了沉酣的大欢喜

液态的笑声从眼眶里流出 没有人死没有人

嘤嘤地哭 这就是你常听人说的无血的大戮①

这首诗标题语出鲁迅《野草》中的《复仇》，诗中场景亦与之相似。题记中的"我将开口且住口，谁将空虚或充实"让人想到《野草》的题词："当我沉默着的时候，我觉得充实；我将开口，同时感到空虚。"鲁迅的判断坚实、确定，沉默/充实、开口/空虚的矛盾修辞中坐着一个稳稳的、完整的"我"。相比之下，唐捐的表述是非逻辑性的，"开口且住口"是共时性的矛盾修辞，这种几乎不可能的状态又与未知的他者有着隐隐的勾连，暗含了某种言说的可能性。

　　值得注意的是，《复仇》终止于无解的永恒对峙："于是只剩下广漠的旷野，而他们俩在其间裸着全身，捏着利刃，干枯地立着；以死人似的眼光，赏鉴这路人们的干枯。"②《复仇》的结尾保持僵持状态。如果将《野草》看作整体，破解的可能在《死火》中呈现："死火"和"我"一者"烧完"、一者被"碾死"，悖论式的僵持宣告终结。换句话说，在鲁迅那里，焚烧、死亡是从纠缠与对峙中挣脱出来的方式，对峙双方均宣告灭亡，在另一种意义上就是新生——为后来者。而在《无血的大戮》中，唐捐给出了另一种方案：

祭桌上照样卧着一头一头死不瞑目的猪

可怪是猫 还在神明的怀里快乐地吸奶

可怜是婴孩 只好到阴曹接受马面的安抚

我愿意为敌人戒酒 吞服鱼肝油

培养健康的身体 供死者安置他们的眼睛

最后两句语调谐谑，仿佛在谈论当代养生之法，实则指向敌我关系的解

---

①　唐捐：《无血的大戮》，洪子诚、奚密主编《百年新诗选》（下），生活·读书·新知三联书店 2015 年版，第 469 页。

②　鲁迅：《复仇》，《鲁迅全集》第 2 卷，人民文学出版社 2005 年版，第 177 页。

除，不再僵持，也不必同归于尽，带着喜剧笑声和解。与"自啮其身"[①]的鲁迅不同，唐捐在此自保其身，以反讽达成解构，向未知的他者敞开自身，保持对未来的期盼。

如果说《无血的大戮》从"天地僵持"开始，《我的弟弟是狼人》则是"天摇地颤"的亵渎之诗：

> 不安的少年骑上不爽的机器狼
> 离开荒凉的城都来到繁华的草原
> 向前狂奔：130，150，170km/hr……
> 啊，神经的末梢已悄悄钻入电瓶
> 他刚刚成熟的性器和灼热的火星塞
> 一起冒火。不安的血和不爽的油
> 以旷男怨女的姿态，激烈地交流
> 当时水里浸泡着一对明月，苍白肥肿
> 如溺者的乳房。于是他的心里开始
> 发毛脸上发毛胯下发毛胸膛发毛发毛
> 190，210，230km/hr……他低俯上身
> 双腿夹得紧紧，不断挺进挺进
> 直到身体一吋吋陷落。嗷—呜——
> 天摇地颤，草原上涌出亢奋的野火[②]

这首诗表面看写的是情欲，"不安的少年"骑上"不爽的机器狼"（摩托），化身为当代"摩罗"，从中心却荒凉的"城都"来到边缘却繁华的"草原"。点燃欲念之火的，是"当时水里浸泡着一对明月，苍白肥肿/如溺者的乳房"，这与波德莱尔的"耽恶"的《死尸》形成了潜在的接续关系。从"元诗"的角度看，"机器狼"隐喻了现代的、强劲的动力装置：写作的欲望升腾，不安的血和不爽的油渴望确切地点燃——尸身，也就是具有死亡感、恶心感，甚至是邪恶感的负面之物，是它们为欲望

①　鲁迅：《墓碣文》，《鲁迅全集》第 2 卷，人民文学出版社 2005 年版，第 207 页。
②　唐捐：《我的弟弟是狼人》，洪子诚、奚密主编《百年新诗选》（下），生活·读书·新知三联书店 2015 年版，第 471-472 页。

淬火。唐捐对"从阴暗面汲取诗意、蓄养能量"的诗学路径有深刻体悟，在他看来，"罪恶丑陋"是现代诗意的重要特质，对它的表达基于"个体精神的自由"，也就是说需要"摩罗"式的反抗力量。[①] 这种诗歌动力机制并不只是带来审美惊扰，更让诗人得以唤醒那些死去的、被遗忘的、受难的人的记忆：

> 我再也不退出我黑暗的运命
> 浸泡着蚀骨的音乐
> 如瓶中婴，沉潜于某种独享的福马林。
> ……
> 我再也不介入我痉挛的人生
> 闭锁门窗，如一座冰箱
> 用全身的肌肉冰住一颗火热的心
> 我将继续默诵徒劳的符咒[②]

诗中的核心意象"瓶中婴"是典型的现代科学之物——人体医学标本。诗人让浸泡在福尔马林中、躯体一览无余的死婴发声，令人联想到法国诗人奈瓦尔的名句——"我是另一个"（Je suis l'autre）。诗人从现实性的"我"中抽身而出，冷眼旁观，让永远沉默的"瓶中婴"想象性地发声。它宣称"再也不退出我黑暗的运命""再也不介入我痉挛的人生"，两个"再"掷地有声，暗示瓶中婴孩也曾有过属于人间的、类似于引产般痛苦挣扎的短暂生命。诗人在此设置了人间/鬼界、生/死的双重视界。"瓶中婴"仿若魔鬼之子，拥有"纯真的笑容"和"腐烂的灵魂"，以及因为现代科学而永不朽坏的肉身，纯真、腐朽再到不朽，连续的矛盾修辞呈现了恐怖瘆人的画面。唐捐借鬼魅之物营造想象的空间，思考其中蕴藏的可能性——它区别于现实的、主流的活人世界，甚至是被正统伦理所厌弃和否定的：

---

① 刘正忠：《现代汉诗的魔怪书写》，台湾学生书局 2010 年版，第 64 页。
② 唐捐：《瓶中婴》，洪子诚、奚密主编《百年新诗选》（下），生活·读书·新知三联书店 2015 年版，第 470 页。

我将继续默诵徒劳的符咒

像被群众唾弃的候选人

不断地对蟑螂壁虎蚂蚁发表演说①

蟑螂、壁虎、蚂蚁属于有害、怪异、卑贱之物的范畴，连同那个被唾弃的候选人一样，都是最为正常、正派、正义的"群众"（诗人使用了一个具有政治意义的词语）所唾弃、鄙夷的阴沟生存者。"我"毫不犹豫地对那个伟大、光明、正确的世界表达拒绝和否定，固执地宣告魑魅魍魉般的生存姿态之意义。这让人联想到台湾现代主义诗歌中那种非正常的、边缘性的姿态和视域，奚密对此有深入的剖析。在她看来，"边缘"既是梳理新诗发展脉络的阐释学概念，又是分析新诗现代特质的理论框架，其意义在于："它既意味着诗歌传统中心地位的丧失，暗示潜在的认同危机，同时也象征新的空间的获得，使诗得以与主话语展开批判性的对话。"②

顺此而下，我们可以看到唐捐的恶魔诗学之意义。首先，相较于古典诗歌，新诗的边缘地位已成为共识，从边缘出发，唐捐得以"从新的角度省察中国传统，并宏观其他文化"③。其次，相较于中国大陆的诗歌，经历断裂的台湾诗歌可以说是新诗版图内部的边缘，唐捐站在"边缘之边缘"，试图接通新诗中心地带的"起点"。诗人唐捐也就是学者刘正忠，其研究尤为关注鲁迅作品中的非理性视域和锐利的诗意，并尝试抽出一条现代汉诗的"魔怪"书写路径。最后，也是最重要的是，唐捐的恶魔诗学展现了现代性的文化分裂和文化矛盾，并尝试给文化冲突以可能的解决方案，即将异端、非主流、非理性的地位提升到应有的高度。从文化伦理的角度看，承认边缘、异端、古怪、疯魔等怪异美学，意味着文化多元主义的立场。因此，唐捐的恶魔诗学带有某种文化政治的意味，传达出对弱者、下位者、不被承认者的关怀与体认，这也是"摩罗诗人"对当代社会的介入与责任。

---

① 唐捐：《瓶中婴》，洪子诚、奚密主编《百年新诗选》（下），生活·读书·新知三联书店2015年版，第471页。

② 奚密：《从边缘出发》，广东人民出版社2000年版，第1页。

③ 奚密：《从边缘出发》，广东人民出版社2000年版，第18页。

　　总体而言，孟浪、海子、唐捐的写作角度和视野虽各有区别，但基本延续了鲁迅的摩罗诗学传统，我们能够看到一种很强的主体性姿态贯穿始终。这种姿态带有明显的负面消极面向，从阴暗面汲取诗意，并具有相当的对抗性：孟浪经由"言辞的抵抗"，深入反思幽暗的历史与异化的人；海子通过幻象瓦解现实，以律动的暴力诗学张扬主体的绝对自由；唐捐为"妖魔鬼怪"发声，争取新的话语空间。由此而观，"摩罗诗力"的意义在于挖掘诗歌心智的复杂力量，凸显一种新的诗歌动力机制。

附　录

　　波德莱尔与象征主义的关系在他百年的中国接受中一直歧义丛生，为了展现法国学者如何定义异常复杂的"象征主义"文学运动及诗学资源，我们选取并完整翻译了一些法国字典中的"象征主义"词条作为本书内容的补充扩展。我们没有选用《拉鲁兹》《罗贝尔》之类言简意赅的法语大词典，而是特意选择了几本21世纪以来出版的由法国著名文史学者主编或撰写的文学类专门词典，它们不仅论述详细，而且综合了法国文学研究界的整体性成果，具有重要的学术价值。每一本词典由于各自主题方面的偏重，词条的写作手法和处理方式都有相当大的差异，有的注重谈论法国和法语区文学中的象征主义概念，有的则在更宽广的欧洲视野下从文学和艺术等多角度对象征主义加以定义，还有的专门从诗学内部对其加以讨论。每一条定义都有各自的优势，值得细致研读，也可以帮助读者认识象征主义在定义上的难点和要点。最可贵的是，每一位词条的编写者都没有避讳相关问题的困难所在，一方面尽可能地以材料和史实说话，提供了许多有益的线索；另一方面也提出了他们各自的见解，让读者得以认识到法国学术界争论的热点何在。我们在此无意进一步对这些词条中的"象征主义"进行辨析，只希望人们能够从中获得一些相对明晰的历史感，不至于以后再涉及法国文学史的相关内容时依然把生活于19世纪中叶的波德莱尔放在世纪末的象征主义运动之中。

　　考察法国学界如何定义法国文学史或者说广义的欧洲文学史中的象征主义运动，对于定义中国的象征主义诗派也可以提供一定的借鉴。但这种借鉴的意思不是对比二者之间像或者不像，更不是建立一套像即优、不像即劣的评价标准，而是通过观察中法两国象征主义诗派的内容，去发现中国的象征主义究竟从法国借用了什么、改写了什么、创发了什么，以及最重要的一点，其中的目的究竟是什么。就像法国的帕尔纳斯派、颓废派与象征派都曾在波德莱尔身上各取所需，最终形成了他们自己的风格特点那样，当中国的象征主义诗派从法国文学中取其所需之后，又究竟构建了什么，成了什么？需要强调的是，虽然我们在本书中反复对各个术语的定义、时代背景、文化语境等加以梳理和说明，但我们的目的只是把它们放在法国文学史的背景中进行一次完整的还原，从而帮助中国学者建立一个相对清晰的文学史脉络，避免一些常识性的文学史错误。我们绝非文学术语上的教条主义者。恰恰相反，在我们看来，当一个术语脱离了其自身的文化环境并被置入一个陌生的文化环境之时，一方面它丢失了在原语境中的全部潜台词，成为一个孤立的词语，另一方面它又会立刻在新语境中建立一整套新的潜台词，在新的文化环境中重新形成一个完整的体系。这个新体系与原语境中的旧体系已经不一样了，尽管它们还共用着一个相同的词语。只有充分意识到这一差异性，同时对原语境中的旧概念有足够全面的认识，才能真正客观准确地评价一个新语境中的新概念。

以下是我们对四本著名词典中"象征主义"词条的翻译，作为本书的附录。

一　米歇尔·雅莱蒂主编的《文学术语小词典》的解释

在 19 世纪文学史中，象征主义这个术语被应用于两个具有不同外延的集合，值得我们加以区分。

①在严格意义上，象征主义是一个在 1886 年出现的相当昙花一现的文学运动。维克多·雨果在前一年去世，于是一些诗人全力以赴想要占领阵地：让·莫雷亚斯在 9 月 18 日的《费加罗报》上发表了一篇被视为象征主义运动出生证明的《象征主义宣言》。莫雷亚斯和古斯塔夫·坎恩合作办了一个发行量很小的周刊《象征主义者》，后者试图自命为自由诗的发明者。勒内·吉尔发表了《论词》，在其中对感官之间的联通现象进行了系统化论述，包括色彩听觉、词语乐器理论等。这篇文章因为马拉美的《前言》而显得尤其重要，不过这没有阻止勒内·吉尔在不久后转而反对他的导师并创立自己的团体：乐器主义。自从 1891 年开始，莫雷亚斯便宣告象征主义已经过时，并且通过组织新的"罗曼诗派"的方式鼓吹一种传统诗学的回归。所以这个严格意义上的象征主义被文学宗派的竞争所撕裂，更在如何摆脱颓废派的问题上困难重重（勒

内·吉尔创办了一本名叫《颓废派》的杂志，这个标题被马拉美认为糟糕透顶），没有留下什么一流之作。在诗学方面，相比莫雷亚斯的《象征主义宣言》，更重要的是同样于 1886 年在《时尚》杂志上发表的兰波《彩图集》中末篇的诗句，尽管兰波从来不认为自己是象征主义者。

②象征主义这个说法事实上很快便传开了，渐渐在一些作家、作品和潮流间形成一些可资辨认的亲缘关系。当然，他们也都懂得如何保持各自的独立。魏尔伦和马拉美在无意中晋升为这个流派的领导者。马拉美每周二晚上在他家中聚集起一批年轻的诗人与艺术家，并在其中发挥父亲般的影响，其中包括保罗·克洛岱尔、克劳德·德彪西、安德烈·纪德等。一些使用法语写作的比利时诗人进一步壮大了这个扩展之后的象征主义队伍，如莫里斯·梅特林克（《温室》，1889）、乔治·罗登巴赫（《沉默的王国》，1891）、埃米尔·维尔哈伦（《触手般扩展的城市》，1895）和夏尔·凡·勒伯格（《夏娃的歌》，1904）。他们都因为对自然主义的抗拒，因为偏爱神秘感、细微差异、易逝之物和内在世界而聚集在一起。对于这些深受瓦格纳主义影响的象征主义诗人（《瓦格纳杂志》在 1885 年由爱德华·杜雅尔丹创立，是这一代人的喉舌），借用一句被瓦莱里重述的马拉美的话说，他们想"从音乐中重获其财富"，重新赋予语言那种由 19 世纪音乐所表现出来的咒语与魅惑的能力。为了达成这一目标，新的形式被开发出来，任何大胆尝试都是合法的——不对称的韵律（魏尔伦）、被解放的韵诗（德·雷尼耶，维耶莱-格里芬）、自由诗（莫里斯·梅特林克）、长韵诗（克洛岱尔）、排字游戏（马拉美《骰子一掷，不会改变偶然》，1897），还有在词法和句法方面多样化的探索，它们都为象征主义诗歌获得晦涩和怪异这类名声做出了贡献。通过拒绝浅易的叙述和直白的描写，象征主义艺术首要的追求是暗示（马拉美宣称"描画的并非事物，而是它产生的影响"），通过字词的手段"点亮相互之间的倒影"。

作为一种"致力于诗歌对文学的绝对统治"（贝尔特朗·马沙尔语）、试图模糊各类题材界限的运动，象征主义也对小说产生了影响（罗登巴赫《沉寂的布鲁日》，1892；马塞尔·索沃勃《莫奈尔的书》，1894），并鼓励了某些形式实验（如爱德华·杜雅尔丹《月桂树被砍》中的第一个内心独白实验，1887）。得益于克洛岱尔的第一批戏剧（1889

年写的《金头》第 1 版，1890 年写的《城市》第 1 版）以及梅特林克的剧作《玛莱娜公主》（1889）、《阿丽亚娜和蓝胡子》（1902），象征主义运动同样对戏剧的更新有所贡献。在绘画方面，艺术史家最终在"象征主义绘画"的标签下聚集了诸如古斯塔夫·莫罗（1826—1898）、奥蒂隆·雷东（1840—1916），比利时画家费尔南德·赫诺普夫（1858—1921）或者让·德尔维尔（1867—1953）以及瑞士德语区的阿德诺·博克林（1827—1901）等。在更广泛的接受层面上，象征主义的出现成为 19 世纪末的主要美学潮流，开辟了通向 20 世纪先锋派的道路，为超现实主义革命做出了准备。①

二　保尔·阿隆、德尼·圣-雅克、阿兰·维亚拉主编的《文学词典》中的解释

象征主义是一场以诗歌为主的文学运动，聚集了一批比利时和法国的诗人，他们都从魏尔伦和马拉美充满创新的、深奥的和音乐性的艺术中发现了他们自己。在 19 世纪末，这场运动产生了遍及欧美的国际性影响。

1886 年 9 月，让·莫雷亚斯在《费加罗报》文学副刊上发表了《象征主义宣言》。象征主义对于莫雷亚斯来说，是一种唯心主义：诗人必须能够转译其"初始的念头"，那些具体的现象不过是些外在和肤浅的表征，诗人要做到这点必须借助象征符号的帮助，象征符号是理念与世界之间的结合点。因此象征主义处于德国唯心主义哲学的庇护之下，尤其是叔本华的哲学，他把世界视为一种"表象"，也就是说通过施动者主体的视域所感知的世界是一种"表象"。在文学上，象征主义在自我构建时参照了波德莱尔，同时也参照了魏尔伦和马拉美（他们两位不承认自己是象征主义者，却是两个监护者的角色，在他们身边聚集了更年轻的作家们）。象征主义的雏形还要加上兰波，拉弗格、洛特雷阿蒙和维利耶·德·利尔-阿达姆。在法国，除了让·莫雷亚斯之外，爱德华·杜雅

---

① *Lexique des termes littéraires*, Ouvrage dirigé par Michel Jarrety, avec la collaboration de Michèle Aquien, Dominique Boutet, Emmanuel Bury, Pierre Frantz, Daniel Ménager, Gilles Philippe, Yves Vade, Paris: Librairie Générale Française, 2011, pp. 428-431.

尔丹、勒内·吉尔、古斯塔夫·坎恩、斯图亚特·梅里尔（Stuart Merrill）、弗朗西斯·维耶莱-格里芬（Francis Vielé-Griffin）、阿道尔夫·赫特（Adolphe Retté）、亨利·德·谢尼耶（Henri de Régnier），他们都非常有活力。在比利时，莫里斯·梅特林克、乔治·罗登巴赫、夏尔·凡·勒伯格、埃米尔·维尔哈伦构成了运动的中心。这些作家的作品只在一部分层面上回应了莫雷亚斯的意图以及他们的导师们所提供的模范。尽管如此，他们的坚韧却是显然的。他们再加工了象征符号，还同时包括深奥的秘传思想、神秘的奥义和隐约的暗示。他们的作品自觉地显示出一种颓丧和病态的调性，以及一种被神化世界所浸透的异域想象。追随瓦格纳的脚步，他们梦想着一种能够连接写作与绘画、舞蹈与音乐的"整体艺术"。这些作品还有一个明显的特征，就是通过确切的手段使诗歌语言远离日常用语，比如使用生僻的词语和罕见的表达。对一种充满节奏感的音乐性的追求颠覆了传统诗律的束缚，促进了散文诗的发展，并且引向了自由诗的发明。象征主义激起了一种知性的沸腾，许多当时的期刊都可以证明这一点：《独立期刊》，1884 年由费内隆创办，《瓦格纳期刊》，1885 年由杜雅尔丹创办，《瓦隆人》，1886 年由默克尔创办，到了 19 世纪 90 年代又有《羽笔》和《隐修地》，尤其是《法兰西信使》和《白色期刊》，更年轻也更具社会影响力的第二代象征主义者在那里相遇：雷米·德·古尔蒙（Remy de Gourmont）、安德烈·纪德、保尔·瓦莱里、马塞尔·施沃布（Marcel Schwob）、皮埃尔·路易（Pierre Louÿs）。

象征主义非常接近颓废派运动，两者涉及和引证相同的文学价值，许多作家自愿地从一边转移到另一边，当时那些主要期刊内部人员的交换便见证了这一点。然而，从 1885 年开始，象征主义试图将自己区别于颓废，后者沉迷于对于准则规范的反叛态度（戏仿写作，讽刺写作），而象征主义则表现出想出版一些强有力作品的意愿。从这个时刻开始，一些争执也开始发生。1888 年，勒内·吉尔远离了马拉美；1891 年，轮到莫雷亚斯拉开距离并建立了"罗曼派"；1895 年，赫特决定反对"马拉美主义者"，奠定了之后"天然主义"（naturisme）成立的理论基础。象征主义从那时起便显得后继无人了，而且其信徒中的第二代人——保尔·瓦莱里、安德烈·纪德或者保尔·克洛岱尔——也远离了这个在他们看来已经经历完的运动。超现实主义，从 1920 年开始，将其最终打入冷宫，中间还穿插了一战前夕阿波利奈尔口中的"新精神"对象征主义的质疑。

19 世纪 80 年代文学场域中的统治者，在小说方面是自然主义和布尔杰的心理分析小说，在诗歌领域则是帕尔纳斯派。不过，就像儒勒·于莱（Jules Huret）1891 年在其《文学发展访谈》中指出的那样，这几个流派在当时已经显得陈旧了：对于小说流派来说，其小说形式过于自我重复，而且过于将就大众的口味；对于诗歌流派而言，其形式主义过于激烈。于是象征主义便表现为一种回应和对抗：它试图对诗学进行更新，同时羞怯地试图更新小说（罗登巴赫《沉寂的布鲁日》，1892）和戏剧（梅特林克《佩利亚斯与梅丽桑德》，1892）。同时也不能忽视其反抗的社会维度：马拉美表达了他对无政府主义的同情，维尔哈伦支持布鲁塞尔的人民之家。不过，这种"介入"伴随一种先锋派脱离社会的姿态以及一种文学精英主义。出于创作一种逃脱日常语用的作品的意愿，象征主义者认为诗歌必须从对现实进行参照的负担中解脱出来，只遵从诗歌本身的逻辑。从这里开始浮现出一种"诗歌语言的革命"（克里斯蒂娃语），这一点超越了那些时而显得陈旧的作品，构成了象征主义对 20 世纪的主要贡献。[①]

三　阿兰·维尔默与奥黛特·维尔默《1870—2010 年艺术与文学运动词典》中的解释

一场文学和艺术运动，在 19 世纪末（19 世纪 80—90 年代）有相当的重要性。但它并不能被确切地称为一个"流派"，尽管存在一篇宣言文本，由让·莫雷亚斯发表于 1886 年 9 月 18 日的《费加罗报》上。因为虽然"象征主义"这个词很快便发扬光大了，但其中的观念却始终含糊不清，评注者直到今天想清楚地对其进行定义时仍屡屡受挫。而且象

① *Le dictionnaire du littéraire*, Sous la direction de Paul Aron, Denis Saint-Jacques, Alain Via-la, avec la collaboration de Marie-Andrée Beaudet, Jean-Pierre Bertrand, Jacqueline Cer-quiglini-Toulet, Perrine Galand-Hallyn, Lucie Robert, Isabelle Tournier, Paris: Presses Universitaires de France, 2009, pp. 600-601.

征主义运动由于其内部无尽的争吵很快便分裂了。莫雷亚斯，运动的发起者，毫不犹豫地于 1891 年发出了一份新的宣言，这次是为了"罗曼派"。要想在这条交错的缎带上重新找到一些倾向和趋势，就需要我们重新回到它的出发点上。

我们可以清楚地看到象征主义是为了对抗什么而被树立起来的：对抗唯科学论的进步主义，对抗左拉式的自然主义，以及对抗帕尔纳斯派的形式主义和"为艺术而艺术"。这个世纪末的思潮感到一种回归精神价值的强烈需要。通过对当时占据统治地位的唯物主义所导致的沉闷重负的反击，它试图获得一种直抵内心的"绝对真实"（用诺瓦利斯的话来说），并且朝理想的世界攀登。曾经在其文学生涯早期阶段热烈参与象征主义运动的保尔·瓦莱里曾很好地定义过这一理想主义（idéalisme，也有唯心主义的意思——笔者注），他在 1936 年把象征主义称为"一种宗教类型，其中诗的情绪占据了中心的位置"。事实上，在这一态度中有一种无可否认的形而上的憧憬。为了在这方面得到满足，人们利用了波德莱尔意义上的"通感"："一切是一切的象征。"人们之所以抓住了这个词，是因为象征能够暗示、影射、唤起现实，而不是像自然主义作家那样以平铺直叙的方式去讲述和粘贴现实。

这种飞升的渴望，这种穿透事物与存在精神性秘密和本质的欲望，并非突如其来的无中生有。象征主义从之前的艺术运动中汲取了灵感：诗歌方面有德国浪漫派，绘画方面有英国的拉斐尔前派。象征主义在其飞速发展的过程中几乎触及了艺术的各个门类：小说方面确实比较少，那是自然主义者的势力范围，不过也同样有巴莱斯；戏剧方面要多一些，通过保尔·福尔（Paul Fort）和卢涅-波（Lugné-Poe）的撮合，人们上演了维利耶·德·利尔-阿达姆、梅特林克、圣-波尔·鲁（Saint-Pol Roux）的戏剧以及克洛岱尔最早的剧本《金头》；同样还有音乐方面，通过瓦格纳和不久之后的德彪西。不过，象征主义所最偏爱的领域还是诗歌和绘画。

①诗歌。之前提到的让·莫雷亚斯的宣言并不是孤立现象。同样在 1886 年，魏尔伦在杂志上发表了兰波的作品，马拉美给勒内·吉尔的《词论》作序并产生了一些反响。不过，魏尔伦与颓废主义以及 1870—1885 年的一些文学俱乐部比如诅咒诗社（Zutistes）和污水诗社（Hydropathes）等的联系过于紧密，所以是马拉美成为象征主义的主要人物，如果不说是团队领袖的话，至少可以说是新一代人的思想导师。他在罗马街住所每周二的聚会被年轻人饱含热忱地追随着。他提倡"把肩膀转向生活"，他揭露卑贱和平庸，宣扬超越和玄奥。追随他的足迹，人们出发去寻找"最初的原理"，人们没有在晦涩前退却，对句法加以变形，对生僻词充满喜爱。诗人首先是一个大法师，继而是一名主祭。语言是"高度纯化的""炼成灵药的"等。很自然的，这类夸张和对新词无度的使用最终引起了讥讽。劳伦·泰拉德就曾以笔名"米特罗凡·卡普桑"（Mitrophane Crapoussin）写过一首讽刺诗。保尔·亚当（Paul Adam）为了阻止这类嘲弄，专门于1888年用笔名雅克·普洛维（Jacques Plowert）出版了一部《理解颓废派与象征主义作家小词典》，试图证明所有这些生僻词都在中学生用的拉鲁斯词典中有其代表。剩下还有一种使用秘教语言的趋势，之后逐步转向传统的神秘学范畴，这一点借由著名的萨尔·佩拉唐（Sâr Peladan）而闻名于世。不久之后，好几个不同的"小圈子"建立了起来，同时一大批新的期刊也传播开来，尽管常常昙花一现，比如《象征主义者》《斯卡潘》《独立期刊》《羽笔》《隐修地》《白色期刊》《法兰西信使》等。在这一语境下爆发了关于自由诗的争论——人们讨论"韵诗的危机"以及"自由诗主义"（vers-librisme）——其中勒内·吉尔与马拉美互相对立："词语乐器法"的拥护者对抗律诗的信徒。

　　尽管存在种种喧嚷和骚乱，象征主义还是在1890年前后达到了高潮。其优越性自此之后得到了承认，最多样化的协作者都汇集过来：如古斯塔夫·凯恩、爱德华·杜雅尔丹、雷米·德·古尔蒙、夏尔·戈兰（Charles Guérin）、路易·勒·卡多内（Louis Le Cardonnel）、亨利·德·谢尼耶、阿尔贝·萨芒（Albert Samain）等。甚至还有更年轻的一代人也来了：维尔哈伦、纪德、瓦莱里、弗朗西斯·雅姆（Francis Jammes），圣-波尔·鲁、保尔·克洛岱尔……不过这些新来者已经把运动指向了其他的方向，尤其是指向当代世界，也就是马拉美转身离去的地方。这个新角色的扮演者主要是维尔哈伦和比利时的象征主义者（梅特林克、凡·勒伯格、默克尔、埃尔斯坎普、罗登巴赫）。当1891年到1895年运动逐渐退潮和消解，在各个小集团间散落的时候，我们却发现这场运动已经成功地传播到了几乎各个地方。作为诞生于法国的这样一场根源于欧洲的运动，它最终环游了欧洲。其经历的旅程在以下各国都清晰可感：德国（斯特凡·格奥尔格）、奥地利（赫尔曼·巴尔、霍夫曼施塔尔、里尔克以及青年维也纳派）、英国（斯温伯格、王尔德、叶芝、艾略特）、波兰（维斯皮安斯基）、俄国（勃留索夫、勃洛克、别雷）、意大利（略略涉及邓南遮甚至马里内蒂）、葡萄牙（无疑包括佩索阿）等。一些痕迹甚至出现在中国和日本。很少有一场运动——超现实主义除外——能够获得如此世界性的辐射和影响力，尤其是这场运动经历了一个相当小众的开始阶段，并且其依靠的理论基础如此模糊。它所收获的敬意常常来自更后起的流派。安德烈·布勒东本人，尽管相当强硬和不妥协，也对象征主义者的写作"格调"致意，并且授予它"一次脱帽致敬"。

　　②绘画。绘画上的象征主义在很大程度上源自诗歌中的象征主义，也经历了类似的过度夸张。我们在其中可以发现难以形容的佩拉唐，他从1892年到1897年组织了粉色十字美术展（Salons de la Rose-Croix），并在1896年的那次展览上展出了一张著名的宣言海报，表现了挥舞着埃米尔·左拉头颅的帕耳修斯（在古希腊神话中，帕尔修斯砍下了美杜莎的头颅）。象征主义艺术有时会退化为一种"浮夸"的风格，包括茂盛的植被，充满阿拉伯花式线条的暴雨洪水以及各种无精打采的姿势。即使在象征主义的大师笔下我们也会发现这类习惯性的无意识重复，比如古斯塔夫·莫罗和他的学生奥蒂隆·雷东（他和于斯曼及马拉美的关系极其密切），帕维·德·夏凡纳（Pavis de Chavannes）和方丹-拉图尔（Fantin-Latour），甚至穆夏（Mucha）。不过，最让我们感到惊讶的是一些著名的绘画流派——高更周围的阿望桥村画派（l'école de Pont-Aven）和莫里斯·德尼（Maurice Denis）身边的纳比派（les nabis，希伯来语"先知"的意思——笔者注）——同样明显地位于象征主义的尾迹之中。比利时画派（斯皮利亚特、凡·里斯尔伯格、罗普斯、恩索尔、赫诺普夫）也是一样，还有挪威人蒙克，身处表现主义和象征主义的半途之间。在德语国家中，它也同样派生出青年风格派（Jugendstil）和分离派（La Sécession）展览，包括克里姆特（Klimt）、库宾（Kubin）、施瓦布（Schwabe）和瑞士的博克林。在英国有王尔德的朋友雕刻家比亚兹莱（Beardsley），在捷克斯洛伐克有库普卡（Kupka），他在转向抽象艺术之

前也是象征主义者。绘画上的象征主义建成了一颗巨大的行星，在那里设计制造着通向未来的种种道路，无论是通向超现实主义还是通向抽象绘画。①

四　米歇尔·雅莱蒂主编的《从波德莱尔至今的诗学词典》的解释

1. 象征主义

研究象征主义的史家习惯于区分两种象征主义：其一是象征主义诗派，1886 年在让·莫雷亚斯的旌旗下诞生，由一群在今天大抵已经被人遗忘的作家组成；其二是宽泛的象征主义大潮，倚仗波德莱尔或兰波的名声和遗产，选择魏尔伦或马拉美为其"导师"，并且以更加发散的方式一直延伸到纪德、普鲁斯特、克洛岱尔或瓦莱里的作品之中，同时这一大潮在那个时代艺术活动的总体中找到了"通感"，无论是在法国还是在整个欧洲的其他地区。这样一种概念的扩展很有可能进一步导致其可理解性的丧失，如果再加上瓦莱里"象征主义的唯一之名""似乎是为了煽动有死者去摇撼他们的精神"这种模糊的说法。这就要求我们无论如何必须在其历史性的运作过程之中去研读象征主义，通过这一系列过程，一个本身昙花一现的文学潮流在穿越一场它所见证的世纪末危机之时引起了一场诗歌语言的革命，而我们的整个现代艺术世界在很大程度上依然受其恩惠。

2. 象征主义诗派

象征主义的产生是整个 19 世纪最后几十年文学场域重组的结果，明显的标记是始终作为象征主义之反衬的自然主义出现发展瓶颈，以及在帕尔纳斯派之外，一种全新的诗歌感受性出现，最早可以在"颓废主义"（décadisme）中观察出来。1884 年于斯曼《逆反》的出版极具象征性地标志着这种世纪末转向，在一年之前，魏尔伦在期刊《卢泰西亚》（Lutèce，罗马帝国时期巴黎古名——笔者注）上发表了一部分他的《被

---

①　Alain et Odette Virmaux, *Dictionnaire des mouvements artistiques et littéraires 1870 - 2010. Groupes, courants, pôles, foyers*, Paris: Éditions du Félin, 2012, pp. 475-478.

诅咒的诗人》，这让那些正在寻找新的"导师"以及新的诗歌经验的青年一代发现了科比耶、兰波和马拉美。年轻的诗人们从 1883 年开始便频繁造访马拉美"星期二"文学圈子，马拉美也在不久之后成为诗派的领袖人物。但他并不必然十分理解那些倚仗着他的人，而且相比他的"弟子们"公开对他的塑造，他本人一直保持着退避的姿态（和魏尔伦一样），并且对这个"被我们的新闻界匆忙贴上标签"的诗派有所保留。

好几个因素让我们能够把 1886 年作为象征主义诞生的官方日期：这一年在《时尚》杂志上登载了兰波的《灵光集》，不久单独结集成册，并配有魏尔伦的介绍，不过这位"值得重视的过路人"（兰波）早已不再关心任何文学上的后人了；勒内·吉尔的《词论》在这一年问世，其中有马拉美写下的著名的两页纸《前言》（后来收入《韵诗的危机》），如果不能说其中包含着象征主义的主要教义，至少也有一些主要的概念；1886 年 9 月 18 日的《费加罗报》文学副刊上让·莫雷亚斯的《象征主义宣言》开创了新的诗派。莫雷亚斯的文章首先把"象征主义"置于文学总体的演化进程之中，并将一系列名字刻入了这一运动的族谱之中：波德莱尔，作为真正的先驱而受尊崇；马拉美，因为他"神秘与不可言喻的感受"；魏尔伦，因为他对韵诗规则的扩展。紧接着莫雷亚斯把新诗学的象征意义定位为"以一种感性形式包裹理念"的意愿，并且绝不"剥夺外部类比的华丽长袍"。他最后提到对这一雄心而言必要的诗学手段，尤其提到了"未被污染的词语"，这一点常常使象征主义诗学被指责为过于晦暗。同时他还呼吁一种"活跃的格律"，成为自由诗发明前的先声，古斯塔夫·凯恩同年提出来对自由诗的追求。

对于这个新运动来说，它奇特地融合了一种精英主义的对晦涩表述的爱好以及一种对于公开性的追寻，于是开始了一个广泛传播的时期，表现为一大批期刊的出现：古斯塔夫·凯恩与让·莫雷亚斯 1886 年创办的《象征主义者》，勒内·吉尔的《艺术随笔》，比利时诗人梅特林克与凡·勒伯格的《七星》，《独立杂志》替代了《瓦格纳杂志》并且于 1887 年赞助了马拉美《诗集》第 1 版的出版。为了描述关于 19 世纪最后十年诗歌领域何其沸腾的情况，还需要提到《羽笔》《隐修地》《政治与文学对话》《白色期刊》《海螺》以及后来创办了一家出版社的《法兰西信使》。同时，新诗派也得到了批评家的认可，1888 年，费迪南·布吕奈迪耶（Ferdinand Brunetière）在《两世界杂志》上发表署名文章，题为《象征主义者与颓废派》，在其中尽管他对于真正的大作依然空白这一点表示遗憾，但他强调了这一新文学特有的对于神秘的重新发现是十分重要的。

在激战时期结束之后并且在得到公众彻底认可之前，出现了第一个综合概括时期，在这个时间段新诗派聚拢了其"教义"的各大要素，并且真正地对自身产生了一种意识。因此在1889年可以看到出版了莫雷亚斯的《象征主义的最初武器》、乔治·瓦诺（Georges Vanor）的《象征主义艺术》，尤其是夏尔·莫里斯的《当下的文学》。莫里斯与马拉美私交甚笃，莫里斯不仅是魏尔伦《诗艺》的题献对象，还与保尔·高更保持着未来将展开的重要合作。作为象征主义运动的核心理论家，他是象征主义运动的主要理论家，其诗学理念深刻影响了整个流派的艺术信条。理性主义与实证主义描绘了一个祛魅的世界，为了对抗这些理论，《当下的文学》致力于建设一种艺术的形而上学和神秘主义的美：诗人是"通感福音与类比律令的侍从"；象征是美的感性形式之中的"真理之光"；作品，从古代传说与神秘学传统的源泉中吸取养分并且重新激活语言的"暗示"能力，是"对虚构中的真实所颂扬的奥秘一种悦耳的解释"。

然而，当运动即将聚拢其首要主题的时候，它已经开始失去其统一性。儒勒·于莱1891年处理的《文学发展访谈》在这方面意义重大：通过收集作家们的一系列见证，这部作品无疑是献给象征主义运动的至高地位的；但它也同样强调了这个从本质上是个人主义的"诗派"极度的不一致，仅仅通过反对帕尔纳斯派和自然主义并不足以让他们结成同盟。一年之后，雷米·德·古尔蒙在他的《理想主义》（1892）一书中明确总结了象征主义的哲学基础，在其中他看到了对于"世界的理想性原则"的一种美学表述，但这部作品看起来却像是对一个正在消逝的运动的一种归纳性的重新组织。

象征主义的历史，从其被分成几个不同潮流起，很快便在个体的演化中迅速解体了。这个运动甚至被那些首创者们放弃了——例如勒内·吉尔，很快便与马拉美划清了界限——或者像让·莫雷亚斯，他从1891年开始便提出新的"罗曼派"宣言，把象征主义降格为一种"过渡现象"，并且为一种新古典主义拉开了序幕。

在更深的层面，真正给予象征主义诗派致命一击的是一种全新的诗歌灵感的出现，更加面向生活的价值。1896 年马塞尔·普鲁斯特在《白色期刊》上发表了一篇题为《反对晦暗》的文章（对此马拉美出版了《文学中的神秘学》作为回应），1897 年纪德出版了《地粮》，赞颂一种生活，它经历并抛弃了让人感到"造作与内向"的文学，他在 1927 年的《序言》中将会这么说。这种诗歌灵感的转变，在哲学上还可以由尼采的影响作为见证，在歌唱现代世界的维尔哈伦的作品中也同样可以察觉，还有在斯图亚特·梅里尔和梅特林克的作品中也可以发现，他们的作品更加朝向自然世界。至于克洛岱尔或者瓦莱里，普鲁斯特或者纪德的作品，他们都超越了任何一种学派，追寻着自己的道路前进，却恰恰悖论般地确保了象征主义最持久的遗产。

3. 唯心主义与主观主义

在其独特的思想体系、幻想对象和感受方式之中，象征主义的唯心主义与主观主义显示出对当时的唯物主义的一种反抗，更确切地说是对唯物主义在文学中的表现也就是自然主义的一种反抗。

通过反对自然主义这一科学与文学的联合，根据布吕奈迪耶的说法，象征主义提供了一种"灵魂的补遗"，对此那个时代感受到一种深深的需要，它还用一种新的唯心主义去抵制周遭的实证主义，并主动地从德国哲学中汲取养分。对其中一些人而言，这种新唯心主义可以同时具有一种宗教或神秘学的维度，例如在魏尔伦的《智慧》中，在于斯曼笔下，或者在皈依天主教的克洛岱尔笔下，在虔诚地表达弗拉芒神秘学家吕斯布鲁克（Ruysbroeck）思想的梅特林克笔下，或者在遁入佛门的马克思·埃尔斯坎普笔下。不过，象征主义的精神性也同样与神秘学以及秘教传统结合在一起，这些内容在爱德华·舒莱（Édouard Schuré）的《伟大的入教者》（1889）中被重新发现了。那是一个"大法师"的时代，例如萨尔·佩拉唐或者玫瑰十字会成员斯坦尼斯拉斯·德·古埃塔（Stanislas de Guaïta），以及在绘画方面，"纳比派"，也就是"先知派"，例如莫里斯·德尼，保尔·塞律西埃（Paul Cérusier）或者保尔·兰森（Paul Ranson）。

除了那个时代数个关于精神性的宣言之外，象征主义的唯心主义尤其引起了关于诗歌功能的全新反思。关于象征数不胜数的思辨，继承了浪漫主义中全部的超自然主义，以波德莱尔的《通感》为担保，把诗歌语言打造成一种关于认知与启示的工具。诗歌的任务是暗示现实的某种彼岸。对马拉美来说，它是"关于地球的俄耳甫斯式解释"，对梅特林克来说，"它的终极目标""是让这条贯通可见与不可见的伟大精神通道保持敞开"。不过对马拉美来说，他从头到脚反转了波德莱尔的形而上学，他的唯心主义完全被容纳在语言的唯物主义之中：诗歌的"暗示"，通过它"理念"得以发生，在马拉美那里并不预设任何外在的超验性，而是在"虚构的纯粹空间"中被生产出来，是一种语言否定性的力量和诗歌整体反思性的结果。

　　除了转向理念，象征主义诗学同样关心自我的深度。它讲述一种病态的灵魂，被一种全新的世纪之恶所折磨。象征主义者的感受方式鲜明地具有一种深深的悲观主义，在这个方面表现出一种更具普遍危机的症候。在政治方面，如果说共和国终于稳定地建立起来，它却不再像浪漫主义时代那样是一种集体激情的对象，反而催生出一个具有反思特质的智识群体——他们日益转向个人主义的自省姿态，并对"全民公投"持怀疑态度。在科学方面，实证主义的进展导致了一种保尔·布尔杰在《当代心理分析随笔》（1883）中所说的"宗教与形而上学的坍塌"。在哲学方面，悲观主义在叔本华哲学的风行过程中找到了自己的表达方式，1886年《作为意志与表象的世界》被翻译过来，支持对自然主义的抵制态度。同时，由于无意识这一概念的出现，主体的概念也遭受着一种决定性的危机，虽然这还不是后来被弗洛伊德理论化并且影响超现实主义的无意识概念，而是德国哲学家哈特曼（Hartmann）的理论，他的著作《无意识哲学》（1869年出版，1877年被翻译）给拉弗格留下了特别深刻的印象。

　　在文学方面，对主体的"无意识"领域的探索依然是波德莱尔的遗产之一：不再是《通感》中的波德莱尔，而是象征主义者们在颓废主义的光线下重新阅读的波德莱尔——一个"灵魂开裂"并且意识中充满"深渊"的诗人，在一种由无聊所生发的对堕落的浮想中找到了诗歌新的灵感源泉。确实，那些汲取了这一共同遗产的、被魏尔伦反讽地称为"象征颓废派"（symbolents）的诗人常常不能超越陈词滥调；那种象征主义的"愁怨"经常显得像一种世纪末想象图景的老生常谈，过去的诗人们曾经神经症般地拒绝为了去适应一个令人失望的现实而利用梦境、人为手段或毒品作为补偿，这种拒绝遭到了后来这些诗人的背弃。不过，就像马拉美评断的那样，那个时代也表现为一种"对个体性无法解释的需要"，每个诗人从这个共同主题出发，发展出了个人化的差异性，并由此让他的诗歌天地显得独一无二。通过阿尔贝·萨芒，一个在那个时候被广泛阅读但在今天几乎被遗忘的诗人——魏尔伦的影响转向了一种文学上的矫饰，萨芒诗句的写法与对一位"亲王"的灵魂加以呈现时那种帕尔纳斯派风格的奢华形成鲜明对照，成功截取了一种难以言喻的忧郁中多变的微妙色彩（《在亲王的花园中》，1893）。"灵魂"也依然是亨利·德·谢尼耶笔下《如梦》（1892）中的关键词，在其中现实只通过其内在化的"灵魂风景"的方式得到展示，铭刻着一种怀念，仿佛被"梦"所吸收。这种一目了然的象征主义氛围，在比利时的象征主义中还要更加醒目。梅特林克的诗集《温室》把灵魂视作一个令人窒息的空间，浸透了焦虑与"无可救药的欲望"；如果说这本诗集中的律诗经常与宗教感情的表述相协调，自由体的诗歌则正相反，如同解开了非理性表述的缰绳，并且不时以一种兰波式的语气谈论一个幻觉的世界。梦幻与疯癫更是展现了维尔哈伦想象世界的特征，在他的《幻觉的田野》（1893）中，对弗拉芒平坦故土的追忆与疯人之歌交替出现，之后他在《触角之城》（1895）中驱散了发狂的幽魂并发明出一种"客观诗"，以后将成为让阿波利奈尔珍视的奇异都市的美学源泉。

继承了波德莱尔、兰波、魏尔伦、科比耶、拉弗格或马拉美，象征主义诗歌却在现代主义诗歌一直致力于的对抒情诗的批判方面显得退缩不前。作为一种从本质上个人化的诗歌，它主动地把自己置于那喀索斯的标记之下，对于那个时代大量的神话学研究来说，那喀索斯是专属于诗人的形象之一。从这个角度来说，象征主义者依然是兰波在其《通灵者通信》中称为"主观诗人"的那类诗人。通过自省和反思，它反对兰波式的"我是一个他者"，而是维持了其自我抒情主体的身份，尽管在这种意识形成的潮流中，在被其所吸引的一些独白剧式的诗作里（例如在瓦莱里那里），这种身份显得像是一种"神秘莫测的我"。

4. 诗学

象征主义诗学出于对解放其本质要素的第一位考虑，发展了对于诗歌语言的全新思考，其最持久的贡献毫无疑问便在于一种关于诗性的全新理论表述。

5. 音乐与自由诗

在释放一种有利于"暗示"的表现方式的过程中，象征主义特别进行了一种音乐转向，以此建立其全新的诗学艺术。因此在象征主义时代可以看到各种艺术门类之间实现了一次新的联合，一种关于诗歌—音乐的想法取代了帕尔纳斯派时期更占优势地位的诗歌—造型思想。曾经让波德莱尔赞叹不已的瓦格纳的影响力在参与《瓦格纳杂志》的年轻文人中是统治性的，他们在瓦格纳的作品中发现了一种诗歌的理想典范以及一种哲学保证。反过来，音乐家也在诗歌场域中寻找新的灵感：德彪西、弗雷、拉威尔把魏尔伦或马拉美的诗歌谱写成乐曲，德彪西的歌剧《佩利亚斯与梅丽桑德》（1902）的灵感来自梅特林克的同名戏剧（1892）。

这方面最主要的参照无疑是魏尔伦的《诗艺》，他要求"音乐先于一切"。如果说音乐对于描述诗歌难以表达的对象来说是一种合适的隐喻，那它同样也包含着一种关于诗歌语言自身手法，例如音色、和声或节奏的具体思考。

在这个方面，勒内·吉尔的功劳体现在《词论》中。他致力于利用当时的语音学理论建立一套关于语言的具有音乐性价值的"严密"体系，并且给予那些过多停留在转瞬即逝的直觉范畴中的东西一个相对"科学"的可靠基础：他并不担心要对兰波的十四行诗《元音》加以更正，"词语配器法"理论让每一个乐音、每一个二合元音、每一个辅音都展开"通感"，不只包括某种乐器的音色、通感心理上的联觉现象，也包括色彩、感觉或想法。这样一种具有科学感的抱负，与兰波式的表述"诗语终有一天将可以进入一切感觉"已经产生了根本性的差异。这种对差异的辨认很快便让勒内·吉尔远离马拉美，对于后者来说诗歌必须"从音乐中重获其财富"，通过这一点而进行的"修复"行动意味着一种对于音乐与诗歌各自手法的异质性更加公正准确的认识。事实上，语言在其本身之中并不是音乐性的，"把交响乐移置到书中"并不能通过对交响乐团乐器的模仿来实现，而要通过"处于脑力顶点的话语"这唯一的办法，例如马拉美的《掷骰子》就写出了一部安静的"总谱"。

象征主义者对音乐性的研究也同时滋养了他们对于节奏问题的思考，

并引导他们发明出一种新的诗律手段：自由诗。1886年时这个词曾经引起了一场关于发明者身份的争论，对抗的几方主要包括女诗人玛丽·科丽辛思卡（Marie Krysinska），她从1882年就开始创作自由体诗歌，早于在《黑猫》上发表通信的爱德华·杜雅尔丹，他声称自己意外地在一些潦草的校样中发现了自由诗的表达方式，还有1887年发表《游牧者圣殿》的古斯塔夫·凯恩。事实上，自由诗的发明更应该被视作一种集体合作的成果，其中心实验室是《时尚》杂志。它在1886年除了发表凯恩与莫雷亚斯的作品之外，还发表了拉弗格"最后的诗句"，写法上已经完全不考虑押韵或者音步的问题；美国诗人瓦尔特·惠特曼的诗作译文，他的《草叶集》（1855）已经为自由诗指出了道路；还有兰波的《灵光集》，其中的一些诗篇，尤其是《航海》和《运动》将为象征主义者建立一种杜雅尔丹所说的"顿悟"，一种从传统惯例中解放出来的诗律表达方式。不过，却是马拉美这位并没有亲身实践自由诗的诗人在整个象征主义时期对这次"韵诗的危机"做出了最深刻的解读。以维克多·雨果1885年的逝世作为一个象征性的开场，通过魏尔伦把韵诗重新引向"最初的拼读"作为预备，这种诗律表达方式首先经历了被解放的韵诗，使耳朵从"人工计数"中得到解脱，并且在自由诗中得以完成，废除了"我们想写的东西里面那种正式规定的音步数量，直至无穷，只要在其中有一种愉悦能够反复出现"。不过对于马拉美而言，这段诗歌格律的演化史只代表着诗歌本质要素的解放。自由诗从根本上来说只是对诗歌传统手法的一种补充性的美化，从更深的层次上来说，自由诗和曾经的散文诗一样，并没有引起什么另外的方式去思考诗学本身，在定义韵诗时也没有将其形容为一种外在专断的惯例和约束的合集，而是把它看作一种独特的话语。自由诗在每个人各自的韵律中找到了它的唯一源泉，而所有这一切都"被献给了语言"。

6. 一个诗学要素

从这一对诗歌形式问题展开的工作中，引出了一个在更深的层面上的一种关于文学事实的全新意识。诗歌的自治不再只是诗人贵族式的遗世独立的标志，就像帕尔纳斯派的时代那样，诗歌的自治是一种诗歌语言性质本身导致的结果，因为它从根本上与日常语言截然不同。马拉美创造了一种"话语的双重状态"理论，"在这里是粗野和即时的，在那里是本质性的"，树立了这种新的分割方式：诗在这种特有的区分之中，不再考虑韵文与散文之间习惯性的对立，也不考虑各种体裁之间传统的类型学差异。诗不是通过组成它的种种装饰物的总和去表现自己的特点，而是通过一种差异和距离将其与"说话的基础用法"区别开来，这种距离使诗能够同时摆脱交流和再现的功能。

　　对诗的这样一种定义，在后来的很多作品中依然可以见到，例如在瓦莱里建立的一种类比中，他把舞蹈与诗放在一边，把行走与散文放在另一边，这充分表明了形式对内容的优先地位，于是从事实上摧毁了古老的模仿学说。就像印象派认为绘画空间只对其本身负责，是独立于作为参照的现实的那样，象征主义者认为词语并非标记符号，而是一种瓦莱里所说的"元素精灵"，它与色彩及音符相似，从词语"暗示"的独特能力中获取其唯一的实质。正是在这一专为具有象征意义的天才所量身打造的诗歌语言理论中，存在象征主义真正的现代性：远远超出了围绕在运动周围的一系列世纪末图景，也远远超出了矫揉造作的文风，把那个时代许多的作品变成了一种文学上附庸风雅的形式，象征主义表现为一种关于诗的批评性思想，在一条从马拉美到瓦莱里的谱系上，开启了 20 世纪美学探索的序幕。①

---

① *Dictionnaire de Poésie de Baudelaire à nos jours*, publié sous la direction de Michel Jarrety, Paris：Presses Universitaires de France, 2001, pp. 804-808.

参考文献

一　中文文献

1. 作品

〔法〕夏尔·波德莱尔:《恶之花》,郭宏安译,上海译文出版社2009年版。

〔法〕夏尔·波德莱尔:《巴黎的忧郁》,郭宏安译,上海译文出版社2009年版。

〔法〕夏尔·波德莱尔:《浪漫派的艺术》,郭宏安译,上海译文出版社2009年版。

〔法〕夏尔·波德莱尔:《美学珍玩》,郭宏安译,上海译文出版社2009年版。

〔法〕夏尔·波德莱尔:《私密日记》,张晓玲译,湖南文艺出版社2007年版。

〔法〕夏尔·波德莱尔:《波德莱尔书信集》,刘波、刘楠祺译,人民文学出版社2022年版。

卞之琳:《卞之琳文集》,安徽教育出版社2002年版。

陈敬容:《星雨集》,文化生活出版社1946年版。

陈敬容:《盈盈集》,文化生活出版社1948年版。

陈敬容:《交响集》,森林出版社1948年版。

陈敬容:《远帆集》,花城出版社1984年版。

陈敬容:《图象与花朵》,湖南人民出版社1984年版。

陈敬容:《陈敬容诗文集》,复旦大学出版社2008年版。

多多:《多多四十年诗选》,江苏文艺出版社2013年版。

戴望舒:《戴望舒全集》,中国青年出版社1999年版。

废名:《废名集》,王风编,北京大学出版社2009年版。

冯至:《冯至全集》,河北教育出版社1999年版。

李金发：《李金发诗全编》，四川文艺出版社 2020 年版。

梁宗岱：《梁宗岱文集》，中央编译出版社 2004 年版。

鲁迅：《鲁迅全集》，人民文学出版社 2005 年版。

穆木天：《穆木天诗文集》，时代文艺出版社 1985 年版。

食指：《食指的诗》，人民文学出版社 2000 年版。

王独清：《王独清选集》，上海万象书屋 1936 年版。

王独清：《中国新诗库·王独清卷》，长江文艺出版社 1988 年版。

汪铭竹：《自画像》，独立出版社 1940 年版。

汪铭竹：《纪德与蝶》，诗文学社 1944 年版。

闻一多：《闻一多全集》，湖北人民出版社 1993 年版。

徐志摩：《徐志摩诗集》（全编），浙江文艺出版社 1983 年版。

于赓虞：《于赓虞诗文辑存》，河南大学出版社 2004 年版。

赵家璧主编《中国新文学大系》，上海良友图书印刷公司 1935 年版。

周作人：《周作人自编集》，北京十月文艺出版社 2013 年版。

　2. 专著与编著

柏桦：《外国诗歌在中国》，四川出版集团 2008 年版。

北京大学西语系组编《从文艺复兴到十九世纪资产阶级文学艺术家有关
　　人道主义人性论言论选辑》，商务印书馆 1971 年版。

〔德〕本雅明：《发达资本主义时代的抒情诗人》（修订译本），张旭东、
　　魏文生译，张旭东校订，生活·读书·新知三联书店 2014 年版。

曹万生：《现代派诗学与中西诗学》，人民出版社 2003 年版。

陈丙莹：《戴望舒评传》，重庆出版社 1993 年版。

陈厚诚：《死神唇边的笑——李金发传》，百花文艺出版社 2008 年版。

陈思和主编，李润霞编选《被放逐的诗神》，武汉出版社 2006 年版。

陈太胜：《梁宗岱与中国象征主义诗学》，北京师范大学出版社 2004 年版。

陈旭光：《中西诗学的会通——20 世纪中国现代主义诗学的研究》，北京
　　大学出版社 2002 年版。

陈跃红：《比较诗学导论》，北京大学出版社 2005 年版。

董强：《梁宗岱：穿越象征主义》，文津出版社 2005 年版。

方长安：《中国新诗（1917—1949）接受史研究》，中国社会科学出版社
　　2017 年版。

废名、朱英诞：《新诗讲稿》，北京大学出版社 2008 年版。

郭宏安：《波德莱尔诗论及其他》，同济大学出版社 2006 年版。

侯洪：《中法近现代诗学生成之道比较研究》，光明日报出版社 2010 年版。

〔德〕胡戈·弗里德里希：《现代诗歌的结构：19 世纪中期至 20 世纪中期的抒情诗》，李双志译，译林出版社 2010 年版。

黄晋凯、张秉真等主编《象征主义·意象派》，中国人民大学出版社 1989 年版。

金丝燕：《文学接受与文化过滤——中国对法国象征主义诗歌的接受》，中国人民大学出版社 1994 年版。

蓝棣之：《现代诗歌理论：渊源与走势》，清华大学出版社 2002 年版。

蓝棣之：《现代诗的情感与形式》，人民文学出版社 2002 年版。

〔美〕勒内·韦勒克：《辨异》，刘象愚、杨德友等译，上海人民出版社 2015 年版。

李骞：《20 世纪中国新诗流派研究》，中国社会科学出版社 2012 年版。

廖亦武编《沉沦的圣殿》，新疆青少年出版社 1999 年版。

刘禾编《持灯的使者》，广西师范大学出版社 2009 年版。

刘波、尹丽：《波德莱尔十论》，中国社会科学出版社 2013 年版。

刘福春、贺嘉钰编《白洋淀诗歌群落研究资料》，中华文学史料学会、北京师范大学国际写作中心 2014 年版。

林焕标：《中国现代新诗的流变与建构》，广西师范大学出版社 2000 年版。

骆寒超：《20 世纪新诗综论》，学林出版社 2001 年版。

龙泉明：《中国新诗流变论：1917—1949》，人民文学出版社 1999 年版。

龙泉明：《中国新诗的现代性》，武汉大学出版社 2005 年版。

陆文缙：《法国象征诗派对中国象征诗的影响研究》，四川大学出版社 1997 年版。

路文彬：《中西诗学交汇中的戴望舒》，安徽教育出版社 2003 年版。

陆耀东：《二十年代中国各流派诗人论》，中国社会科学出版社 1985 年版。

陆耀东：《中国新诗史：1916—1949》，长江文艺出版社 2005 年版。

马以鑫：《中国现代文学接受史》，华东师范大学出版社 1998 年版。

孙玉石：《中国初期象征派诗歌研究》，北京大学出版社 1983 年版。

谭楚良：《中国现代派文学史论》，学林出版社 1996 年版。

汪剑钊：《二十世纪中国的现代主义诗歌》，文化艺术出版社 2006 年版。

王彬彬：《鲁迅内外》，南京大学出版社 2013 年版。

吴俊、李今、刘晓丽、王彬彬主编《中国现代文学期刊目录新编》，上海人民出版社 2010 年版。

吴晓东：《象征主义与中国现代文学》，安徽教育出版社 2000 年版。

闻一多：《闻一多论新诗》，武汉大学出版社 1985 年版。

奚密：《从边缘出发》，广东人民出版社 2000 年版。

徐琛：《象征派》，人民美术出版社 2000 年版。

谢冕：《中国现代诗人论》，重庆出版社 1986 年版。

谢冕主编《中国新诗总系》，人民文学出版社 2010 年版。

肖同庆：《世纪末思潮与中国现代文学》，安徽教育出版社 2000 年版。

许霆：《中国现代主义诗学论稿》，上海文化出版社 2005 年版。

杨匡汉、刘福春编《中国现代诗论》，花城出版社 1985 年版。

杨玉平：《波德莱尔与"前朦胧诗"写作》，南开大学出版社 2018 年版。

杨振：《波德莱尔与中国》，华东师范大学出版社 2021 年版。

尹康庄：《象征主义与中国现代文学》，暨南大学出版社 1998 年版。

叶维廉：《中国诗学》，人民文学出版社 2006 年版。

余中先选编《寻找另一种声音——我读外国文学》，外国文学出版社 2003 年版。

张大明：《中国象征主义百年史》，河南大学出版社 2007 年版。

张大明：《西方文学思潮在现代中国的传播史》，四川教育出版社 2001 年版。

张松建：《现代诗的再出发——中国四十年代现代主义诗潮新探》，北京大学出版社 2009 年版。

朱光潜：《诗论》，江苏文艺出版社 2008 年版。

周立波：《周立波鲁艺讲稿》，上海文艺出版社 1984 年版。

朱自清：《新诗杂话》，广西师范大学出版社 2004 年版。

朱自清：《朱自清说诗》，陕西师范大学出版社 2005 年版。

3. 论文

柏桦：《"比冰和铁更刺人心肠的快乐"——波德莱尔在中国》，《世界文学》2006 年第 5 期。

常文昌：《艾青与波德莱尔》，《中国现代文学研究丛刊》1996年第4期。

陈厚诚：《"现代派"中波德莱尔声调——李金发三十年代诗歌创作简论》，《四川教育学院学报》1995年第1期。

陈希：《选择与变异——论李金发对象征主义的接受》，《中山大学学报》2002年第5期。

崔峰：《别样绽放的"恶之花"："双百"时期〈译文〉的现代派文学译介》，《东方翻译》2015年第2期。

多多、李章斌：《是我站在寂静的中心——多多、李章斌访谈录》，《文艺争鸣》2019年第3期。

高宣扬：《什么是"当代"？——从福柯回溯到波德莱尔》，《美苑》2010年第1期。

龚觅：《深渊中的救赎——论审美现代性视野中的波德莱尔》，《国外文学》2000年第2期。

郭宏安：《〈恶之花〉：穿越象征的森林》，《外国文学评论》1989年第1期。

蒋登科：《波德莱尔散文诗的文体贡献》，《辽宁教育学院学报》1995年第3期。

李健吾：《有关波德莱尔等人的评价问题——与〈辞海〉编委会商榷》，《山西师院学报》1980年第3期。

凌越：《我的大学就是田野——多多访谈录》，《书城》2004年第4期。

刘波：《〈应和〉与"应和论"——论波德莱尔美学思想的基础》，《外国文学评论》2004年第3期。

刘辉成：《论颓废主义产生的原因及其启示——以波德莱尔的美学思想和文学创作为据》，《文艺研究》2011年第1期。

陆文緒：《法国象征派诗步入中国的历史足迹》，《法国研究》1988年第1期。

潘一禾：《从波德莱尔看西方现代主义文学》，《杭州大学学报》1986年第2期。

钱林森：《孤独灵魂的拷问与生存体验的求证——鲁迅与波德莱尔》，《中国比较文学》1998年第3期。

秦海鹰：《波德莱尔：无限与芳香》，《法国研究》1992年第2期。

吴晓东：《"契合"论与中国现代诗歌》，《中国文化研究》1995 年第 7 期。

吴小美，封新成：《"北京的苦闷"与"巴黎的忧郁"——鲁迅与波特莱尔散文诗的比较研究》，《文学评论》1986 年第 5 期。

杨玉平：《波德莱尔与"前朦胧诗"写作》，《世界文学》2015 年第 6 期。

殷峻：《"恶之花"的移植——试论波德莱尔对李金发诗歌创作的影响》，《国外文学》1996 年第 1 期。

张松建：《"花一般的罪恶"——四十年代中国诗坛对波德莱尔的译介》，《中国现代文学研究丛刊》2005 年第 2 期。

张松建：《"恶之华"的转生与变异——汪铭竹、陈敬容、王道乾对波德莱尔诗的接受与转化》，《中国现代文学研究丛刊》2006 年第 3 期。

周怡：《战士的苦闷与叛逆者的忧郁——〈野草〉与〈巴黎的忧郁〉比较》，《鲁迅研究月刊》2002 年第 12 期。

朱宾忠：《貌相类而神不同——比较卞之琳〈古镇的梦〉与波德莱尔的〈盲人〉》，《法国研究》2007 年第 2 期。

（二）法文文献

1. 作品

Alphonse de Lamartine, *Méditations poétiques*, Nouvelle édition publiée d'après les manuscrits et les éditions originales, avec des variantes, une introduction, des notices et des notes par Gustave Lanson, réimpression de l'édition de Paris, 1915.

Charles Baudelaire, *Œuvres Complètes*, t. I, t. II, texte établie, présenté et annoté par Claude Pichois, Gallimard, coll. Bibliothèque de la Pléiade, t. II, 1975, t. II, 1976.

Charles Baudelaire, *Correspondance*, t. I, t. II, texte établie, présenté et annoté par Claude Pichois avec la collaboration de Jean Ziegler, Gallimard, coll. Bibliothèque de la Pléiade, t. I, 1973, t. II, 1973, retirage avec compléments, 1993.

Gustave Kahn, *Symbolistes et décadents*, Genève: Slatkine, 1993, réimpression de l'édition de Paris, 1902.

Jean Moréas, *Les premières armes du symbolisme*, texte présenté et annoté par Michael Pakenham, Exeter: University of Exeter, 1973.

José-Maria de Heredia, *Les Trophées*, édition présentée, établie et annotée par Anne Bouvier Cavoret, Paris: Gallimard, 1981.

Leconte de Lisle, *Articles - Préfaces Discours*, textes recueillis, présentés et annotés par Edgard Pich, Paris: Les Belles Lettres, 1971.

Marcel Proust, *Contre Sainte-Beuve* précédé de *Pastiches et mélanges* et suivi de *Essais et articles*, édition établie par Pierre Clarac avec la collaboration d'Yves Sandre, Paris: Gallimard, bibliothèque de la pléiade, 1971.

Théophile Gautier, *Romans, contes et nouvelles* Ⅰ, édition établie sous la direction de Pierre Laubriet, avec, pour ce volume, la collaboration de Jean-Claude Brunon, Jean-Claude Fizaine, Claudine Lacoste-Veysseyre et Peter Whyte, bibliothèque de la pléiade, Paris: Gallimard, 2002.

Paul Verlaine, *Œuvres en prose complètes*, texte établi, présenté et annoté par Jacques Borel, Paris: Gallimard, bibliothèque de la pléiade, 1972.

Victor Hugo, *Œuvres poétiques* Ⅰ, préface par Gaëtan Picon, édition établie et annotée par Pierre Albouy, bibliothèque de la pléiade, Paris: Gallimard, 1964.

Victor Hugo, *Théâtre complet* Ⅰ, préface par Roland Purnal, édition établie et annotée par J. J. Thierry et Josette Mélèze, bibliothèque de la pléiade, Paris: Gallimard, 1963.

2. 批评论集与文学史著作

Analyses et réflexions sur Baudelaire, Spleen et Idéal, Paris: Ellipses, 1984.

Baudelaire devant ses contemporains, textes recueillis et publiés par W. T. Bandy et Claude Pichois, Monaco: Edition du Rocher, 1957.

Baudelaire, les Fleurs du Mal: L'intériorité de la forme, Préface de Max Milner. Actes du Colloque du 7 janvier 1989, Paris: Sedes, 1989.

Baudelaire, Nouveaux chantiers, textes reunis par Jean Delabroy et Yves Charnet, Lille, Presses Universitaires du Septentrion, 1995.

Baudelaire, Paris, l'allégorie, sous la direction de Jean - Paul Avice et Claude Pichois, Paris: Klincksieck, 1995.

Baudelaire un demi-siècle de lectures des Fleurs du Mal（1855-1905）, sous la direction d'André Guyaux, Presses de l'université Paris-Sorbonne, coll. Mémoire de la critique, 2007.

Dix études sur Baudelaire, réunis par Martine Bercot et André Guyaux, Paris: Honorè Champion, 1993.

Dictionnaire de Poésie de Baudelaire à nos jours, publié sous la direction de Michel Jarrety, Paris: Presses Universitaires de France, 2001.

Histoire de la France littéraire: modernités XIXe-XXe siècles, volume dirigé par Patrick Berthier et Michel Jarrety, Paris: Presses Universitaires de France, 2006.

Histoire de la littérature française, Tome Ⅱ, par Pierre Brunel et Yvonne Bellegner, Daniel Couty, Philippe Sellier, Michel Truffet et Jean-Pierre Gourdeau, Paris: Bordas, 1971.

La Querelle de la statue de Baudelaire, sous la direction d'André Guyaux, avec la collaboration d'Aurélia Cervoni, de Guillaume Peigné et de Sébastien Porte, Presses de l'université Paris-Sorbonne, coll. Mémoire de la critique, 2007.

Le dictionnaire du littéraire, Sous la direction de Paul Aron, Denis Saint-Jacques, Alain Viala, avec la collaboration de Marie-Andrée Beaudet, Jean-Pierre Bertrand, Jacqueline Cerquiglini-Toulet, Perrine Galand-Hallyn, Lucie Robert, Isabelle Tournier, Paris: Presses Universitaires de France, 2009.

Lexique des termes littéraires, Ouvrage dirigé par Michel Jarrety, avec la collaboration de Michèle Aquien, Dominique Boutet, Emmanuel Bury, Pierre Frantz, Daniel Ménager, Gilles Philippe, Yves Vade, Paris: Librairie Générale Française, 2011.

Lexique des termes littéraires, Ouvrage dirigé par Michel Jarrety, avec la collaboration de Michèle Aquien, Dominique Boutet, Emmanuel Bury, Pierre Frantz, Daniel Ménager, Gilles Philippe, Yves Vade, Paris: Librairie Générale Française, 2011.

Paris au XIXe siècle: Aspects d'un mythe littéraire, textes réunis par Roger Bellet, Lyon: Presses Universitaires de Lyon, 1984.

3. 研究专著

André Barre, *Le symbolisme: essai historique sur le mouvement poétique en France de 1885 à 1900*, Tome I, Genève: Slatkine, 1993, réimpression de l'édition de Paris, 1912.

Albert Cassagne, *la théorie de l'art pour l'art*, Seyssel: Champ Vallon, 1997.

Alfred Poizat, *Le symbolisme: de Baudelaire à Claudel*, Paris: La Renaissance du Livre, 1919.

Alain et Odette Virmaux, *Dictionnaire des mouvements artistiques et littéraires 1870-2010: Groupes, courants, pôles, foyers*, Paris: Éditions du Félin, 2012.

Anatole Baju, *L'école décadente*, Paris: Léon Vanier, 1887.

Alain Dumain, *Baudelaire et la réalité du mal*, Lyon, C. Marcel, 1993.

Anne Osmont, *le mouvement symboliste*, préface de M. Ernest Raynaud, Paris: Maison du livre, 1917.

Antoine Compagnon, *Les cinq paradoxes de la modernité*, Paris: Seuil, 1990.

Bertrand Marchal, *Baudelaire, la nature et le péché*, in *Etudes Baudelairiennes* XII, Paris: Honorè Champion, 1987.

Catherine Delons, *Narcisse Ancelle, persécuteur et protecteur de Baudelaire*, Tusson, Edition de Lerot, 2002.

Claude Pichois et Jean Ziegler, *Charles Baudelaire*, Fayard, 1996, nouvelle édition, 2005.

Claude-Marie Senninger, *Baudelaire par Théophile Gautier*, Paris: Klincksieck, 1986.

Claude Marie Raudot, *De la décadence de la France*, Paris: Amyot, 1850.

Dominique Rincé, *Baudelaire et la modernité poétique*, Paris: Presses Universitaires de France, 1984.

Dominique Rincé, *La Poésie française du XIXe siècle*, Paris: Presses universitaires de France, 1977.

Ernest Raynaud, *La mêlée symboliste: portraits et souvenirs I*. 1870 – 1890, Paris: La Renaissance du livre, 1920.

Evanghélia Stead, *Le monstre, le singe et le fœtus, Tératogonie et Décadence dans l'Europe fin-de-siècle*, Genève: Droz, 2004.

Emmanuel Adatte, *«Les Fleurs du Mal» et «Le Spleen du Paris»: Essai sur le dépassement du réel*, Paris: José Corti, 1986.

Eugène Crépet, *Charles Baudelaire. Œuvres posthumes et correspondances inédites*, Paris: Quantin, 1887.

Ernest Raynaud, *Jean Moréas et les "Stances"*, Paris: Société française d'éditions littéraires et techniques, 1929.

Fabrice Wilhelm, *Baudelaire: l'écriture du narcissisme*, Paris: L'Harmattan, 1999.

Gérald Antoine, *Classicisme et modernité de l'image dans «Les Fleurs du Mal»*, in *Vis-à-vis ou le double regard critique*, Paris: Presses Universitaires de France, 1982.

Gérard Conio, *Etude de «Les Fleurs du Mal», analyses et commentaires*, Paris: Marabout, 1992.

Giovanni Dotoli, *Baudelaire-Hugo Rencontres, ruptures, fragments, abimes*, Paris: Presses de l'Université de Paris-Sorbonne, 2003.

Gérald Froidevaux, *Baudelaire représentation et modernité*, Paris: José Corti, 1989.

Hugo Friedrich, *Structure de la poésie moderne*, traduit de l'allemand par Michel-François Demet, Paris: Librairie Générale Française, 1999.

François Porché, *Baudelaire, Histoire d'une âme*, Paris: Flammarion, 1944.

Jérôme Thélot, *Baudelaire, violence et poésie*, Paris: Gallimard, 1993.

Jean-Nicolas Illouz, *Le Symbolisme*, Paris: Librairie Générale Française, 2004.

Jean-Pierre Bertrand, Pascal Durand, *Les poètes de la modernité, de Baudelaire à Apollinaire*, Paris: Éditions du Seuil, 2006.

Jean Starobinski, *Le rêve, la création, la destruction dans l'expérience de Baudelaire*, in *Confrontations psychiatriques*, 1992.

Jean Starobinski, *La Mélancolie au miroir: trois lectures de Baudelaire*, Paris: Julliard, 1989.

Laurent Jenny, *Baudelaire et la nostalgie de la Chute*, in *L'expérience de la chute*, de Marie Carlier, *Baudelaire: "Les Fleurs du Mal"*, *dix poèmes expliqués*, Paris: Hatier, 1985.

Léon Cellier, *Baudelaire et Hugo*, Paris: José Corti, 1970.

Louis-Xavier de Ricard, *Petits mémoires d'un Parnassien*, Adolphe Racot, *Les Parnassiens*, introductions et commentaires de M. Pakenham, Paris: lettres modernes minard, 1967.

Montaigne à Michaux, Paris: Presses Universitaires de France, 1997.

Philippe Van Tieghem, *Le romantisme français*, Paris: Presses universitaires de France, 1979.

Martine Lavaud, *Théophile Gautier*, *militant du romantisme*, Paris: Honoré Champion, 2001.

Max Milner, *Le diable dans la littérature française*, Paris: José Corti, 2007.

Paul Bourget, *Essais de Psychologie Contemporaine*, Paris: Plon-Nourrit, 1920.

Pierre-Georges Castex, *Horizons romantiques*, Paris: José Corti, 1983.

Raymond Poggenburg, *Charles Baudelaire: une micro-histoire. Chronologie baudelairienne*, Paris: José Corti, 1987.

René Jasinski, *Les années romantiques de Théophile Gautier*, Paris: Vuibert, 1929.

Ross Chambres, *Mélancolie et opposition: les débuts du modernisme en France*, Paris: José Corti, 1987.

Sylvestre de Sacy, Paul Féval, Théophile Gautier, Édouard Thierry, *Rapport sur le progrès des lettres*, Paris: l'imprimerie impériale, 1868.

Walter Benjamin, *Charles Baudelaire*, *un poète lyrique à l'apogée du capitalisme*, Paris: Payot, 1982.

Yves Bonnefoy, *Sous le signe de Baudelaire*, Paris: Gallimard, 2011.